注意力分四種，打破多工迷思，掌握
高效不過勞、不怕干擾

內在專注力
的節奏

ATTENTION SPAN
A Groundbreaking Way to Restore Balance, Happiness and Productivity

人機互動研究權威
葛洛莉亞·瑪珂博士 Gloria Mark, PhD——著
黃庭敏——譯

獻給我的母親，她總是專注於重要之事。

目 次

| 前言 |
打破注意力的迷思　　　　　　　　　　　　7

| Part 1 |
注意力的真相　　　　　　　　　　　　25
第一章　　珍貴而有限的注意力資源　　　27
第二章　　六個注意力陷阱　　　　　　　45
第三章　　四種注意力類型　　　　　　　63
第四章　　一心多用的本質　　　　　　　87
第五章　　中斷讓你壓力倍增　　　　　111

| Part 2 |
讓你分心的潛在力量　　　　　　　133
第六章　　網際網路的設計結構　　　　135
第七章　　量身打造的演算法　　　　　153

第八章	社交獎勵與社會權力	173
第九章	人格特質與自制力	193
第十章	使用裝置時的情緒	213
第十一章	其他大眾媒體的交互影響	233

| Part 3 |

找到專注的節奏，重獲心理平衡 255

第十二章	你有能力控制自己的數位行為	257
第十三章	四步驟找回使用裝置的專注力	275
第十四章	注意力的未來由我們共同創造	301

| 致謝 | 317

| 註釋 | https://acrobat.adobe.com/id/urn:aaid:sc:ap:9fe17096-c8d1-4c87-b7cc-a53b60731dc8

前言
打破注意力的迷思

> 我們認為自己的文明已逼近巔峰,但其實我們仍處於雞鳴和晨星初現的拂曉。
>
> ——美國文學家愛默生(Ralph Waldo Emerson)

想像你開始一天工作時的情景:你一打開筆記型電腦,就看到一大波電子郵件向你襲來。你瀏覽了一下,其中一些郵件需要花些心思,於是你開始回覆,結果發現每封郵件都要費不少功夫。然後你開始處理當天必須完成的專案,還接聽了幾通電話,但你很快又看到新郵件通知:主管來信了。你立刻轉去處理那封郵件,向主管暗示你正忠於職守。但緊接著,行事曆通知你該參加 Zoom 視訊會議了。

現在才上午 10 點,可是你已經開始感到疲倦。等到下午 3 點鐘,你幾乎已經無法思考那項即將截止的專案。你努力讓自己投入

其中,卻發現很難集中注意力,而且不斷出錯。

又或者,你今天的計畫是要報稅,但你先瀏覽臉書,結果被朋友的貼文所吸引。接著,一個逗趣的影片連結把你帶到了YouTube,你注意到一旁的推薦影片,就沉浸在這些影片之中。好不容易,你擺脫了YouTube,重新回到報稅工作,但隨後又想起還得寫電子郵件去處理房屋修繕。打開收件匣後,你就看到其他尚待回覆的郵件。三個小時過去了,你再也沒有精力和心思去管那些稅務問題。

我們在大部分清醒的時間裡,都與電腦和手機建立了牢不可破的連結。聽到手機鈴聲提示有新簡訊時,你無法忽略不看。智慧手機和網路的普及,已經改變了工作和個人生活的規範,我們被期待全天候待命。在研究過程中我常常聽到受試者說,他們半夜醒來會查看手機上的電子郵件和簡訊,這並不罕見。假如有人試圖離線,他將付出跟不上資訊和訊息的代價。在競爭激烈的工作環境和綿密連結的社交關係之中,沒有人能置身事外。

隨著電腦科技的發展,一種新型行為出現了:我們會在不同的應用程式、螢幕和裝置之間動態地切換注意力。

身為一名研究學者,我很幸運,在過去二十年裡,隨著人們愈來愈依賴裝置,我得以觀察和實證研究這種注意力切換模式,以及隨之而來的壓力和疲憊累積的情況。簡而言之,**使用個人裝置影響了我們的注意力**。我看到的是,過去二十年,人類思維在專注於資訊的方式上,經歷了驚人的集體變化。我也看到了壓力與注意力切換之間的關係——這一點我們需要認真對待,因為世界衛生組織已將壓力列為 21 世紀的健康流行病。[1] 在我撰寫本書時,全球正在經

歷疫情，人們在裝置上花費的時間比以往任何時候都多，而壓力也隨之增加。

本書關於數位工具對我們生活的影響

我是一名受過專業訓練的心理學家，但我差點沒能成為心理學家。微生物學家巴斯德（Louis Pasteur）曾寫道：「機會是留給準備好的人。」我正是懷著對機會開放的心態，在機緣巧合下進入了心理學領域。

其實，我一開始是藝術家，從未想過自己會從事其他工作。我在克里夫蘭藝術學院（Cleveland Institute of Art）主修美術，專攻繪畫和素描。我深受抽象表現主義的影響，事實上，影響如此之深，甚至多年後，當我讀到以前畫畫時留下的筆記本，我無法理解其中的內容——以我現在學者的視角看來，這些文字太抽象了。

畢業後，我獲得英國藝術委員會的獎學金，前往倫敦畫壁畫。也是在那一年，我體會到身為藝術家要謀生是多麼困難的現實。我得知，為了維持生活，一名才華橫溢的藝術學院畢業生正在學習成為牙醫助理（這是一個很好的職業，但不需要多年的藝術訓練）；我還聽說，我認識的另一名藝術家在當電梯服務員。

可能有些人對自己的藝術理想非常執著，願意為了這份熱情，每天花 8 小時做一份不喜歡的工作。但我很快就意識到，這種生活不適合我。幸運的是，我還擅長數學，我知道利用這項技能謀生要容易得多。

就這樣，我進入密西根大學攻讀統計學碩士學位，這是我後來

研究心理學和科技使用的基礎。不過在當時，我只是需要有份工作，所以我去應徵資訊科學家科亨（Manfred Kochen）的研究助理。我去科亨博士的辦公室面試時，他問我：妳會寫程式嗎？——不會；妳懂模糊集合理論（fuzzy set theory）嗎？——不懂；妳懂網絡理論（network theory）嗎？——不懂。我拿起背包，準備走出辦公室。科亨博士在我身後喊道：「那妳會什麼？」我轉過身，告訴他我會畫畫，於是他叫我回來坐下。

科亨博士告訴我，他獲得麻省理工學院數學博士學位之前，曾在紐約的藝術學生聯盟（Art Students League）上課。接下來我們聊了兩個多小時藝術。最後他對我說：「我有一項研究計畫，是關於『發現的過程』，妳覺得妳能做這個案子嗎？」帶著年輕人的傲慢和天真，我告訴他我當然可以。我知道藝術家是如何發現新事物的，我只需要找到一種方法，用學術語言來描述這個過程。於是我投入認知心理學領域的研究，後來在研討會上發表了一篇論文。我開始沉浸於心理學和資訊科學的世界，最終獲得了哥倫比亞大學的博士學位。

畢業後，機會再次出現在我面前。我的第一份工作，是被一家資訊科技公司聘用，將心理學的觀念應用於科技使用的研究中。這家公司是電資系統（Electronic Data Systems），常被簡稱為 EDS，它在麻省理工學院有一個附設實驗室。EDS 當時正在試驗如何讓電腦支援商務會議，還設立了一間配備連網功能電腦的會議室，用來研究人們如何協作。

EDS 有先見之明，認為他們需要一位心理學家，來了解人們在商務會議期間如何使用電腦。如今，會議室中的連網電腦已不再

是令人驚嘆的東西,但在當時,我記得自己感到很興奮,覺得步入了未來。我可以在真實的工作環境中研究科技的使用情形,這想法令人興奮。

這份工作開啟了我從心理學角度研究科技的使用和過度使用,長達數十年的旅程。這本書是這趟旅程的結晶,它記錄了我對人類和社會更深層本質的理解:我們如何思考、工作和彼此互動?我們使用的工具又如何影響這些事情?

所謂的「工具」經歷了漫長的發展,從當年的 EDS 連網電腦,到現在數位裝置已經與工作、社交和私人領域緊密交織。因此,本書也關於我們的生活在數位時代經歷了怎樣的變化。科技使用是如此普遍且無所不在,以至於它已經與每個人的角色密不可分。人類行為和電腦科技的設計互相影響,且變化速度快如閃電。

數位世界讓人身心俱疲

後來進入學術界,我創立了所謂的「生活實驗室」,研究人們如何使用科技。身為一名心理學家,我接受的訓練是,要研究行為,需要把人們帶進實驗室,以便儘量控制變項。但我覺得,要真正理解人如何使用科技,以及科技如何影響人,我必須去人們日常生活的地方。這樣我才可以更全面地了解,人們在使用電腦和手機時的情緒、人際關係、工作壓力和衝突,當然還有他們多工、分心和焦慮的情況。

就這樣,我開始在真實的辦公室裡,坐在工作者的座位後面。每當他們切換電腦螢幕或拿起電話,我就按一下碼錶(後來我們升

級了技術,可以用數位方式追蹤,這讓我的研究生們鬆了一口氣)。我也開始親自站在會議室裡,說服一整桌的高階主管,讓我停用員工的電子郵件一週,並給員工戴上心率監測器。我們甚至發現,用來測量工作中面對面互動,可以定期拍攝人臉照片的穿戴式相機,偶爾會將馬桶座誤認成人臉——如果男性受試者去洗手間之前忘記關閉相機的話。科學,尤其是在受控實驗室之外的科學,從來都不是完美無缺的。

在研究人們日常工作的數千小時中,我聽到了一種共同的感受。研究參與者表示,他們過勞、倦怠,因為必須處理太多的資訊和訊息。清空電子郵件收件匣是一項艱難而徒勞的任務,好像希臘神話中薛西弗斯永無盡頭的懲罰一樣:剛把郵件數量減少到自己能控制的範圍,新郵件又如雪片般飛來。參與者也表示,使用電腦和智慧手機時,他們很難集中注意力。

你將在本書中看到,分心不僅僅是因為螢幕上跳出通知或手機鈴聲響起。出人意料的是,**分心的原因幾乎總是源於內心:一個念頭、一段回憶、查找資訊的衝動,或是聯絡他人的渴望。**置身於世界上最大的糖果店時,你很難抵抗品嘗甜食的誘惑。

我們醒著的大部分時間,都在我所說的數位世界中度過:這是一個透過電腦、智慧手機和平板電腦來進入的體驗式環境。我們不需要置身於完全的虛擬實境,光是透過每天使用的裝置,就能體驗深度的沉浸感。因為長時間沉浸其中,我們養成了新的習慣、新的期待和新的文化慣例,這又讓許多人感到困惑:**在這個數位世界中,我們如何重新掌控自己的注意力?**

為什麼在實體世界中,我們擁有對生活的掌控感,但在數位世

界中卻感覺無法控制注意力？這正是隨著電腦科技興起而出現的一個悖論：科技的設計意圖是提升人們的能力，幫助人們生產更多資訊，但結果卻是讓人們感到心不在焉、精疲力竭；主管傳送訊息，希望員工立即回覆，同時卻又期待員工工作高效。

在本書後面我將講述一個案例：一名員工的經理不斷透過電子郵件委派工作給他，但又希望他履行其他的工作義務。當我們在這家公司實驗停用電子郵件一週，這名經理並沒有為了分配工作打電話給這名員工，也沒有親自去找他，而是不再給他分配任務了——因為用電子郵件來分配工作容易得多。

網際網路本身的設計也存在悖論：網路的結構讓人們很容易找到資訊，同時也符合人類記憶組織成一個關聯網絡的方式；然而，由節點和連結組成的網路結構，也誘使我們在上面花費無數的時間。我們可能會產生一種錯覺，以為在切換注意力或一心多用時，自己做了更多事情，從能力普通變成了三頭六臂。**但我們做的事情實際上是更少了！**在客觀測量中，多工作業一再被證明與表現不佳相關。

一心多用代價高昂

一心多用還有其他缺點，包括切換成本的問題：每一次轉移注意力，你都需要重新調整回原本的任務，這樣就損失了時間。如果你立即重新開始被中斷的工作，切換成本不會太高，但遺憾的是，我們的研究資料顯示，人們並不會這麼做。相反，**在回到原本的任務之前，人們會將注意力切換到至少兩個別的任務上，中間花費超過**

25 分鐘。在這個過程中時間和環境的變化，足以嚴重干擾工作。

一心多用的另一個代價是，它和負面情緒，包括焦慮、壓力和倦怠相關。電子郵件是分心的罪魁禍首之一，它與壓力的相關性尤其顯著。在後面會提到的一項研究中我們發現，停用電子郵件一週，受試者能夠專注在電腦上的時間明顯變長，注意力切換的頻率也降低了。更妙的是，我們發現，如果沒有電子郵件，在一週結束時，心率監測器會顯示出明顯不同的心跳變化，這表明受試者的壓力也明顯減輕了。[2]

多項研究顯示，一心多用會導致壓力——受試者在多工時血壓升高、心跳加快，這符合人們在更有壓力時候的自我感受。多工時，甚至人們對疾病的免疫反應也呈現減弱。還有一個代價是，一心多用讓我們常常在處理當前任務時，腦中還想著上一件事，假如你剛剛在網上讀到一則扣人心弦的故事，它可能會停留在你的腦海中，影響你手上的任務。

一心多用最大的代價是，它耗費了我們寶貴且有限的注意力容量或認知資源，特別是在不得不處理多個被中斷的任務時，我們的注意力就會像一個漏油的油箱，在實際工作中可用的燃料愈來愈少。

使用個人裝置時很難集中注意力，這個觀點實際上是有科學根據的。我自己以及其他學者的研究顯示，過去 15 年，人們在使用裝置時的注意力持續時間呈現下降趨勢。電腦和智慧手機上的注意力持續時間變得極短，短得誇張：**我們現在在任何一個螢幕上停留的平均時間只有大約 47 秒**，而且不分世代，每個人都是如此。

網路廣泛使用還不到三十年的時間，我們經常忘記，我們的數位生活還很年輕，比柏林圍牆倒塌、歐盟成立、愛滋病毒首次被發

現的時間都還要晚。全球近30％的人口是1997年後出生的Z世代，他們是在網路和智慧手機的陪伴下長大的，沒有經歷過這場革命之前的生活。我自己經歷了從前網路時代到網路時代的變遷，如今仍然驚嘆於人類的能力：獲取最新資訊、尋求醫療建議、發現朋友正在哪裡旅遊、與同事協作編寫檔案、用推特*向世界發表想法——這些全部可以在幾秒鐘內完成。但我們也已經變得過分依賴網路，一旦網路連線中斷，哪怕只是片刻，我們也會驚慌失措。

數位社會文化影響每一個人

隨著資訊科技的進步以及電腦、智慧手機和網路的肆意使用，我們與科技的日常關係發生了急劇改變，注意力行為中的變化尤為明顯。現在大多數人醒著（包括半夜醒來時）的大部分時間，都花在數位裝置上。使用裝置的方式，究竟如何影響了我們的專注能力，並讓我們感到如此疲憊不堪呢？

諾貝爾獎得主、經濟學家和認知心理學家司馬賀（Herbert Simon）早在網路興起之前就曾寫道：「大量的資訊造成了注意力匱乏，因此需要有效地分配注意力。」[3] 他這句話捕捉到了在數位世界中生活的基本困境。隨著科技進步，持續生產資料以及無限制地獲取資訊和接觸他人成為可能。在世界上大部分地區，我們每天都有機會深入探索科技創造的資訊海洋。我們可以使用電腦應用程式和人工智慧，來增強在網路上處理資訊的能力，但是，人類的思

---

* 編註：2023年7月起推特逐漸更名為「X」。

維最終仍是無法突破的瓶頸。

如果我們是超人，我們可能就擁有無限的能力來專注和吸收資訊，也會擁有無限的記憶來儲存所有資訊。也許在不遠的將來，人類能在前額葉皮質植入晶片，擁有高效處理能力和龐大的記憶庫。但就目前而言，這只是一個臆想。數位媒體如何影響我們的注意力和情緒，遠比我們掌握的資訊量要複雜得多。

談到快節奏的科技文化，我們常常會提到注意力不足過動症（簡稱 ADHD）的問題。然而在電腦和手機上難以保持專注的問題，不僅與 ADHD 患者有關，而是一個更普遍的現象。

目前對成人 ADHD 患病率最準確的估計是 4.6%，來自 2021 年一項針對 40 篇論文、超過 107,000 受試者的研究回顧。[4] 2016 年一項對 5 萬多個家庭的調查顯示，在美國 2 至 17 歲的兒童和青少年中，有 8.4% 的人經由家長通報確診 ADHD。[5] 確實有研究顯示，ADHD 患者可能比非 ADHD 患者有更多使用手機的問題，一項針對 432 名自述患有 ADHD 的手機使用者進行的調查發現，兩者之間存在相關性。[6]

雖然結果耐人尋味，但必須強調的是，我們對 ADHD 和使用個人裝置之間的關係仍然所知甚少，需要更多的研究來確定兩者之間是否存在因果關係。然而，我們不應該把注意力和裝置的問題，視為只有 ADHD 患者才會遇到的問題，在當前的文化中，我們每個人都深受影響。

關於注意力的四個迷思

瞬息萬變的數位文化引起公眾討論,其中關於人與電腦科技的關係,出現了四個現代迷思。儘管這些說法很盛行,但我在本書中提供的科學研究,將會證明它們是錯誤的。

第一個迷思是,我們在使用數位裝置時應該始終努力保持專注,這樣才能更有效率。如果無法集中注意力,我們應該感到自責。 但實際上,長時間集中注意力,尤其是不休息,並不是大多數人的自然狀態。就像大自然充滿節奏一樣,我們的研究顯示,人的注意力也是有節奏的,我們的專注力會自然地高低起伏。在一天當中,有些時間專注力處於巔峰,而有些時間則不然。

此外,持續專注與壓力存在相關性。一整天長時間集中注意力,這種高度的心智挑戰會令人吃不消,就像我們無法一整天不停地舉重一樣。當我們耗盡精力(或認知資源),表現就會開始下降,而這通常在典型的八小時工作日結束之前就已經發生。

第二個迷思是,心流(flow)是我們使用科技時應該努力追求的理想狀態。「心流」是心理學家米哈里‧契克森米哈伊(Mihaly Csikszentmihalyi)提出的一個術語,指的是一種最佳的注意力狀態。在這種狀態下,我們完全沉浸在某種體驗中,與外界失去了連結,也不會意識到時間的流逝;我們會感到愉悅、興奮,達到創造力的巔峰。

大部分的人都曾在某些時刻體驗過心流。可能是在演奏音樂、聆聽莫札特的交響樂或齊柏林飛船的搖滾歌曲時;或是踢足球時,隊友神奇地全員配合;又或者你是畫家或陶藝家,可能在創作藝術

品的過程中,充滿無限靈感,也很容易保持專注。

達到心流的理想狀態是一個美好的目標,只不過心流在我們的日常生活中並不多見,尤其如果你碰巧是一個知識工作者,也就是說,你的工作主要是使用數位資訊。如果你是藝術家、舞者、音樂家、木工或運動員,出現心流的情況並不罕見,但對每天大部分時間在電腦或手機螢幕前度過的大多數人來說,心流很少發生。

阻礙心流的不是電腦本身,而是工作的性質。如果你在電腦上創作音樂或編寫複雜的程式,你可能很容易體驗到心流;但如果你的工作是安排會議或撰寫報告,就不那麼容易了。玩文字遊戲或觀看 Netflix 也不會產生心流,這些活動雖然讓我們投入注意力,但並不是巔峰的創意體驗。

與心流不同,我們在數位世界中的注意力通常持續時間很短,而且具有動態活躍和在螢幕之間切換的特性——我稱之為「頻動性」(kinetic)注意力。

第三個迷思是,我們在使用裝置時經歷的分心、中斷和一心多用,主要是由於收到通知和缺乏自律。透過演算法量身打造的通知能夠操縱注意力,這方面的論述已經很多,但關於注意力如何受到其他壓力的影響,我們仍然知之甚少。我們並非在與世隔絕的環境中使用科技,我們在實體世界中的行為,深受我們所處文化的影響。同樣地,我們在數位世界中的行為也受到環境、社會和其他科技力量的影響。這些影響不僅發生在西方世界,而是普世存在的。

其中有些影響可能出人意料。首先,**人類以聯想的方式進行思考,而網際網路善用了這一點,它的結構設計與人類的思維方式完美契合**,你不僅可以輕鬆地找到資訊,而且一旦找到要找的資訊,你

往往不會停止,而是繼續尋找更多有趣的資訊。

此外,雖然你知道每個人的獨特性正來自個體之間的差異,但你可能沒有意識到**人格特質如何影響我們的注意力持續時間**。某些人可以輕鬆做到自我調節行為,不去看 Instagram(簡稱 IG)動態;但對於其他人來說,自我控制是一項艱難的壯舉。你可能也不知道,某些性格特質會影響一個人在電腦和手機上的注意力持續時間,或影響一個人檢查電子郵件的頻率。

另一個影響注意力的因素是,我們都是社會動物,因此容易受到**社會力量的影響**。我們在與他人互動中獲得社交獎勵(social rewards),我們屈服於同儕壓力,我們對權勢做出反應,我們希望在與同事和朋友的互動中累積有利的資源——這些都反過來驅使我們不斷檢查電子郵件和社群媒體。

此外,雖然你肯定意識到,我們沉浸的媒體文化不僅限於電腦或智慧手機,但你可能沒有意識到,你從其他媒體養成的習慣,會延伸影響到你在電腦上的注意力持續時間。美國人平均每天花 4 小時被動觀看電視和電影(平均觀看時間隨著年齡增長而增加),而且還看 YouTube 和音樂錄影帶,所以變得**習慣於體驗持續快速的場景變化**,而這又會反過來強化電腦螢幕的使用習慣。

第四個廣為流傳的迷思是,我們在電腦和手機上進行的重複性無腦活動沒有任何價值。這種說法讓我們為了提升工作效率,被迫放棄許多無腦活動,包括玩有點傻的益智遊戲、瀏覽社群媒體或上網。簡單的回答是,沒錯,如果我們深陷社群媒體無法自拔,我們就是在浪費時間,尤其是在有重要的事情要做、截止日期逼近時。這是一種注意力陷阱,我將在書中介紹。

不過，我們也可以短暫地休息一下，有意識地適度進行重複性活動，來放鬆身心。人們會被這種重複性活動吸引是有原因的，簡而言之，我們在實證研究中發現，這種活動能讓人快樂。**在把注意力集中在輕鬆、吸引人、沒有挑戰和壓力的活動時，人們最快樂。**

　　讓我們的思緒在簡單的任務中漫遊一下，無論是在網路還是實體世界中，這樣可以幫助我們補充稀缺的認知資源；而有了更多資源，我們就能更集中注意力，從而提升工作效率。普立茲獎得主史塔福（Jean Stafford）就用園藝等重複性活動來緩解壓力，重建寫作所需的認知資源。[7] 我將向你證明，重複性活動不僅與專注力相輔相成，而且還能幫助我們實現幸福感。

　　我將在本書中深入探討，為什麼這些常見迷思並不成立。會出現這些迷思的原因之一是，在討論如何使用個人科技時，我們沒有考慮到注意力科學。人們使用電腦時的注意力受到很多因素的影響：工作的性質、可用認知資源的多寡、一天中的不同時刻、壓力、睡眠品質，以及許多其他因素。如果我們相信分心主要是自己的過錯，那麼就會忽略一個事實：**人是更大的社會科技文化的一部分，而這個文化會對人的行為產生影響。**

從提升生產力到提升幸福感

　　2009 年發生了一件事，在我心底敲響了一記警鐘。那年，我被診斷出罹患第三期結腸癌。我以為自己是周圍最健康的人，我每天慢跑、健康飲食、控制體重。突然之間，我被告知五年存活率僅有 69％。我下定決心成為那 69％ 的其中之一。很高興地告訴大

家，我確實做到了。撰寫本書時，我已經擺脫癌症 14 年了，並且打算一直保持下去。

我罹患癌症的原因並不清楚。基因篩檢顯示，我沒有致癌基因，也沒有家族遺傳的關聯。但在此之前的幾年裡，我一直承受著巨大的壓力。我清楚記得當時我有想到，總有一天我會為這樣的壓力付出代價。雖然我知道，我得到癌症不能完全歸咎於使用螢幕的時間或工作生活的型態，但眾所周知，壓力會削弱免疫系統。

此外，當一個人經歷了危及生命的事件，就會意識到時間是有限的。我的診斷結果給我敲響了警鐘，讓我思考自己是如何度過時間的：我把相當多的時間花在了使用裝置上，因此承受了巨大的壓力。我還意識到，在當今的數位時代，感受到如此強烈的時間壓力和精神壓力是多麼普遍——只需要看看周圍的人、聽聽我的同事和研究受試者是怎麼說的。這些經驗讓我更深入地思考，數位裝置在影響幸福感方面所扮演的角色。

儘管如此，數位裝置也帶來了許多好處，讓生活變得更加輕鬆便捷：它讓我們能夠在家工作、與親人聯繫、接受專業醫療護理、尋找資訊等等。對健康的恐慌讓我深刻意識到，我們需要重新思考如何使用裝置，同時保持健康和幸福感。

我們經常聽到這樣的說法：身在數位時代，我們現在擁有可以不斷提高生產力的科技手段，我們需要最佳化時間，盡可能做更多事情。我自己的生活經驗和研究讓我得出不同的結論：**我們應該思考如何才能實現最大的幸福感**。

我們需要改變討論的方式，從調整生活方式以獲得最高生產力，轉變為調整生活方式以感到平衡。我們使用裝置時的目標，應

該是保持充足的心力資源存量，這樣我們才能最終體驗到更高水準的幸福感。如此一來，工作效率自然就會提升。

專注並非唯一的最優狀態

現代的數位時代，已經從根本上改變了我們的思維方式和工作方式，也改變了我們集中注意力和獲得成就感的方式。我們日常使用的科技、所處的文化和社會環境，以及每個人的天性，都讓我們很難集中注意力。**我們現在需要一個新的模式，來理解如何讓自己保持快樂、高效和充實**。標榜讓我們提升注意力和生產力的靈丹妙藥，實際上只是無效的空頭支票，因為它建立在對注意力的錯誤假設之上。

我們不應該將注意力視為一種二元狀態，即要麼專注、要麼不專注；而是應該意識到，注意力有更為細緻的類型。在接下來的章節中，我將介紹各種不同類型的注意力，包括專注、做重複性活動，甚至是感到無聊。每種類型的注意力，對於人在一天當中保持充沛的精力，都有各自的價值和目的。這意味著，**專注並不是注意力的唯一「最優」狀態，而是在與其他類型的注意力平衡使用時效果最好，因為後者對我們的資源消耗較少**。

本書分為三個部分。在第一部分，我會先介紹一些關於注意力的重要科學知識。注意力的研究是一個廣泛的領域，最早可以追溯到心理學之父威廉‧詹姆斯（William James），一個多世紀以來，已累積數千篇研究文章。若要討論所有與數位世界體驗相關的注意力面向，將會占據大量的篇幅。因此，我將本書的討論限制在幾個

關鍵概念上，包括有限認知資源的理論和角色，它將幫助你了解自己使用裝置時的行為。

第一部分的其他章節介紹了我和同事所做的研究，這些研究顯示人們一心多用和被打斷的真實情況，以及隨著個人電腦和智慧手機的發展，人們的注意力持續時間不斷縮短的情況。針對第一個迷思，我將說明，與其追求不間斷的專注，不如考慮注意力狀態的平衡。我也會討論第二個迷思，並解釋**找到自己的注意力節奏，比實現心流更容易達成**。

在本書的第二部分，我將討論第三個迷思，檢視一心多用和分心的原因，深入探討個人、社會、環境和科技，如何影響我們在數位世界中的注意力、分心、被打斷和一心多用。我還將探討第四個迷思，介紹一些研究成果，說明無腦的活動實際上是有好處的，可以幫助我們補充資源。

在第三部分，我將討論解決方案：如何培養能動性（agency）來控制注意力？如何按照自己的注意力節奏來使用裝置？我們的研究表明，人能夠成為成功實現自我改變的能動者（agent）。

多年來，許多同事、學生和同行都向我表示，他們非常認同我的研究成果。閱讀本書，你很有可能會意識到，你對自己注意力的看法已經得到科學證實。本書旨在幫助你有意識地理解，為什麼你很難保持專注，為什麼你容易分心和自我打斷，以及為什麼你在使用裝置時會如此頻繁地切換注意力。

真正的改變始於覺察。發展能動性來控制我們的注意力，就是要理解我們為什麼會有這樣的行為，從而進行自我反思和校正。如果你的目標是實現健康的心理平衡，那麼你就能不斷補充心力資

源,進而提升工作效率。隨著數位世界不斷加速發展,我樂觀地認為,我們也能在其中找到平衡。

Part 1
注意力的真相

第一章

珍貴而有限的注意力資源

大多數人都非常熟悉自己的電腦、平板和智慧手機,知道如何調整裝置的設定。你很可能對網路的運作原理有基本的了解,當你的裝置失去網路連線時,你也可以解決故障。雖然大多數人對裝置的運作瞭若指掌,但很少有人知道在使用裝置時,我們的注意力是如何運作的。

為了理解為什麼我們在裝置上如此快速地切換注意力、為什麼我們會分心,以及為什麼我們每天都感覺如此疲憊,我將在本章打開思維的黑匣子,檢視深層的心理過程,進而解釋我們獨特的數位行為。

在本書後面的部分,我還將探討一個全面的觀點,以解釋一心多用和頻繁分心的深層原因。不過首先,我們會從注意力的基礎知識開始,我將帶你了解注意力是如何運作的,執行「簡單的」任務實際上需要多少精力,以及幾乎不間斷使用的數位工具,如何以獨

特的方式消耗著我們有限的注意力資源。

我研究注意力的起心動念

我從 2000 年開始研究，為什麼在使用裝置時，人們的注意力會如此迅速地耗盡。那時我剛剛開啟學術生涯，儘管網路泡沫已經破裂，但那年也迎來了數位科技加速進步的新紀元。接下來的十年裡，將有 500 萬家新的新創公司成立。2003 年，一個社群媒體巨頭（臉書）誕生，引發了其他社群媒體巨頭興起的浪潮，不僅改變了個人的生活，也改變了整個社會。2007 年，能放進口袋那麼小的電腦（智慧型手機）問世，改變了我們獲取資訊和接觸他人的方式、時間和地點。

2000 年不僅是數位發展的轉捩點，也是我自己與科技之間關係的轉捩點。那時我結束在德國一家大型研究所的工作，剛搬回美國。在德國時，我享受了工作生活的完美平衡：不必撰寫經費申請書，不必教課，不必參與任何委員會，可以專注於單一的專案。

而回國以後，我開始在加州大學爾灣分校任教，一下子進入了另一種文化：同時進行好幾項專案、為更多的專案申請經費、教書、指導學生、擔任委員會成員，還要建立新的人脈。我知道我應該對一些專案喊停，但我怎麼能對這麼多令人興奮的事情說不呢？

為了跟上進度，我開始長時間目不轉睛地盯著電腦螢幕。我注意到自己對電腦的注意力，在不同的專案之間不斷切換，甚至還切換到與專案無關的其他應用程式和網站上。有時，切換是電子郵件或其他通知造成的，但有時卻來自自己內心想法的驅使。我發現自

己很難把時間投入在完成一項專案上，可能連專案的一部分都還沒完成，就又開始做別的事情了。這樣過了十年，我的注意力似乎在不同螢幕之間切換得更快了。

　　有一個故事可以說明這種變化，那就是我度過午餐時間的方式。在德國，午餐要吃一頓豐盛的熱餐，德文叫 *Mittagessen*。中午將至時，總會有一名同事在辦公室裡遊走，糾集同事們一起去吃午餐。我們都熱切地期待著這一小時左右的美好時光。我們會走去自助餐廳，吃一頓熱餐，在熱烈的討論中消磨時間，聊聊八卦和新科技。然後是一個健康的「加餐」：我和同事會去散步，繞著校園走上 20 分鐘。回到工作崗位後，我們都感到神清氣爽，靈感爆發。

　　回到美國後，我的午餐時間發生了巨大變化。教完第一堂課，我就立刻衝到自助餐廳買外帶午餐，然後快速回到辦公室。我穿過走廊，經過所有同事敞開的門，瞥見他們每個人都在電腦螢幕前吃著三明治。然後我一屁股坐進椅子裡，打開電腦，開始跟他們做一樣的事。午餐時間不再是工作之餘的休息時間，而是獲取食物後趕快回到螢幕前的短暫片刻。

　　我開始與同事和朋友討論，我是多麼沉迷於電腦螢幕，同時卻又很難專注於螢幕上的內容。我發現其他人也正經歷一樣的行為。我和他人討論得愈多，就愈發現這種經驗相當普遍。人們描述自己經常切換注意力，同時在裝置上花費的時間比以往任何時候都多。這種情況令人不安，不過身為學者，我同時也感到好奇。到底發生了什麼事？我開始認真考慮要客觀地研究這個現象。

　　我感到非常幸運，在現今許多司空見慣的科技剛剛問世的時候，我身在對的地點、對的時間、對的領域，因而與它們相遇。我

第一章　珍貴而有限的注意力資源　　29

還記得自己第一次使用手機，那是 1980 年代中期，我還是學生，當時和一個朋友正搭計程車穿過中央公園。那時摩托羅拉剛推出 DynaTAC 8000X 手機，但很少有人擁有這款手機，因為如果換算成今天的價格，它大概要 10,000 美元，通話時間也只有 30 分鐘。我的朋友以走在科技最前端而自豪，他把他的手機遞給我，讓我試試。按照現在的標準，這款手機很龐大。聽到電話接通時，我正坐在計程車裡飛馳穿過中央公園，那種激動之情難以言表。

幾年後，在第一份工作中看到 EDS 會議室的聯網電腦時，我也曾感到同樣的興奮。後來，我又第一次見證了圖形化網頁瀏覽器、流媒體影片、名為 CAVES 的實體沉浸式虛擬實境空間，還有一種線上虛擬世界，相當於現在稱為元宇宙的縮小版。我也很幸運能夠從事恰好的職業，以心理學家的身分，用完整的訓練和正確的方法，觀察和研究當這些科技進入生活時，我們的注意力和行為如何改變。

由自己決定要注意的對象

與擁有數百年、甚至數千年歷史的化學、物理或醫學相比，心理學是一個相對年輕的科學領域。研究注意力的先驅，是被稱為「心理學之父」的威廉・詹姆斯，他 1842 年出生於紐約一個富裕的國際化家庭。他的教父是文學家愛默生，弟弟是小說家亨利・詹姆斯（Henry James）。

年輕時，詹姆斯對自己的人生道路並不確定，在不同的領域中輾轉，先是學習藝術，然後是化學，再來是醫學，最後才選擇了心

理學。但在1870年代中期他被聘為哈佛大學教授時，大學裡還沒有心理學系（第一個心理學實驗室是馮特〔Wilhelm Wundt〕1879年在萊比錫大學開設的），因此詹姆斯也輾轉於不同的學系之間，先是在生理學系，然後到哲學系和（後來成立的）心理學系。接觸這些涉及身體和思維的不同領域，使他對理解人類最基本的心理機制——注意力——產生了興趣。

詹姆斯是一位多產的作者，並且在1890年完成了近1,400頁的巨著《心理學原理》（*The Principles of Psychology*）。令人驚歎的是，他每天都能寫2,000多字。事實上，詹姆斯巧妙地運用心理學理論來控制干擾，高效利用時間完成寫作。他把與學生會面的時間安排在晚上在家吃飯的時候，這樣白天工作時就不會受打擾，這在今天看來是非常不尋常的。大多數學生確實都很膽小，不敢去他家，這就限制了來訪人數。所有來找他的學生都會被帶去他家的餐廳，他一邊吃飯一邊解答他們的問題。[1]

詹姆斯是第一個從心理學角度定義注意力的人，他的定義與今天大多數人對注意力的看法並沒有太大區別：「大家都知道什麼是注意力，它是心智以清晰、生動的形式，從幾個差不多同時可能出現的物體或思緒中，選擇其中之一。它的精髓是意識（consciousness）的集中（focalization）與專注（concentration）。」[2]

然而同樣重要的是，詹姆斯相信，人們對要注意的事物的**選擇**至為關鍵，因為人們是以下述這樣的方式來建構生活經驗的：「數以百萬計的外在事物呈現在我的感官中，但它們從未真正進入我的體驗。為什麼？因為我對它們不感興趣。我的體驗是我同意去注意的東西，只有那些我注意到的東西，才能塑造我的思緒。如果沒有

經過篩選,體驗就完全是一片混亂。」[3]

換句話說,詹姆斯相信,是我們決定要注意的事物,構成了我們的生活體驗。我可能正在一個美麗的花園裡散步,卻拿出了手機,因為我要和一個朋友傳簡訊,我努力點選正確的字,避免自動選字功能常常跑出不是我要的字。此時我所體驗到的東西是簡訊文字,而不是地面的柔軟、鶯的顫音或杜鵑花的緋紅色。我把注意力集中在傳簡訊上,而我本來可以置身時代廣場。

因此,在詹姆斯看來,我們在世界中遊走時,會面臨大量不同類型的刺激,而我們會根據自己的意願選擇注意的焦點。換句話說,我們可以控制自己的注意力要集中在哪裡。唉,要是事情像詹姆斯設想得那麼容易就好了。

注意力是由各種網絡組成的系統

那麼,根據詹姆斯的描述,你可能會想像,大腦有一個中心位置專門負責注意力。但研究證實,注意力實際上是一個由各種網絡組成的系統,這些網絡分布在大腦的不同區域,共同構成注意力系統。[4] 就像金融系統一樣,沒有一個單一實體可以指認,因為金融體系是由投資公司、銀行、保險公司等不同的金融服務所組成的。

在注意力系統中,當我們試圖注意一件事,例如專注於螢幕或是管理干擾,注意力網絡會執行不同的操作。首先是「警覺」(alerting),就是在我們執行任務時保持警醒,例如努力集中精神完成接近截止日期的報告。接下來是「定向」(orienting),用於確定優先順序、選擇要對哪些刺激物專注,例如我們發現收件匣裡有

一封來自主管的電子郵件必須優先回覆，或者我們選擇回應手機簡訊發出的鈴聲。最後是「執行控制」（executive control），它可以像美式足球中的進攻組那樣，管理不相關刺激的干擾，讓我們能夠保持專注，[5]例如努力克制自己不對讓人分心的事物做出反應。

若要思考這些系統在實務中如何運作，另一種方法是想像你是管弦樂團的成員。「警覺」讓你在數著節拍、看著指揮時，不會錯過提示；「定向」確保你在樂譜中的正確位置、使用正確的調號、正確的力度，並且知道應該和誰一起演奏；「執行控制」用於防止觀眾的相機閃光燈讓你分心，或是防止你沉醉在身旁夥伴的美妙獨奏中而影響了自己的演奏。

一心多用讓你不堪負荷

在努力集中注意力和追求目標時，我們會運用一套稱為「執行功能」（executive function）的心理過程，你可以將這個功能視為思維的掌管者。執行功能承擔著管理不同類型進程的艱巨任務，包括確定任務的優先順序和切換任務、做決策、維持和分配注意力、使用工作記憶，以及進行自我調節。[6]

當任務很簡單，例如瀏覽臉書時，掌管者就可以完美地工作。當任務變得困難，管理任務也變得艱難時，麻煩就開始了。如果我們試圖處理多項任務，又時常被打斷，就是這種情況。這時會發生很多事情：我們需要將注意力分配到手頭的任務上，但突然又要去處理打斷我們的事情，於是我們一邊努力在腦海中想著被打斷的任務，一邊還要抵抗新的干擾。如果你處於時間壓力之下，並且長時

間這樣做,思維掌管者就會負荷過重,在讓你實現目標的過程中變得很吃力。這時,你就會發現自己的表現受到了影響。

我們使用裝置時面對的介面,讓集中注意力在目標上變得困難。瀏覽器的分頁、社群媒體的圖示,以及電腦和手機上的通知,這些視覺提示不光代表了資訊通道,還向你**傳遞訊息**:在你手邊就有大量可取用的資訊。在努力處理一項任務,例如逾期未交的月度報告時,你可能不喜歡周遭有這些多餘的資訊,因此你強迫自己克制誘惑,不要把注意力轉移到任何其他資訊來源。但即使你成功做到不去切換或分心,**你的執行功能仍在為了抑制切換或分心的行為而不停地工作。**

注意力資源是有限的

現在讓我們來看看,為什麼你會在下午 3 點感到如此疲憊,為什麼你發現自己會打開社群媒體來尋求喘息。

心理學上有一個長期存在並廣為接受的理論,其背後有超過 50 年的研究支持,認為大腦擁有一個總體的注意力或認知資源庫,是這些資源維持了我們的日常運作。[7,8] 資源可以被視為你的注意力容量,或者更確切地說,是你可用的注意力多寡。這個基本的假設是:**處理資訊需要這些資源,而這個資源庫是有限的。你的認知資源可能會耗盡**,這會在短時間內影響你的表現,例如在完成長達一小時的艱難任務、同時處理干擾的時候。而從一整天的長時間來看,體內平衡的變化(homeostatic variation),也就是你醒來以後經過的時間,也與表現下降相關。[9]

你之所以感到精疲力盡,並開始犯錯,很可能是因為你一直在拚命使用有限的資源,你的需求超出了它們的可用範圍。因此,到下午3點的時候,你已經處理了電子郵件、簡訊和電話,參加了一整天的會議,又沒有花時間進行有效的休息,你可用於保持警醒的注意力資源所剩無幾,而你的執行功能——思維的掌管者——也沒有足夠的資源來幫助你避免被社群媒體分心。

認知資源有限理論可以解釋你在工作量累積時的表現,[10] 這樣的情況每天都在發生:你努力保持專注,但同時不停地被打斷、切換任務,並努力抵制電腦和手機上令人分心的東西。我們有選擇地將注意力資源分配到不同的活動上:閱讀、打電話、處理干擾甚至是內心的想法,就像我們分配財務資源,把錢花在不同的東西上。

想像一下,你剛從提款機領了錢,口袋裡有現金,然後去了一個只收現金的傳統市場。你把錢拿去買手工麵包、松露起司和草飼牛肉,結果錢就快花光了。你只剩下一點點錢,唯一能買的就是一些枯萎的蔬菜。如果你想買品質好的東西,就必須回到提款機前,重新替你的錢包補血。你的注意力也是如此。當注意力資源耗盡,你就不能做很多事情,你必須休息一下,補充精力。如果需要的認知資源超過可用的認知資源,我們的表現就會受到影響。[11]

你在不同活動中經歷的認知負荷,也就是投入的心力(mental effort),被證實與你需要的認知資源相關。[12] 認知負荷長期以來都是透過在實驗室中測量人們的表現來獲知的:受試者被要求執行一項任務,例如從螢幕上顯示的其他干擾字母中尋找目標字母(如字母 H)。受試者的表現會隨著時間下降,於是我們假設其認知資源已被消耗。

另一種方法是測量瞳孔直徑,研究顯示,瞳孔直徑會隨著認知負荷的增加而變長。瞳孔直徑通常在實驗室研究中測量,在受試者處理心算、持續性注意力(sustained attention)工作或制定決策等認知任務的時候。[13] 遺憾的是,在非受控的環境下測量瞳孔擴張根本行不通,因為瞳孔直徑會隨著環境光線的變化而改變,而且家裡或真實的工作場所,永遠不會有完全一致的照明。

還有一種測量認知負荷的方法,是使用熱成像攝影機來檢測臉部熱成像,因為臉部溫度的變化能夠反映所動用的心力。不過同樣地,這種方法在非受控環境下也存在挑戰,因為必須限制受試者的頭部活動,才能用攝影機來進行監控。

認知資源的使用方式,確實可以從大腦的生理學角度解釋。神經科學研究顯示,當人們集中注意力時,大腦的特定區域會出現代謝活躍,同時,血液中的二氧化碳濃度也會增加,導致血管擴張,進而清除大腦被啟動部分所產生的廢物。[14] 但隨著持續專注的時間增加,人們的警覺性就會下降,血流速度也會降低。[15,16]

注意力和表現的變化關係顯示,如果任務持續進行,認知資源就無法得到補充。**為了補充認知資源,就要停止艱難的任務,才能有空重新建立資源。**因此,大腦中的血流量,似乎是專注時認知資源使用程度的代謝指標,它為認知資源理論提供了神經科學證據,並解釋了大腦努力維持專注時發生的情況。

一心多用耗費大量資源

新興的神經人因工程學(neuroergonomics)領域,透過追蹤受

試者工作時的大腦活動,來測量他們的認知負荷,也就是心力。研究者利用正子斷層掃描(positron emission tomography,簡稱 PET)或功能性磁振造影(functional magnetic resonance imaging,簡稱 fMRI)等技術,測量人們運用持續性注意力時的大腦活動。但問題是,做 PET 或 fMRI 時,受試者必須一動不動地躺著,這嚴重限制了他們的活動類型,讓心理學家難以研究注意力行為。

不過,另一種技術已經解決了這個問題:穿顱都卜勒超音波檢查(transcranial Doppler sonography)使用聲波來測量大腦中動脈的血流速度,大腦中動脈為大腦提供大部分的血流。這項技術通常用於診斷中風或動脈阻塞,但也可以測量人們在執行需要專注力的任務時所發生的情況。要測量專注時的血流量,受試者進入實驗室,戴上嵌有小型感測器的頭帶(這種頭帶不會像 PET 或 fMRI 那樣限制身體活動),然後執行任務,例如觀看螢幕 30 分鐘,判斷一條線是否比另一條線長。

根據腦部血流來測量認知負荷還有另一種有前景的方法,就是功能性近紅外光譜技術(functional near-infrared spectroscopy,簡稱 fNIRS),它根據氧合血紅素和脫氧血紅素的光反射,來測量血流速度的變化。一項在模擬辦公環境中進行的研究顯示,即使在任務被打斷的情況下,fNIRS 也可以測量各種閱讀任務中的工作負荷差異,但無法在寫作任務中進行測量。[17]

像穿顱都卜勒超音波檢查或 fNIRS 這樣的腦機介面,可以在受控制的環境中運作順利,例如在航空公司的駕駛艙或實驗室的模擬辦公環境中。不過它們比較難在受控環境之外測量人們的注意力,以及執行大多數任務所使用的認知資源。人們在生活中常做的

事情，並不像在實驗室那樣受到控制，而且有很多事情都會影響人們的表現。

在日常生活中，你的心力表現不僅取決於可用認知資源的多寡，還取決於任務的類型和難度，以及你試圖同時執行多少個任務。我們可以想見，像被動觀看 YouTube 影片這樣簡單的任務，可能不會使用很多資源；但是像寫報告這樣的艱難任務，需要搜尋、閱讀和總結資料，並做出其他複雜的決策，我們可以從實驗室研究中推測，這會耗費大量的認知資源。

我們也從多年的實驗室研究中了解，如果其中至少一項任務只需要很少心力或不需要心力，例如在電腦上閱讀文章時聽純音樂，那麼同時執行兩項不同的任務也不會降低表現。現在，想像你正在更具挑戰性的多項任務之間切換，例如傳送簡訊、更新履歷、上網搜尋、檢查電子郵件和接聽電話。我們當然可以想到，在這些不同的任務之間切換需要耗費很多認知資源。相比之下，邊走路邊講電話就不那麼耗費資源，因為我們不用費力思考就可以自然行走。當然，由於專注在講電話，我們對周圍環境的覺察力也會下降。

認知資源理論還認為，不同類型的任務會使用不同的認知資源。進行視覺、聽覺或空間類型的操作，會消耗不同的資源。[18][19] 對應的例子分別可能是：閱讀新聞文章、講電話和玩需要空間技能的電玩遊戲。**如果有兩項任務需要同類型的認知資源，並且彼此競爭同類型的資源，就會產生更多干擾**，例如兩項聽覺任務：一邊收聽音訊會議，一邊進行電話交談。尤其是如果你在兩者之間快速切換，干擾就更多了，很難同時做這兩件任務而不出錯。

這就是為什麼當你試圖專注卻總是被打斷，注意力在多個任務

之間來回切換時,會漸漸感到疲憊不堪。你思維的執行功能正在全力以赴地進行維持表現所需的工作。在試圖長期維持這種任務切換的過程中,你不可避免地會表現下降,這一點在實驗室研究中反覆得到證明。經過一整天、哪怕是幾個小時在不同任務之間瘋狂切換後,如果沒有得到相當的休息,你的能力就會大不如前。就像英國人的說法:你已經心力交瘁了。(You are knackered.)

幸運的是,認知資源可以靈活地在任務之間來回分配。如果你在開車時講電話,而一輛汽車突然在你面前轉向,你就會突然把注意力完全分配到駕駛上,你會突然停止講電話。如果餐桌上的伴侶正試圖與你交談,而你卻在傳簡訊,當對方提高嗓門、語氣惱怒,但願你會暫停發送簡訊的動作,將注意力傾注在伴侶身上。

雖然我們知道,在回覆電子郵件、處理干擾和完成季度報告之間來回切換,可能會耗盡你的資源,**但也有其他活動可以補充資源**。有些補充資源的方法無須學習。如果你剛度過一個輕鬆的週末,補足了睡眠回到工作崗位,那麼週一早上你應該有充足的認知資源。良好的夜間睡眠,搭配適量的深度睡眠,尤其是快速動眼期睡眠(有利於記憶和維持注意力的能力),可以儲存認知資源。

在心理上擺脫壓力情境,也可以恢復認知資源。[20] 尤其是去一個安靜的環境度假,可以讓大腦放鬆和調整。即使只是與大自然接觸 20 分鐘,也能讓你頭腦清醒。[21] 不過,你可能沒有想到,玩簡單的無腦遊戲,例如《兩點連線》(Two Dots,一款應用程式遊戲,顧名思義,把點連接起來),也可以讓你的大腦休息一下。

認知資源使用理論是一個由來已久的重要理論,可以幫助解釋你的注意力表現。在本書中,我希望你想像一個油量表,顯示你的

認知資源還剩多少。當你主觀上感到精疲力盡、表現開始受影響時，就代表你的油量表已接近零；如果你在一天開始時感覺神清氣爽，你的油量表就顯示滿油狀態。

持續性注意力和頻動性注意力

我們的注意力每時每刻都在變化，在保持警醒和分神漫遊之間波動。心理學家透過開發一種稱為「漸進式連續表現任務」（gradual onset continuous performance task，簡稱gradCPT）的巧妙技術，來測量這些瞬間的波動。[22]

在這項測驗中，研究者將受試者帶入實驗室，向他們展示不同的照片，包括山景或城市景色，照片每隔800毫秒，也就是不到一秒鐘，就會淡出畫面，換成下一張照片。[23] 受試者被告知，當他們看到城市景色而不是山景時，就按下按鈕，他們要對數百張照片執行這個操作。研究者能夠由此辨別，在每個瞬時，受試者是在專注還是在分心。結果也許並不令人訝異，受試者的思緒在專注狀態和心不在焉之間切換的次數愈多，測量到的表現就愈差。[24]

像gradCPT任務這種對於持續性注意力的研究，幾乎總是在實驗室中進行，測量的是瞬間波動。但在實驗室以外的日常環境中，我們的注意力會發生什麼變化呢？在我自己的研究中，我一直對在非受控環境下研究人們的注意力很感興趣。我們可以預想到，根據gradCPT的結果，人們的注意力在同一螢幕上時，會不斷地在專注和分心之間波動。但注意力也會在不同螢幕和應用程式之間切換，而且我發現，這些切換有時非常快速。

實驗室研究會透過字母或圖片等相對統一的刺激物,來測量人們是否集中注意力,但在真實世界中則不同,人們的注意力實際上是在不同類型的任務和截然不同的刺激物之間切換的。人們可能會在短時間內快速注意一些事情,也可能會在較長的時間內將注意力分配到其他事情上。此外,實驗室研究通常會使用字母或數字等中性符號,但在非受控環境下,不同活動會喚起人們不同類型的情緒──閱讀一則新聞可能感到悲傷,而閱讀朋友傳來的簡訊可能會覺得有趣。

　　而且,在不同任務之間切換注意力時,人們還需要將對一項任務的內在表徵(internal representation)*,重新組織成對下一項任務的內在表徵,心理學家孟塞爾(Stephen Monsell)將其形容為「心理換檔」(mental gear-changing)。[25] 這些表徵被稱為基模(schema),[26] 你可以把它想像成,描述你在特定活動中行為模式的一種內在腳本。人們使用這些心理基模來解釋世界,策劃做事的方式。

　　在寫一篇報告時,你可能會調動出一個「打開 Word 檔案開始打字」的基模。回覆電子郵件時,你則會有不同的行為模式:也許你會點選電子郵件軟體,從最新的郵件開始快速瀏覽,選擇要回覆的郵件,然後把其他郵件刪除或歸檔。每次切換任務,你的注意力

---

* 譯註:內在表徵是指在人類或其他智能體系統中存在的,對外在訊息的內在表示或模型。這種內在表示可以是大腦中的神經活動模式、記憶、概念、符號或其他形式的內在狀態,這些內在狀態用於處理、理解、儲存和操縱外在訊息。例如,當一個人看到一只貓,大腦會形成一種內在的表徵,以便辨識並理解這個物體是一隻貓。這種內在表徵是透過大腦對視覺訊息的處理和解釋而形成的。

都會被重新導向。這種任務切換就像把內在的白板擦乾淨，在上面為新任務寫下筆記。**當你經常被打斷，你就會頻繁地重新組織內在基模——擦掉白板，在上面寫字，再次擦掉，如此反覆。**你可以想像你的認知資源會下降得多快。

在寫這一章時我意識到，沒有一個詞，可以描述我們在非受控環境下觀察到的，人們使用裝置時的注意力切換。這種注意力切換有時似乎是目標明確的，有時卻是混亂的。有時人們可能會表現出持續的專注，然而有時又莫名其妙地轉移注意力到其他事情上：別的專案、電子郵件、網頁或社群媒體。人們切換注意力，可能是由鈴聲或彈出式視窗等刺激引起的，但也可能是由觀察員看不到的東西所引起，例如人們內心的某些東西：記憶或內心的衝動。

我花了一些時間尋找詞語，來描述這種快速的注意力切換。它當然是充滿動力的，因此我開始查閱物理學中的專有名詞。突然，我的腦海中跳出了「頻動」（kinetic）這個詞，而且似乎很合適。「頻動」的意思是活躍的、頻繁運動的，具有強烈的活動性。頻動性注意力，指的就是以快速切換為特徵的、動態的注意力狀態，例如在應用程式、社群媒體和網站之間，或在電腦和手機之間切換注意力。雖然在真實世界中，我們不像 gradCPT 任務那樣在實驗室中使用受控刺激，因此很難測量一個人在當下是專注還是恍神，但我們可以觀察到人們的行為，是點選電子郵件、切換螢幕或是瀏覽網頁。

頻動性注意力本身既不好也不壞，它只是對真實世界注意力行為的一種描述。在很多方面，可以說頻動性注意力是對數位媒體所帶來的大量資訊和干擾的一種適應性反應，或說是一種更有效分配

注意力的嘗試。然而我的研究也顯示，在大多數情況下，我們並不太善於使用頻動性注意力——**使用頻動性注意力普遍導致壓力、疲勞、表現不佳，甚至倦怠。究其原因，還是因為這種快速的切換會占用並耗盡人們的認知資源。**

接下來，我將更深入地討論人們難以集中注意力的原因。

第二章

六個注意力陷阱

　　我經常收到求助的電子郵件,對方描述自己在努力控制注意力方面遇到的困難,向我尋求建議。

　　以下是我最近收到的一封郵件:「要想明確說出工作場所中令人分心的事,就像要追一頭塗了油的豬一樣困難。我覺得我每天的任務,就是處在電子郵件、同事來訪、電話和簡訊的轟炸中,還要俐落準確地駕馭這份工作的複雜性。下班時我已經精疲力盡,不是身體的疲憊,更多是精神上的⋯⋯我痛恨這些裝置,我認為我們都是它們的奴隸。」

　　這是我一再重複聽到的話。本章中,我將帶你探究使用裝置時難以集中注意力的原因。

大腦的自動反應

當我開車行駛在一條新路線,即使把導航工作外包給 GPS,我仍然需要集中注意力,按照導航指示開車。我們在執行可能不熟悉或困難的任務時,會進行所謂控制化處理(controlled processing)*,這需要消耗認知資源,有時可能會消耗很多。

然而,並非所有注意力都在我們的有意控制之下。還記得你擁有第一支手機的時候嗎?第一次接聽電話時,你可能需要花一些時間尋找正確按鍵,或滑動螢幕的位置。但現在你接到電話時,只是拿起手機一按,或滑一下,就能接聽。同樣地,在螢幕上多次看過電子郵件通知後,當新郵件出現,你就可能自動做出點選的動作。在這些情況下,大腦採用一種自動的認知處理方式。

自動化處理(automatic processing)發生在非常簡單、易於學習和熟悉的任務中。當你一遍又一遍執行相同的操作,例如檢查電子郵件或駕駛熟悉的路線,自動化處理就會形成。它不會消耗注意力資源,這就是為什麼我們可以一邊沿著筆直的路線駕駛、一邊說話,因為我們不需要有意識地思考開車的事。但如果交通號誌突然轉黃燈,我們就會靈活地分配注意力,馬上踩剎車,並停止講話。這種類型的自動注意力被稱為外因性注意力(exogenous attention),[1] 它通常由自身之外的某種刺激引發,如交通號誌燈。

由於自動化處理速度快、幾乎不費吹灰之力,而且通常不受控

---

* 譯註:控制化處理指的是在有意識的注意控制之下對外在訊息進行處理,所以需要占用相當大的注意力容量。

制，所以我們往往會對電腦和手機上的通知做出快速反應——這都是經過反覆練習而形成的。有趣的是，飲酒會影響控制處理的能力，但對自動化處理影響不大。[2] 因此，喝醉的時候聽到簡訊鈴聲響起，你可能仍然會拿起手機，但要輸入回覆就會遇到一些困難。

事實上，你很難**不**對手機通知做出反應，換句話說，你很難抑制自動注意力。「史楚普色字測驗」（Stroop Color and Word Test）證實了這一點。這項經典心理測驗由史楚普（J. Ridley Stroop）於1935年發明，用於研究人們在受到兩種不同刺激時的認知干擾。[3]

早在史楚普測驗發明之前的1912年，就有研究發現，受試者接受過打字訓練後，如果把打字機上的按鍵調換，他們也很難不去按原來的按鍵[4]——原本的習慣干擾了用不同按鍵打字的新任務。史楚普任務測量的干擾，也是同樣的類型，但測量的是習得的閱讀習慣。

在這項測驗中，受試者在紙上或螢幕上看到兩組顏色名稱。在其中一組中，文字的顏色與文字本身相符，即文字「藍色」就用藍色顯示；但在第二組中，顏色的名稱不是用本身的顏色顯示，例如文字「藍色」改用黃色字顯示。受試者的任務是說出文字顯示的顏色，在第一組文字中這很容易，因為文字的顏色和名稱是一致的；但是在第二組文字中，受試者表現出控制不住說出文字名稱的傾向——因為他們需要努力抑制說出「藍色」的自動反應，才能說出正確答案「黃色」。為了準確地執行史楚普任務，受試者需要在頭腦中積極地保持「專注於顏色」這一目標，來阻止讀出文字的衝動。執行功能努力抑制互相衝突的反應來完成任務，但並非總是能成功。

第二章 六個注意力陷阱 47

日常使用裝置時，我們不斷面臨抑制自動反應的挑戰。比方說，把電腦介面想像成儀表板，當你正在努力完成逾期未交的月度報告，卻看到瀏覽器分頁和圖示，它們代表著通向更有趣、更好玩活動的大門。這時你需要自我調節，來抵制自動點選瀏覽器分頁和切換螢幕畫面的誘惑。瀏覽網站時，你也可能會自動回應螢幕上閃爍的廣告。**隨著我們的行為變得更加自動化，我們就更難修改行為，因此也就更難不被通知等刺激分散注意力。** 在本書後面你將看到，試圖阻止自動回應會帶來怎樣的壓力。

最近一些關於注意力神經基礎（大腦中管理注意力的機制）的研究顯示，**如果長期必須持續使用認知控制來抵制行為，久而久之，人們最終會做出更多衝動的選擇。** 大多數實驗室研究都是在短時間內，例如1小時內，測量自我控制能力。許多人或許能在這麼短的時間裡做到自我控制，但要在一整個工作日中做到就難上加難了。

為了對自我控制進行更真實的測量，法國研究者布蘭（Bastien Blain）、歐拉爾（Guillaume Hollard）和培西格利歐納（Mathias Pessiglione）進行了一項長達6小時的實驗。受試者被帶到一個受控的實驗室環境中，執行一些困難的任務，例如聽一串數字，並回憶起在當前數字之前三位出現的數字。例如，當出現一串連續的數字，如9、7、4、2、8時，他們必須回憶起4、然後是2、然後是8，以此類推，數字愈來愈多。

實驗要求受試者每隔一段時間說出自己的選擇，是要等待100歐元的延遲獎勵，還是立即獲得價值較低的獎勵。在6個小時的過程中，受試者的抵抗力逐漸消失了，做出了更加衝動的選擇，具體的表現是選擇立即得到價值較低的金錢獎勵，而不是等待更高的金

錢獎勵。[5]不過,在完成 6 個小時以上的簡單任務中,並沒有發現同樣的衝動行為。

實驗顯示,動用認知控制、努力專注於艱難的任務時,我們會在一段時間過後變得更加衝動,並逐漸放棄過濾干擾的能力。在任務開始、中期和結束時收集的 fMRI 資料顯示,衝動性的升高,源於大腦中跟工作記憶和任務切換相關區域的活動降低。幾位研究者將其稱為認知疲勞,顯示長時間抵抗干擾是削弱認知控制的另一種方式。此外,大多數實驗室研究都是在持續 1、2 個小時的實驗中測量維持認知控制的能力,而這項研究顯示,我們的控制力會在更長時間的過程中逐漸減退,這就是我們在一般工作日中的情況。

將注意力集中於目標

最近我和一個朋友聊天,希望有一段完整、較長的時間,能不受干擾地來寫這本書。我的朋友在科技巨頭公司工作,他感嘆,每年都會有新的干擾源被製造出來。他說:「我們已經變成不得不去瀏覽電子郵件、簡訊、電話和社群媒體。如果你不讓自己受到干擾,你就跟不上最新消息。隨著我們不斷發明更多的干擾管道,我們的表現也在不斷變得更糟。」

的確,我們很容易發現自己偏離了目標。如果要執行艱難的任務,例如撰寫報告(或像我一樣寫書),就需要在頭腦中維持這個目標。(當然,像寫書這樣的任務有很長的時間線,不可能在這個過程中阻止所有的干擾。)當注意力以目標為導向,我們就能有所控制,並決定把注意力放在哪裡,這可以讓我們免受與目標無關的

干擾影響——這就是詹姆斯所說的，用意願來選擇注意的方向。[6]

以自上而下的方式將注意力引導到一個目標，稱為「內因性注意力」(endogenous attention)。[7] 如果我的目標是寫完書的一章，我就會把注意力分配給寫作、閱讀、搜尋資訊，或做任何實現目標需要做的事情。然而，如果我們只是對環境中的刺激，例如來電或簡訊通知，自動地做出反應，我們的注意力就不是目標導向的，而是刺激導向的，屬於自下而上的方式。這種外因性的注意力，與看到紅綠燈突然變成黃色時踩下剎車時經歷的注意力類型一樣。

日常生活中，我們不斷地在受控的注意力和刺激導向的注意力之間進行協商。在執行任何行動時，我們都會努力遵循內在目標（如撰寫報告），同時也可能屈服於外在影響（如社群媒體通知），甚至屈服於內心的衝動（如渴望通關填字遊戲）。[8]

處理干擾很可能是我們演化出來的一種方式，目的是保持靈活性，好應對環境中的潛在危險。這一點在今天仍然很重要：一個人在過馬路時給朋友傳簡訊，如果不注意周遭環境，可能會被腳踏車撞到。但現在的情況是，我們在使用裝置時，並不那麼善於監控外在環境：走路（以及開車）時，我們可能太過專注於發送簡訊，而失去了對周遭狀況的警覺，受傷的機率也變大了。[9]

諷刺的是，從演化角度來看，像我們的祖先在捕獵和採集時注意掠食者那種監控環境的能力，能幫我們保全性命；但在當今的數位世界中，裝置卻能如此完全地吸引我們的注意力，甚至導致我們錯過實體世界中的危險訊號。因此，**為了依照目標行事，我們需要在想法上積極地維持目標。**當注意力集中在目標上時，我們就能有目的地採取行動。

在實體世界中，很容易想像不牢記目標的後果。以 25 歲的徒步旅行者德弗斯（Andrew Devers）為例，2021 年他在華盛頓州進行短程一日徒步，一時分了神，結果迷路了 8 天。幸運的是，他靠吃莓果和喝溪水活了下來，最終被發現時只受了輕傷，但這對他來說是一次可怕的經歷。他是這樣描述的：「我並沒有想太多，我只是順著我認為的路徑走，結果這樣沉浸在自己的思緒中大約 45、50 分鐘後，回頭一看，路已經不見了。」[10]

在數位世界中也是一樣，我們常常在使用裝置時忘記了目標，回過神來才發現已經偏離了軌道。**如果沒有自上而下的控制，我們就會放任刺激拉走自己的注意力**，我們的思緒就會像彈珠一樣，被簡訊鈴聲、社群媒體通知和定向廣告推著，從一個拉桿彈到另一個拉桿。

我們在設定諸如每天早上要運動這樣的目標時，都懷著最美好的打算，但卻一不小心就讓目標落空。比方說，一旦天氣不好，就把目標拋諸腦後，轉而花 30 分鐘在社群媒體上。當我們努力將注意力集中在目標上時，大腦到底發生了什麼事？

背後發生了很多事情，其中大部分工作是由執行功能完成的。[11] 首先，我們必須選擇正確的目標，這可能是比較簡單的部分。我們可能會查看待辦事項清單，看看有哪些事要優先處理。

接下來，我們必須能夠長時間在腦海中維持這些目標的表徵，這就棘手多了，因為我們必須防範可能破壞目標的干擾。我可以關閉外在的通知，但很難控制內心的衝動。擔心可能錯過新聞和社群媒體的更新，就是一個挑戰。這就是執行功能的作用，它時常為了抵制分心而全力工作。

最後，我們得在必要時靈活地調整目標。[12] 如果你沒有從同事那裡獲得需要的關鍵資訊，你可能得轉而處理 B 計畫的目標。但問題就在這裡，努力堅持目標並抵抗干擾，會慢慢耗盡寶貴的認知資源。[13] 一旦我們分心、資源不足，就很難再回到堅持目標的狀態。

注意力陷阱

現在讓我們來探討，使用裝置時難以管理注意力的一些具體原因。多年來，透過觀察、訪談和跟許多人談論他們使用個人科技產品的情況，我發現使用裝置時無法控制注意力有幾種常見的行為模式，我稱之為「注意力陷阱」(attention trap)。其中一些模式可能也會發生在你身上，認識它們可以幫你反思自己的行為，進而避免落入陷阱。

框架錯誤

我們是如何陷入這種對注意力失去控制的行為模式呢？這要從我們設定選擇採取哪些行動的框架說起。框架是指你在做出選擇時，對事情脈絡所持的特定視角。例如，假設你的工作截止日期迫在眉睫，而朋友打電話邀請你去一個不錯的度假勝地度週末。你可以從正面的視角來看待去度假的選擇，把它看作休息和放鬆，能幫你在週間上班時表現得更好；你也可以從負面的角度來看待這個選擇，認為這樣會占用時間，讓你無法在截止日期前完成工作。

當你有意識地決定做某事，你很可能就給自己的選擇設定了框架，但你可能沒有意識到自己正在這樣做。（另一些時候，我們自

動地對刺激做出反應,比如點選通知,這樣就沒有機會對選擇設定框架。)你的處境、情緒狀態和心力都奠定了框架的基礎,並可能影響你的選擇。假設現在是正要開始一天工作的時間,而你尚未感覺精力充沛,那麼你可能會選擇先做一些輕鬆的事情,然後再開始做困難的工作。而如果現在是下午4點,你在一天的會議和工作後感到疲憊不堪,那麼你做選擇的視角可能就會源於如何讓自己減輕疲勞。

不過,在選擇一項活動時,我們可能會犯下框架錯誤,誤判了對這項活動價值的感受。**我們可能誤解或誇大所選擇活動的價值。**例如,你可能會覺得玩《紐約時報》週日版上的填字遊戲,可以讓你在工作之餘喘息一下,但後來發現這只會讓你感到沮喪。

誤判自己在一項特定活動上會花的時間,也是一種框架錯誤。人們──幾乎*所有人*──都不善於估計時間。一項研究發現,人們在估計自己在電腦上花費的時間時,錯誤率高達32%──重度使用者低估了自己的使用時間,而輕度使用者則高估了自己的使用時間。[14]你可能決定從工作中短暫休息一會兒,比如10分鐘,讓自己恢復精神。你瀏覽了一個部落格,但這個部落格連結到另一個有趣的部落格。不知不覺中,一個小時過去了,你5分鐘後就要去參加一個會議,而你卻還沒開始準備。

我們很容易成為這種注意力陷阱的受害者。在本書後面,我將討論擺脫這些陷阱的技巧。現在,讓我們繼續來看無法控制注意力時會出現的一些特定行為模式。

注意力漫遊的陷阱

每次我在課堂上點名一個一直在放空的學生，而對方笨拙地掩飾他其實不知道我剛才問了什麼問題，我都會忍不住微笑。我們的注意力會自然地在外在刺激和內在思緒之間遊蕩。所謂的心神漫遊，嚴格來講是指注意力向內專注。這種情況非常普遍，人們醒著的時間裡，可能有25%到50%的思緒，都屬於心神漫遊。[15]

使用裝置時，瀏覽器分頁和應用程式觸目可及，可能讓我們的思緒偏離主題。事實上，甚至不需要介面的視覺提示，通常只要接觸到手機或電腦，就足以讓我們分心。此外，網路也讓我們的思緒從一個主題跳到另一個主題，從外在內容跳到內心想法，然後再跳回來。由節點和連結組成的網際網路結構非常靈活，強化了這種注意力漫遊的模式。（我將在第六章中更深入地討論這種行為。）

這種心神漫遊本身並不是壞事，甚至可能是有益的——它是一種輕鬆、不費力的注意力投入，甚至可以補充認知資源。它還能幫助我們發現和學習新事物。有時候，把問題擺在一邊，讓你的思緒天馬行空，可以為創意的解決方案開啟新思路。[16]然而，**我們在網路上陷入注意力漫遊的狀態可能會太嚴重，結果沒有多少時間去做自己想做的其他事情。**

在許多數位活動中都會發生這樣的情況：一個關鍵字或主題引起了你內心的想法，接著你就開始了一場心神漫遊。例如，你碰巧在維基百科上讀到一篇關於婦女參政運動歷史的文章，於是開始思考 #MeToo 運動，然後搜尋了一篇關於 #MeToo 的文章，接著其他相關的主題又吸引了你的注意力。在陷入這樣的網路漫遊時，你就

可能犯了第二種框架錯誤：選擇造訪維基百科時，你沒能預測到可能花費在上面的時間——因為你太全神貫注了，可能根本就沒有考慮過時間的問題。

執行控制能力強的人能夠更加專注於外在任務，也能更好地防止心神漫遊，[17] 以及隨之而來可能無止境的上網行為。然而，這種專注能力只在外在任務費力時才有效。當任務不怎麼費力時，執行控制就不那麼重要，幾乎每個人都很容易放任注意力漫遊。**當我們的認知資源不足，就特別容易出現這種注意力漫遊的情況**：屈服於做簡單的事情，讓自己被點選網頁連結等外在刺激所驅使。

然而，一項研究發現，諸如正念技巧之類的冥想練習，可以有效控制心神漫遊：參加過正念冥想課程的人，在每項任務上花費的時間明顯更多、注意力切換也更少，換句話說，他們一心多用的狀況較少。[18] 這些練習也教導人們覺察自己當下的狀態，這是我們在一般情況下無法獲得的知識，你將在第十三章中進一步了解。

重複性活動的注意力陷阱

另一種常見的行為模式，是無法輕易停止在裝置上進行簡單而有趣的活動。玩《糖果傳奇》（Candy Crush）等簡單的線上遊戲和瀏覽社群媒體網站，可以輕鬆吸引我們的注意力，並有助於我們從緊張的工作中抽身，補充注意力資源。不管是瀏覽推特貼文，或是在一個簡單的遊戲中一遍又一遍做相同的動作，你都不會遇到什麼挑戰。當你感覺自己的認知資源不足，你可能會認為這種重複性活動是個不錯的選擇。

不過，隨之而來的可能會是第二種類型的框架錯誤：你可能錯

誤地估計了自己要花在休息上的時間，因為在做這種重複、簡單的動作時，人們很容易忘記時間。活動本身的性質有吸引力，會令人們全情投入。我們的研究顯示，人們在做這類重複性活動時，會獲得情緒獎勵，並感到最快樂（我將在第十章中深入探討這一點）。**快樂本身就變成一種獎勵，讓你被重複性活動所縛**，這就是為什麼人們花這麼多時間觀看抖音（我將在第七章中更深入地討論）。

這些重複性活動涉及一種刺激—反應（stimulus-response）行為，其中包含及時滿足，也就是像笑聲、賺取積分、達到新的遊戲關卡或在遊戲中獲勝這樣的簡單獎勵。學習心理學家桑代克（Edward Thorndike）1911 年提出的效果律（law of effect）就描述了這一現象，即在某種情況下產生正面效果的反應，更有可能再次出現。[19]

此外，滿意度愈高，我們與行為的連結就愈緊密，我們甚至不需要在遊戲中的每一步都獲得獎勵。這就是行為主義心理學家史金納（B. F. Skinner）所研究的「間歇性增強」（intermittent reinforcement），它解釋了為什麼人們會受到吸引，反覆地玩一個簡單的遊戲，儘管可能偶爾才能獲得獎勵。間歇性增強可以鞏固人們參與活動的習慣，直到這種習慣變得根深蒂固。

簡單遊戲中的獎勵很容易想像：獲得分數或升級。但**獎勵也可以透過引發正向情緒的想像，從內心產生**。瀏覽房地產網站可以激發你想像住在精美的房子裡是什麼感覺。購物療法可以透過想像來獎勵我們，但也可以帶來間歇性的獎勵──有時我們會在購物網站上碰巧看到物美價廉的商品。

從事簡單活動的習慣很容易養成，而且會在不知不覺中養成，

讓我們感覺不到做這些事情時時間的流逝。我們甚至可能沒有意識到自己有這些習慣，到發現時已經需要努力戒掉這些習慣。正如英國作家詹森（Samuel Johnson）所說：「習慣的枷鎖一開始輕得幾乎感覺不到，等到察覺時，已沉重到難以掙脫。」[20]

社群媒體的陷阱

很多研究參與者表示，他們覺得在使用社群媒體時，注意力被困住了。我們之所以被社群媒體和簡訊吸引，是因為我們是社會動物，渴望得到社會支持、社會連結和社會資本，並希望滿足對他人的好奇心。理想的情況是，我們可以利用社群媒體喘口氣，和他人建立聯繫，來支持我們的工作和個人目標。但選擇瀏覽社群媒體時，很容易出現框架錯誤。

我們可能會高估自己從臉書等社群媒體上獲得的價值，因為實際上社群媒體並不是為了讓人們發展深厚關係而設計的。**我們也可能低估在社群媒體上花費的時間**，因為我們可能沒有意識到，自己是多麼容易受到社會力量的影響，社會力量引導我們投入並流連於社群網站（我將在第八章中詳細討論這一點）。在這種行為模式中，我們經常優先考慮短期利益，例如滿足社交好奇心，而不是完成工作的長期利益。

社交獎勵帶來的間歇性增強，也會讓人困於社群媒體之中。臉書的按讚就是一個很好的例子：一個人的貼文得到的按讚數量，可以提升他的社會價值感。所以你會繼續發布貼文，因為你希望你的某篇貼文在某個時候一定會獲得大量按讚。並不是每支抖音影片都好笑，但你知道最終一定會出現爆笑的影片。

框架錯誤、吸引我們使用社群媒體的社會力量,以及一旦進入社群媒體就會獲得的社交獎勵,都是困住我們注意力的完美風暴。

身分認同的陷阱

我經常從年輕人那裡聽到的一個行為模式,是他們花費大量時間和精力,來設計和維護自己的線上人設。哲學家布希亞(Jean Baudrillard)寫到,我們生活在一個擬像(simulation)的世界,人們透過社會的符號和象徵來定義自己。[21] 這些模式決定了人們如何自我理解,以及如何與他人相處。但是在網路上,象徵真實的東西變成了真實本身。

對一些人來說,社群媒體上的人設可以是他們真實身分的擴展;甚至對一些人來說,網路人設可能比他們真實世界的身分更為重要。在推特或抖音上擁有大量粉絲,對一些人的感覺可能比實體世界中的任何體驗都更重要。有一些人的職業生涯是從成為網紅開始的,因而網路身分對他們最為重要。臉書按讚有助於建立身分認同,而自己的推文被轉發幾乎等同於一種榮譽。

對於年輕人來說,線上身分尤為重要,因為這是他們向自己的社群和向世界呈現自我的方式。不過,線上身分對於所有年齡層的人都很重要,比方說在展現自己的工作身分這個面向。每個人都希望自己看起來很成功,**我們精心打造自己的線上人設,因為我們希望以盡可能最好的方式展現真實世界中的自己。**維護身分是強烈的基本人類欲望。線上身分如此寶貴,因此有些人可能會花費大量時間,來設計和潤飾自己的貼文和個人資料。這些精力的投注,甚至會優先於在工作或學習中目標導向地使用注意力。

沉沒成本的陷阱

我們在使用裝置時，還可能陷入另一種行為模式，即犯了沉沒成本的錯誤：**你已經在一個網站或遊戲上投入了大量的時間和注意力，你會覺得從中退出是一種浪費。**

沉沒成本錯誤經常發生在實體世界中。例如，你投資生產一種新產品，希望大賺一筆，結果卻是產品無人問津、每天都在賠錢。你已經投入了大量的資金和精力，寧願繼續做下去，希望能有回報，也不願意在肯定虧損的情況下停止生產。賭博是沉沒成本謬誤的另一個典型例子。假如你在拉斯維加斯玩吃角子老虎，並且已經投入了 500 美元的硬幣，要想離開就不容易了，因為你會覺得只要再試一次，就可能把錢都贏回來。

人際關係中也可能發生沉沒成本謬誤：與朋友、配偶或伴侶在一起多年後，即便其實不適合，也會覺得分手似乎浪費了為建立這段關係付出的所有努力。然而，如果走不下去，理性的選擇就是結束這段關係，視之為沉沒成本，承認損失，然後繼續向前邁進。不過，人類通常並不那麼理性。

同樣地，在數位世界中，我們也很難辨識沉沒成本。你可能會選擇稍作休息，在網上閱讀一篇文章，你的框架設定它很有價值。讀了 30 分鐘後，你發現這篇文章對你來說並沒有太大價值。你的時間已經浪費了，而且無法挽回。但你可能會覺得，如果停下來，到目前為止投入的所有時間都是白費，所以你繼續讀下去，希望這篇文章的結尾不錯。

像《魔獸世界》（World of Warcraft）這樣的電玩遊戲有多個關

卡,玩家透過執行任務等各種活動,升級到新的關卡。沉沒成本陷阱是遊戲公司用來吸引人們繼續玩遊戲的手段,公司在設計遊戲時就知道,人們通常不會從沉沒成本中抽身。如果一個人已經達到了很高的關卡,已經投入了時間、金錢和情感能量,他們就不會想停下來。最近的一項研究顯示,人們每次玩電玩遊戲的平均時間是 1 小時 22 分鐘。[22] 如果你每天有 1.5 小時的額外時間玩遊戲,那不成問題,但大多數人是沒有這個時間的。

　　以上描述的活動不一定是有害的,它們在幫助緩解壓力和補充資源方面可能是正面的,我將在本書稍後的章節中討論這些可能性。然而,當你察覺自己的行為失去控制,如果你無法停止觀看抖音,或在維基百科或購物網站上花費太多時間,那麼它們就對你有害了。

　　考慮一下你可能犯下的框架錯誤,看看你是否容易陷入上面提到的這些注意力陷阱。在本書後面,我將討論如何在使用裝置時培養能動性,這將幫助你更以目標為導向,從而更好地集中注意力。

社會環境影響注意力

　　既然我們現在知道了注意力很容易轉移,而且資源有限,我們就必須選擇如何有意識地使用注意力。**選擇把注意力集中在哪裡,本質上就是選擇如何分配資源**。這就像口袋裡有錢了,要去菜市場買什麼一樣。但是,我們要如何選擇把注意力投入到哪裡呢?

　　傳統的注意力模型認為,人們選擇將注意力集中在哪裡,是由

基於偏好、優先事項和所需資源的個人決定所主導的。[23] 舉例來說，你的個人偏好可能是用處理電子郵件來開啟新的一天；或是，你的優先事項是要在中午之前完成一份報告；以及最重要的，你會考慮處理一項任務需要多少資源。

不過我認為，雖然偏好、優先事項和資源需求等個人因素，有時可以解釋將注意力放在哪裡的個人選擇，但它們並不是全部的原因。我們是置身於社會、文化和科技環境的生物，我們的注意力和行為會受到許多外在因素的影響。換句話說，**要真正了解我們如何在這個數位世界中分配自己的注意力，需要了解我們所處的社會世界與所使用的科技之間，複雜的相互作用。**選擇要對什麼事情專注，這涉及個人偏好和優先事項，但也牽涉到我們所處的更廣泛的社會和科技世界。我們的思緒和注意力，同時受到外在世界和內在世界的影響。

社會環境會影響使用裝置的方式。舉個例子，讓我們來看看 Google 眼鏡的故事。Google 眼鏡是 2014 年推出的一項曇花一現的個人產品，它像戴眼鏡那樣佩戴，目的是讓人們不需手持就能觀看螢幕上的內容。然而，它還附帶了一個安裝在鏡框上的微型相機，可以記錄佩戴者走動時看到的東西。除非距離佩戴者非常近，否則很難察覺到相機是否在工作，人們會因為擔心自己被拍下來而感到不自在。

配戴者可能一心想把注意力集中在小小的眼鏡顯示器上，但他們很快就發現，在社會環境中使用這項科技產品，會讓其他人覺得被監視。Google 眼鏡早期版本的失敗源於社會原因，而非科技原因。同樣地，我們使用的裝置，也是更大的社會環境的一部分。你

將在本書後面看到,社會影響牽動我們在裝置上的行為,尤其是我們的專注能力。

詹姆斯將注意力的概念置於個人意願之下。[24] 但在 21 世紀的數位世界,我們需要拓展對注意力的思考,考慮到使用個人裝置時的注意力,也會受到社會、環境和科技等潛在因素的影響。我們必須採取**社會科技**(sociotechnical)的觀點,從超越個人的、更廣泛的視角,來理解使用裝置時注意力所受的影響。

那麼,在這樣一個影響因素如此之多的複雜世界裡,在所有這些影響因素的作用下,我們如何才能完全掌控注意力、堅持自己的目標,並利用活躍的頻動性注意力來為自己效力呢?在討論這個問題之前,讓我們先來看一些研究資料結果,以了解在真實世界中使用裝置時,人們實際上發生的注意力行為。透過這些在非受控環境下的研究,你可以看到,人們實際上多頻繁地切換注意力和被打斷,以及專注力在一天當中呈現出的高低起伏。

科學可以比小說更離奇,這些研究結果可能會讓你感到驚訝,就如同我當初看到它們時一樣。

第三章

四種注意力類型

偉大作家、詩人瑪雅・安吉羅（Maya Angelou）的回憶錄《我知道籠中鳥為何歌唱》（*I Know Why the Caged Bird Sings*），以及她的其他作品，都是在一個飯店房間裡寫成的。她按月租下這個房間，每天晚上仍然回家過夜，但早上6點半就會出現在飯店，四肢攤開在床上，一直寫到下午。她從來不讓飯店工作人員進門打掃，因為擔心他們會弄丟記有她珍貴想法的紙條。她移走了牆上的畫作，因為它們會干擾她的思路。不過，在工作必需的便箋、《羅格同義詞詞典》（*Roget's Thesaurus*）、字典、《聖經》和雪利酒之外，她還帶了一些自己的干擾物品，像是填字遊戲和撲克牌。

安吉羅曾解釋說，這些干擾物品讓她「有一些東西可以占據我的小腦袋，我想這是我祖母教我的，她並非刻意教我，但她以前常常說起自己的『小腦袋』。所以在我小時候，大約從3歲到13歲，我就認為有大腦袋和小腦袋之分。大腦袋讓你思考深層的問題，而

小腦袋會占據你的注意力，讓你不會分心。小腦袋可以玩填字遊戲或單人紙牌遊戲，而大腦袋則可以深入去研究我想寫的主題。」[1] 正如安吉羅所說，「大腦袋」和「小腦袋」都是她寫作過程中不可或缺的部分。

「大腦袋」可能是文學靈感背後更強大的力量，但它需要「小腦袋」來提供喘息的機會。在研究中，我了解到安吉羅的想法實際上有科學的支持：「大腦袋」和「小腦袋」是互補的思考方式，共同組成完整的思考。

三個多世紀前，哲學家約翰·洛克（John Locke）首次提出，人們擁有不同類型的注意力。在《人類理解論》（*An Essay Concerning Human Understanding*）一書中，洛克對注意力的描述與安吉羅的說法有些相似，他認為注意力既包括記錄想法和專注於某個念頭，也包括被他稱為心神漫遊或遐想的狀態。洛克將這些差異視為普遍真理：「思維中確實存在有意專注與無意放鬆的區別，在苦思力索和全不理會之間有許多不同的級別，我想，每個人都有過這樣的經驗。」[2] 洛克可能是第一個用更細膩的描述，表達出注意力不僅是簡單的集中或不集中而已的人。

詹姆斯也提到了不同類型的注意力。對他來說，完全控制注意力與「混亂、茫然、心不在焉的狀態相反，這種狀態在法文中叫做 distraction，在德文中叫做 Zerstreutheit。」[3] 詹姆斯還提到了「意識流」，即一連串的思想和感受在我們有意的意識中進進出出，就像心神漫遊一樣。

我們瞬息萬變的數位世界，與洛克和詹姆斯生活和工作的時代有很大不同。如今，干擾的數量和強度都在增加，我們的注意力持

續時間已經大幅下降,並發生極大變化,因此我們確實需要一個新的模型來理解注意力和專注力。本章我將介紹一個新的研究框架,這個框架提出不同類型的注意力狀態,我們會在這些不同狀態之間切換,並把它們用於不同的目的。

描述注意力的詞彙

英文裡用來描述注意力的不同詞彙,透露了我們看待注意力的不同方式。我們可能會把注意力形容為一種由自己控制、來照亮一個物體的東西,例如我們用「點亮聚光燈」(shining a spotlight)來表示將注意力聚焦於某件事,用「探照燈」(searchlight)來比喻強烈的專注度,用「明亮之處」(bright spot)來指稱值得關注的亮點。我們也可能把注意力想像成一個機械的過程,例如用「過濾器」(filter)描述選擇性注意力的分配,用「處理器」(processor)或「電腦」(computer)比喻管理注意力的能力,用「變焦鏡頭」(zoom lens)形容注意力的聚焦與擴展,用「顯微鏡」(microscope)強調對細節的專注,因此也會用「容量」(capacity)或「梯度」(gradient)來表達注意力的能力範圍和變化程度。當我們用「花費」("pay" attention)來表示集中注意力時,就暗示注意力是一種稀缺的資源。

英文還有很多表達方式,說明我們對注意力具有能動性,例如我們「引導」(direct)、「維持」(hold)或「集中」(focus)自己的注意力;也有其他一些詞彙表示我們缺乏能動性,例如「心有旁騖」(lose focus)或「恍神」(wander)。然而,在數位時代,我們

第三章 四種注意力類型　　65

一天中的大部分時間都花在螢幕上，這些表達方式並不足以幫助我們理解注意力如何運作。我們需要新的用語，來描述使用裝置時，我們如何動態地改變注意力狀態。

我們的社會非常重視專注的能力，但是專注、投入或全神貫注於某件事，到底意味著什麼呢？拉丁文中的 *absorbere*，意思是「吞沒」或「吞噬」，形象地描述了注意力被一本書、一篇維基百科文章或一個電玩遊戲徹底吸引的狀態。心理學家認為，一個人被這種外在刺激深深吸引的傾向，是一種獨特的個人特質，類似於外向或內向等人格特質。

這種受吸引的特質，可以藉由德勒根專注量表（Tellegen Absorption Scale）[4]進行測量，這個量表要求受試者對「聽音樂時，我會沉浸其中，而不會注意到其他任何事情」等陳述，進行同意或不同意程度的評分。那些在測驗中得分極高的人，往往會模糊感知和想像的界線：閱讀到有關海洋的描述時，他們可能會聽到海浪拍打沙灘的聲音；如果閱讀的是懸疑小說，他們可能會聽到兇手走在破舊的木樓梯上發出的腳步聲。他們也表示，在觀看虛擬實境擬真時，會有更多的心靈體驗和更強的臨場感。[5]

雖然有些人天生就有這種容易被刺激吸引的傾向，但大多數人的這一特質，在德勒根量表上的得分並不高（儘管女性得分明顯高於男性[6]）。然而，即使你沒有這種特質，也不代表你無法全心投入一項任務中。你當然可以全神貫注，不過對大多數人來說，投入的程度可能會隨著情況而改變。我們的感知和認知體驗，可能隨著新刺激出現而變化。我們的注意力，甚至可以在相同的刺激下，隨時發生變化：從專注到分心，再回到專注，正如我之前提到的。

我們還可能從持續專注在一項活動，切換到去做不太費力、甚至是令人愉悅的事情，後者只需投入少量注意力。[7]重要的是，**掌控注意力不僅意味著維持持續專注或抵抗干擾，還意味著能夠有意識地切換不同的注意力狀態**，例如從「大腦袋」切換到「小腦袋」，然後再切換回來。安吉羅可能用她的「大腦袋」全心專注地寫作，然後很容易就切換到「小腦袋」，用少少的注意力玩牌。

難以捉摸的心流

深度投入的一個典型現象是心流，它描述完全沉浸在一項活動中的狀態，根據心理學家契克森米哈伊的說法，[8]「其他一切似乎都不重要了。」

匈牙利裔的契克森米哈伊，透過完全沉浸在西洋棋的世界裡，幫助自己在心理上熬過第二次世界大戰。契克森米哈伊的父親曾擔任匈牙利駐阜姆（Fiume）*總領事，替二戰期間加入軸心國的匈牙利政府工作。戰爭結束時，11歲的契克森米哈伊與家人一起，被關進義大利的戰俘營。被關押期間，甚至在此之前，為了屏蔽戰爭的恐怖影響，年幼的他在戰俘營裡下棋，讓自己沉浸其中，創造了一個與周圍環境隔絕的獨立世界。七個月後，他的父親被宣判無罪，全家也被釋放。

契克森米哈伊中學輟學，但他在1956年移民美國，參加了高中同等學歷考試，並進入芝加哥大學攻讀心理學。青少年時期的沉

---

* 編註：阜姆當時屬於義大利，現名為里耶卡（Rijeka），是克羅埃西亞第三大城市。

浸經驗,開啟他數十年研究所謂「最優體驗」的職業生涯。

他開始研究,為什麼人們會從事像下棋這樣沒有任何外在獎勵的活動,甚至是像攀岩這樣更危險的活動。這些人都向契克森米哈伊描述了後來被他稱為心流的感覺。處於心流狀態時,人們會感到被某種內在力量推動,活動本身就是獎勵;而且他們也能夠掌控自己的注意力。在心流狀態下,發揮個人技能和滿足活動要求之間,達到了完美平衡。處於心流狀態的人充滿好奇和樂趣,他們渾然忘我,而且由於在活動中投入了太多的注意力資源,沒有任何餘力去思考時間的流逝。[9] 心流是一種獨特且深度有益的創意體驗,在這種狀態下,人們受到激發,全力發揮自身技能。

心流是一種主觀體驗,因此為了研究人們內心世界發生的事,契克森米哈伊使用一種稱為「經驗抽樣」(experience sampling)的技術。[10] 他給研究受試者發放電子呼叫器,設定呼叫器在指定時間發出嗶聲,當嗶聲響起,受試者需要填寫一份問卷,來描述對於當下正在做的事情,他們的專注度、參與度和享受程度。嗶聲響起時,受試者正在進行的活動多種多樣,譬如園藝、烹飪或商業交易,他們可能處於心流狀態,也可能不處於心流狀態。使用呼叫器的時間為一週,能夠為受試者在典型的一天所經歷的事情,提供很好的代表性樣本。你可能猜到了,這類研究的局限在於,呼叫器會打斷正在進行的活動。儘管如此,研究結果還是幫助契克森米哈伊,理解並定義了這種理想化狀態。他的書《心流》(Flow),在注意力研究領域產生了巨大影響。

我還是藝術系學生時,經常陷入心流狀態。我在工作室裡工作。每到深夜,我會將短波收音機轉到哈瓦那廣播電台(他們播放

最適合工作時聽的歌曲），一邊畫畫，一邊隨著古巴音樂的節奏跳舞。我深深地沉浸其中，將各種意義賦予自己創作的抽象圖畫。我畫過一幅名為《顛峰之作》（*Heyday*）的畫，反映了我在創作過程中感受到的興奮。時間過得飛快，往往幾個小時過去，我才意識到已經凌晨兩點了。

當你在做一些本就具有創造性和挑戰性的事情，比如繪畫、創作音樂、甚至是滑雪，進入心流並不難。但工作性質在很大程度上決定了一個人能否進入心流狀態。現在我是一名學者，我最主要的工作是設計研究、執行科學研究和撰寫論文。我必須運用分析思維，這有時需要高度專注。工作時，我會切換注意力狀態，從深度專注到輕度投入，類似於安吉羅的「大腦袋」和「小腦袋」。偶爾，當我與他人腦力激盪研究想法，或撰寫論文的一部分時，我可能會進入心流狀態，但大部分時間並不會。

那麼，我會用我的學術生活，來交換經常處於心流狀態的藝術家生活嗎？絕對不會。我現在做的工作給我帶來不同類型的獎勵。當我想要進入心流狀態時，我知道我可以畫畫或跳舞；當我想探究世界上的一些事情時，我會轉向科學研究，我可以期待運用專注力，但不會進入心流狀態。

我從其他人那裡聽說過類似的經驗。最近，我和一個朋友聊天，他是矽谷一家大型高科技公司的經理。他告訴我，他在工作中並不會進入心流狀態，更像是要同時處理多個棘手的任務，要分配好時間和資源，讓它們都能順利運作。他說，現在只有在偶爾和別人進行創意的腦力激盪會議時，整個團隊可能會進入心流；但在他早年擔任程式設計師時，他更經常能夠進入心流狀態。

甚至就連安吉羅,也將她的寫作過程描述為運用專注力,但不一定會進入心流。她在接受《巴黎評論》(*Paris Review*)記者普林普頓(George Plimpton)採訪時表示,寫作對她來說,並非向來是容易的:「我努力把文字變得敏銳,讓它們躍然紙上。我的文字必須看起來很輕鬆,但我花費了很大努力,才讓它們看起來毫不費力。當然,也有一些評論家──通常是紐約的評論家──會說,安吉羅又出新書了,當然是佳作啦,因為她天生就擅長寫作嘛。我真想掐住他們的喉嚨,把他們摔在地上。因為我要花很多時間,才能讓文字和諧共鳴。我在文字上下了很多功夫。」[11]

遺憾的是,心流體驗比許多《心流》讀者所希望的,還要罕見得多。1990年代中期,中村珍妮(Jeanne Nakamura)和契克森米哈伊進行了一項調查,請受試者報告自己是否有過心流體驗。雖然有些人確實經驗過心流,但有42％的美國人和35％的德國人表示,很少或從未體驗過心流。[12]

儘管在藝術創作、做木工或演奏音樂時,人們確實有可能體驗到心流,但我們的研究發現,**心流體驗不常發生在知識工作場域。知識工作的大部分性質並不利於心流**,也就是最優的創意體驗。但這並不意味著知識工作沒有成就感,相反,它可以讓人深感滿足。有些人在使用裝置時確實會體驗到心流,例如在寫複雜的程式時,甚至在電腦上進行創意寫作也可能體驗到心流。但現實情況是,對於大多數知識工作者來說,我們的數位工具環境、工作性質以及需要負責多個專案和任務的處境,會對實現心流產生很大的阻礙。

不過,我們不必為無法達到心流狀態感到難過。相反,我們可以透過配合注意力狀態的自然節奏,達到平衡和幸福的感覺。

四種注意力狀態

我很幸運能夠在暑假期間,到微軟研究院做客座研究員。西雅圖的夏天很美,除了享受茂盛的綠意,我還有機會深入研究注意力。走進位於雷德蒙德(Redmond)的微軟研究院大廳,映入眼簾的是一個熱鬧非凡的巨大中庭。這裡有引人注目的數位藝術品,例如一個使用相機、感測器和人工智慧的大型雕塑,與它互動時,它會改變顏色。你也可能在無意中聽到,坐在咖啡桌旁或沙發上的人們,正在討論神經網絡或最新的資料視覺化工具。走進電梯,還有一個機器人迎接你,引導你去往想去的樓層。

我受到心流概念的啟發,但發現心流在工作場域很少發生。因此,我和同事澤溫斯基(Mary Czerwinski)、伊克巴勒(Shamsi Iqbal)想知道,是否有一些注意力狀態,可以更好地描述人們在工作中使用裝置時的體驗。在裝置上快速切換注意力時,人們是否會在**不同類型**的注意力之間切換,就像用「大腦袋」和「小腦袋」那樣?不同類型的注意力是否與數位世界中的特定活動相關聯?

隨著我和同事進一步探索,我們發現,僅僅描述一個人有多投入或專注是不夠的。與心流的概念並列,還有另一個面向非常重要,那就是活動的**挑戰性**,即需要付出多少心力或使用多少認知資源。與心流不同的是,人們可能對兩件事有同樣的投入,但是面臨的挑戰程度卻完全不同。例如,制定策略計畫可能非常具有挑戰性,而滑臉書或推特等其他活動則完全沒有挑戰性。

我們開始了解,在數位世界中投入某件事情的真正意義。就像安吉羅可能以不同的方式將注意力投入填字遊戲和寫詩一樣,一個

人可以非常投入地玩《兩點連線》遊戲（並不需要多少心力），也可以非常投入地閱讀困難的金融資料（需要大量心力）。在這兩種情況下，大腦都很投入，只是對應於所消耗的認知資源不同，投入的程度也有所不同。（在第十章中，我將詳細討論為什麼人們會如此沉迷於《兩點連線》這樣的無腦活動。）

那麼，如果我們不僅考慮一個人的投入程度，還考慮他面臨的挑戰程度，就可以描述出涵蓋各種活動的不同注意力狀態。於是我們提出一個框架，來描述數位世界中不同類型的注意力體驗。圖1顯示了注意力理論架構中，投入度和挑戰性這兩個面向。[13] 這些都是暫時的狀態：在一天中，根據人們的目標、任務、互動、內心想法和許多其他因素，注意力會在這些不同的狀態之間起伏。每種類型的狀態都具有非常不同的特質，接下來我將逐一介紹。

專注

在高度投入、並面臨高度挑戰時，人們處於專注狀態，如圖1右上角所示。專注表示一種暫時的狀態：全神貫注於某項活動，而這項活動對個人的技能組合提出一定程度的挑戰。在工作中同時處於高度投入和高度挑戰，與工作熱情、活力、集中力、創造力和滿意度都有關，[14] 但這和想像中的心流不一樣。例如，一個人在努力閱讀說明書時可以很專注，但卻不會體驗到心流──那種感受到深刻的創造力、渾然不覺時間的流逝，並把自己的技能運用到最優的狀態。其實，我們最好把所謂的「專注」看成一種注意力投入的類型，它可以是體驗心流的**先決條件**。專注狀態也需要耗費大量認知資源，正如「花費注意力」（pay attention）一詞的字面意思。

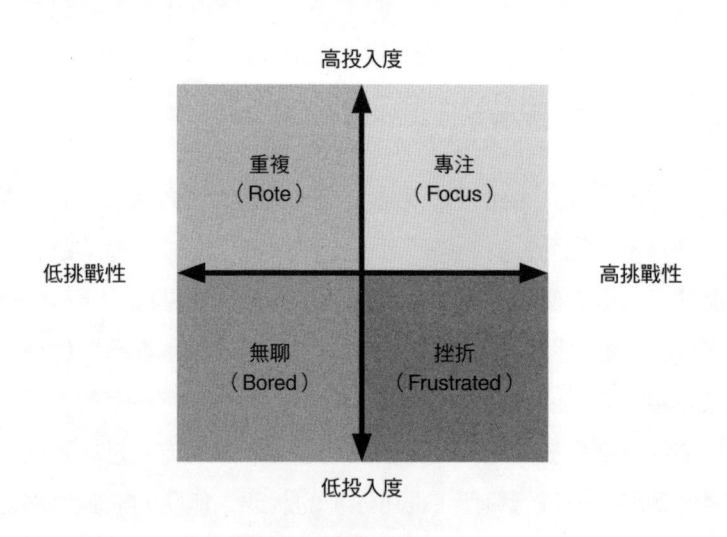

```
                    高投入度
                      ↑
        重複        │        專注
       (Rote)       │       (Focus)
                    │
低挑戰性 ←──────────┼──────────→ 高挑戰性
                    │
        無聊        │        挫折
       (Bored)      │     (Frustrated)
                    │
                    ↓
                  低投入度
```

圖1：四種注意力狀態。

重複

當人們高度投入、但完全沒有受到挑戰時，我們稱之為「重複」的注意力狀態，如圖1左上角所示。重複性活動是機械、慣例的，簡單輕鬆，能夠吸引注意力。安吉羅打牌時，她的「小腦袋」就在使用機械式重複的注意力。我們可以非常投入地玩單人紙牌遊戲，選擇紙牌只需花費很少的心力。我們也可以高度投入機械重複的數位活動，例如玩《糖果傳奇》（這款遊戲擁有超過2.73億活躍使用者，[15] 其中超過900萬人每天玩3小時以上[16]）。由於重複活動沒有挑戰性，因此這種類型的注意力，使用的認知資源較少。這可以解釋為什麼《糖果傳奇》這樣的遊戲，可以讓人們每天玩好幾

個小時而不感到疲憊。

無聊

人們不太投入、也沒有受到太大挑戰的注意力狀態，我們稱之為「無聊」，如圖 1 左下角所示。上網瀏覽、從一個網站跳到另一個網站、隨便看個幾句話，或者因為沒有能引起興趣的電視節目而一直轉台，都是體驗無聊狀態的例子。不用多說，無聊狀態使用的認知資源很少，或者更貼切地說，它沒有充分利用可用的資源。挑戰性和投入度都很低的程度，與我們看待無聊的方式是一致的。人們將無聊視為一種低警醒（arousal）的狀態：無聊的活動無法提供太多刺激，讓人很難集中精力。[17][18]

靜止或不活躍並不必然導致無聊。如果一個人喜歡做瑜伽或處於冥想的禪定狀態，那這項活動就不是無聊的。之前我提到過，在心流狀態下，人們察覺不到時間的流逝。無聊狀態則恰恰相反：由於擁有大量閒置的注意力資源，人們會情不自禁地去想，離活動結束還剩多少時間、時間過得有多慢。有趣的是，「無聊」的德文是 *Langeweile*，直譯過來就是「漫長的時間」。

挫折

最後，人們面臨高度挑戰、但根本不投入自己正在做的事情，就是挫折的注意力狀態，如圖 1 右下角所示。每個人都會回想起工作上遇到挫折的時候，那種感覺好像撞牆，毫無進展。我們可能會覺得一項活動很困難，但受制於諸多原因不能放棄——也許是因為有截止日期、或被主管要求完成，也許是因為內心有一些執念想要

完成。軟體開發人員表示，無法解決程式錯誤時，他們會感到挫折。人們甚至在遇到一個無法通關、但又很想解決的益智遊戲時，也會感到挫折。這種注意力狀態會消耗大量的資源。

一天當中注意力狀態的變化

節奏是生活的一部分。節奏出現在自然界中，如四季、晝長、月出和潮汐；也出現在人們的生理系統中，如睡眠、體溫和新陳代謝等生理過程，以及胰島素、血清素和皮質醇的升高和下降。人們也有不同的生理時鐘，有些人是早起的「晨型人」，在早上處於最佳狀態；而有些人則屬於「夜型人」或所謂的夜貓子，他們更喜歡在晚些時候開始一天的工作。生理時鐘會影響體溫，早上體溫較低，晚上體溫升高。這些節奏似乎也解釋了一天當中，人們警醒度和選擇性注意力（selective attention）的變化。[19]

恆定節律（homeostatic rhythm）*是調節體內穩定和平衡的生理週期，隨著醒後時間經過而變化。恆定節律與一天中表現的下降存在相關性，這一點在記憶任務中得到了證實。[20]

還有一些神經生理學的證據顯示，視覺系統會受到大腦電活動的內在節律影響。[21] 在一項實驗室研究中，研究者在電腦螢幕的左側或右側向受試者展示提示，並請受試者將注意力集中在出現提示的那一側，請他們回答是否看到了一個小的光刺激。研究者發現，

---

* 譯註：調控睡眠的兩種模式，分別是恆定系統和生理時鐘。恆定系統掌管個體對睡眠的需求和滿足，隨著白天勞動與覺醒時間的累積，人們對睡眠的渴求會逐漸攀升。

大腦神經活動的振盪,會影響一個人是否感知到刺激,也會影響神經反應的大小。因而,視覺系統隨著神經元的興奮性——也就是大腦中的電脈衝——而波動,非常幽微地顯示出身體的內在節奏。

這項實驗顯示,我們並沒有不間斷的持續專注力,而是擁有研究者所說的「知覺時刻」(perceptual moment)。然而,這也讓我們不禁要問,既然人類有各種類型的節奏,**人們在日常生活的一天當中,是否也存在注意力的節奏呢**?持續性注意力是否也有高峰和低谷的日常節奏?

專注力有其節奏

我和微軟研究院的同事一起,開始透過研究人們在工作場所的實際行為,試圖了解注意力是否遵循節奏。但我們面臨一個困境:如何了解一個人工作時,內心在想什麼呢?在過去的研究中,我曾使用電腦活動紀錄和心率監測器等客觀測量方法,但這些方法並不能捕捉人們對注意力的主觀體驗。契克森米哈伊使用的經驗抽樣技術,是捕捉主觀心流體驗的好方法。不過,我們研究的是工作場所中的人,我們需要升級技術,來捕捉人們在電腦上的注意力。

我們的研究設計,是讓調查問卷以彈出式視窗出現在受試者的電腦上,詢問一些有關他們體驗的問題。這些問題根據他們的自然行為發送:連續使用電子郵件至少3分鐘後、使用臉書1分鐘後、解鎖螢幕保護程式後不久,以及15分鐘內沒有收到任何彈出視窗時。這些問卷可以在幾秒鐘內完成。收到問卷時,受試者需要思考自己當下正在進行的活動,並回答兩個問題,一個是自己的「投

入」程度，另一個是感受到「挑戰」的程度。我們也請他們報告自己的情緒，這將在第十章中介紹。

我們在一個工作週的時間內，向 32 人發送了問卷，每個工作日發送大約 18 次。我們既要了解注意力隨時間變化的詳細情形，又不能給必須完成工作的受試者造成負擔，每天進行 18 次問卷，似乎是可期待的最大限度。我們並未忽視，打斷受試者工作來詢問他們的投入度和挑戰感，彷彿一種諷刺；不過回答這些問題只需幾秒鐘，受試者能夠立即回到原本的活動中去。我們告訴受試者，如果感到被調查打擾，他們應該根據問卷跳出之前正在做的事情來回答問題，而不是反映當下被打擾的感覺。值得慶幸的是，我們的受試者都很有風度，雖然確實有些人抱怨調查出現的頻率，但他們向我們保證，不會讓惱怒情緒影響自己的回答。

我們還記錄下受試者在電腦上的活動，並使用 SenseCam 測量面對面互動。SenseCam 是一種小型可穿戴的輕型相機，我稍後會詳細介紹。透過收集一整個工作週的資料，我們獲得了人們日常注意力行為的代表性樣本，也看到了注意力在一週內的變化。我們的研究受試者跨越不同領域，包括行政助理、經理人、技術人員、工程師、設計師和研究人員。

收集資料後，我們將受試者的回答套用到圖 1 所示的四種注意力狀態中。令人驚訝的是，我們的受試者很少在工作中感到挫折，只有 7 次回答落入框架中的「挫折」象限，因為次數太少，所以我們沒有將它納入下面的圖表。報告挫折的次數很少，也許原因之一是，挫折會非常快地消耗資源，而人們會盡力避免這種狀態。

專注力似乎確實有節奏。如圖 2 所示，一天中，受試者會經歷

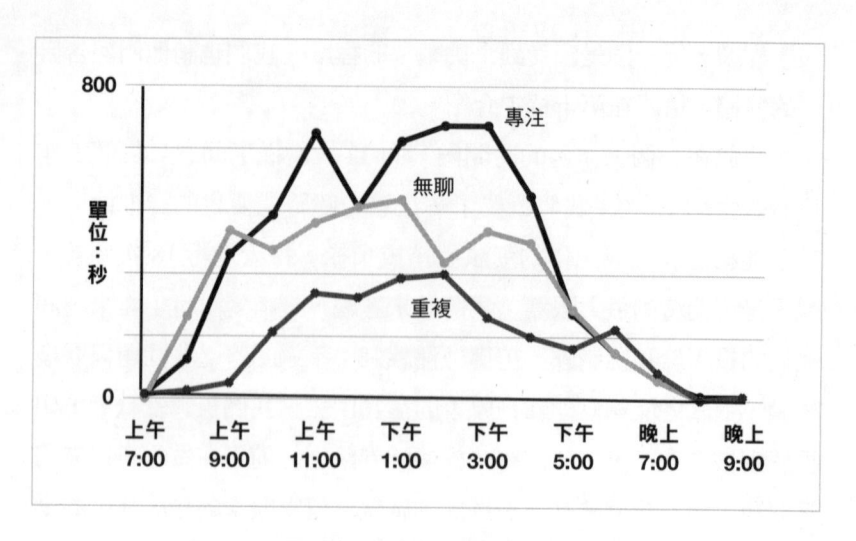

圖2：不同類型的注意力在工作日中的變化。

專注、重複、無聊等不同的注意力狀態。[22] **在所有不同領域的工作中，受試者的專注狀態呈現出兩個高峰：上午 11 點和下午 3 點。** 我們發現，受試者並非一進入工作場所就蓄勢待發、全神貫注於工作，他們需要時間來累積能量，才能進入專注狀態。午休後，受試者會慢慢地再次蓄積專注力。而到下午 3 點之後，專注的能力開始下降，似乎與認知資源消耗的情況吻合。

重複的注意力狀態，在一天中的大部分時間，都呈現出另一種不同類型的節奏：從上午 9 點左右開始上升，然後維持到下午 2 點左右，再之後開始下降。無聊的注意力狀態，則在下午 1 點左右，也就是午餐後達到頂峰。

好消息是，整體來說，受試者在一天中處於專注的狀態多於處於無聊的狀態。但不太好的消息是，受試者普遍表示，一天中經歷

無聊的情況比經歷重複狀態的時間還要多。我將在本書後面討論，無聊不會讓人擁有好心情。

在一項相關研究中，有一名叫做 Mira 的受試者，描述了她的注意力在一天當中呈現的節奏。Mira 在一家大公司擔任文件管理專員，她用高峰和低谷來形容一天中自己專注能力的變化。她說，中午到下午 2 點是她注意力最集中的「高峰期」，她會用這段時間處理電子郵件、與主管和下屬溝通。而接下來的下午 2 點到 4 點是她的「低谷期」。她總擔心在這段時間會突發意外的緊急事件，例如亟需追蹤一些文件。她解釋說，她必須拿出和專注高峰期一樣好的表現，但她的身心未必具備這樣的能力。當 Mira 處於專注低谷時，她不得不勉力調動起為數不多的注意力資源。

研究證實，人們在使用裝置時的行為，也呈現出節奏。我們記錄了受試者在電腦上的活動，能夠精確地測量這些活動的時間（精確到秒）。然後，我們把這些時間，和帶有時間戳記的問卷答案同步整合。這樣一來，我們就可以把受試者的注意力狀態，和每次的電腦活動匹配起來。圖 3 顯示了不同電腦活動的節奏性質，我們可以從中看到，它們如何在一天當中變化。[23]

受試者花在收件匣和行事曆上的時間，在上午 10 點左右和下午 2 點左右達到高峰，這與他們專注力的高峰大致吻合。使用 Word、Excel 和 PowerPoint 等應用程式，也遵循幾乎一致的節奏。遠端通訊和網路搜尋，在全天都有持續進行。儘管我們的統計分析顯示，受試者在午餐回來後進行的臉書活動比午餐前多更多，但在一天中查看臉書的時間還是相當分散的。

然後，我們對資料進行了更深入的研究，探究受試者在電腦上

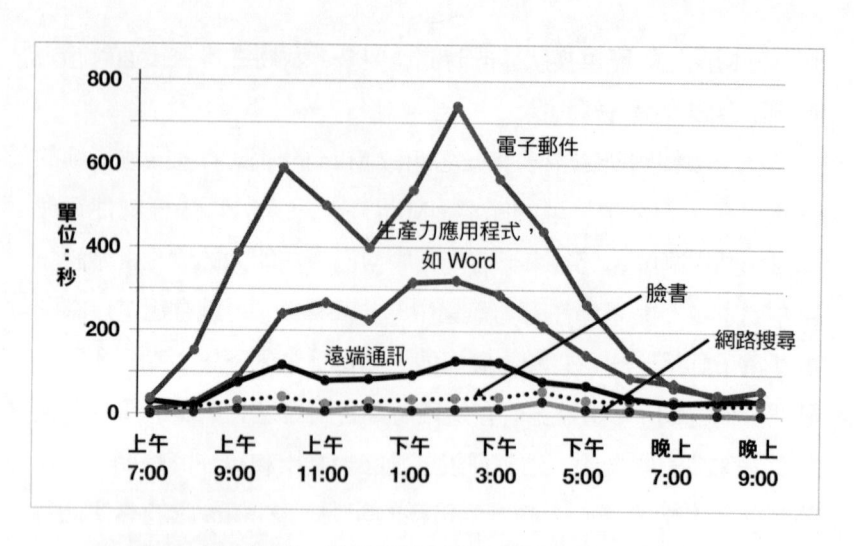

圖3：根據記錄，受試者的電腦活動在一天中的變化。

所做的不同活動，與不同的注意力狀態之間，是否存在相關性。正如圖中節奏所示，我們發現，發送電子郵件時，受試者往往是專注的；瀏覽網頁或在電腦視窗間切換時，他們更有可能處於無聊狀態；而在滑臉書時，他們要麼處於無聊、要麼處於重複的注意力狀態，但幾乎從不會專注。這些結果似乎印證了我們的直覺。

我們還發現，人們的注意力在一週當中也有節奏：週一專注的時間最多，或許因為週末好好補眠後，認知資源得到了補充；經過專注力爆發的週一之後，人們在週二似乎會放鬆一些，因為週二是一週當中最不專注的一天；週三的專注程度則呈現小幅回升；週四是重複性活動執行最多的一天，原因可能也是為了放鬆心情並補充資源；這也可以解釋為什麼到了週五，人們的專注力會再次出現小幅回升。

某些注意力狀態令人容易分心

　　為什麼人們會失去專注力並分心？通常的認知是：我們正全神貫注地做一件事情，突然被打斷，之後就很難再集中注意力，從而進入低專注的無聊狀態。但是，有沒有可能是某些特定的注意力狀態，讓人格外**容易**分心呢？

　　我和澤溫斯基、伊克巴勒曾經共同發表一篇論文〈專注、警醒，但容易分心〉("Focused, Aroused, but so Distractible")，我們用研究資料分析出受試者報告的三種最常見的打斷：電子郵件、臉書和面對面互動。[24] 這些干擾都以某種方式涉及溝通：電子郵件通常與工作有關，但也可能與社交或個人生活有關；臉書通常與社交有關；而面對面互動和電子郵件一樣，可能與工作或社交／個人生活都有關。

　　之前我提到過，我們用 SenseCam 相機來測量面對面互動。SenseCam 佩戴在受試者的脖子上，每隔大約 15 秒拍攝一次照片。我們使用的軟體，可以相當準確地偵測照片中是否有人臉，如果有人臉，我們就推斷這名受試者正在與他人進行面對面互動。不過，軟體並非完美，我們無意中發現的一個錯誤是，男性受試者上廁所時，經常忘記關閉 SenseCam，而軟體可能把圓形的馬桶座誤認成人臉。

　　我們發現，感到無聊時，人們更有可能將注意力切換到臉書和面對面互動。同樣地，進行重複性活動時，人們也更有可能將注意力切換到面對面互動。換句話說，**重複或無聊的注意力狀態，為分心提供了一個容易的切入點**。我們的研究結果支持以下觀點：一個

人所處的某些注意力狀態，會使人容易分心。

為什麼會這樣呢？處於無聊狀態時，我們的注意力不是以目標為導向的；而進行重複性活動時，我們可能只有一個微弱的目標，比方滑社群媒體貼文、看看有沒有什麼有趣的東西。注意力是由目標驅動的，如果沒有強烈的目標，例如處在無聊狀態或做重複性活動的時候，你的注意力就會像風中的蘆葦一樣四處飄搖。

找到你的專屬節奏

我們的研究結果，打破了注意力只有集中和不集中之分的迷思，並顯示人們可以透過不同的方式投入某件事。為什麼人們的專注狀態會起伏不定，為什麼人們會切換到其他的注意力狀態呢？

一天當中，注意力可能受到認知資源多寡的影響。一些研究顯示，注意力也會受到生理時鐘[25]和醒後時間的影響[26]，可能還有荷爾蒙的影響（仍在研究中）。然而，除了這些原因之外，注意力為什麼會呈現出節奏，還可能有心理學上的解釋。

為了探索這個想法，我需要找一位節奏專家。我訪問了鼓手拉查洛維茲（Barry Lazarowitz），他曾與史坦·肯頓（Stan Kenton）、雷諾柯恩（Leonard Cohen）、路勞爾斯（Lou Rawls）和茱蒂·柯林斯（Judy Collins）等音樂家合作演出爵士、民謠、搖滾等不同風格的音樂，並曾參與葛萊美得獎唱片和奧斯卡得獎影片《爵士春秋》（*All That Jazz*）的原聲音樂。他認為，人體有一種內在的節奏：我們天生就會對蘇沙（John Philip Sousa）的進行曲或唐娜桑瑪（Donna Summer）的迪斯可歌曲中每分鐘60拍的節奏產生

共鳴，因為我們的心臟每分鐘跳動大約 60 下，走路的速度也是每分鐘大約 60 步。

其他音樂家對於內在節奏也有類似的想法。拉寧（Lester Lanin）是 1950 至 1960 年代風靡一時的爵士大樂隊領隊，他深知人們會與節奏產生共鳴，因此他編排的音樂都有穩定的節奏，也就是後來被稱為「商人節拍」（businessman's beat）* 的二拍節奏。即使是不會跳舞的人也會走路，而且走路的步伐通常是有節奏的。[27] 拉寧之所以受歡迎，就是因為他的二拍節奏吸引許多人走進舞池。

不過，人類也存在更深刻、更長週期的內在節奏。人們在受到干擾後仍能保持節奏，就是一個證明。拉查洛維茲向我講述了次中音薩克斯風演奏家柯川（John Coltrane）的故事。在被許多人稱為傑作的《崇高的愛》（*A Love Supreme*）中，柯川用 8 個或 12 個音符寫下一條簡單的旋律線，用不同變奏重複演奏，如同咒語一般。然後脫離最初的節奏，以自由形式即興演奏了 33 分鐘。之後，他又一拍不落地回到了原本的節奏。

柯川擁有內在的節拍器，是一位節奏大師。但**我們也都可以找到自己的節奏：我們可以感覺到自己內在認知資源存量的起伏。**注意自己的認知資源變化，可以讓我們知道何時該充電，這樣我們就不會試圖不間斷地專注，結果透支資源。與節奏的共鳴可以幫助我們恢復心理平衡，這一點我稍後會詳細討論。**控制自己的注意力，就是要意識到自己的資源存量，並在使用資源和在需要時修復資源之**

---

* 譯註：商人節拍，指容易跳舞並適合商務人士參加活動氛圍的節奏，符合當時高級社交聚會的場景。

間,切換注意力狀態。

　　心流看似是數位生活中的一劑解藥,但殘酷的事實是,在我們許多人從事的工作類型中,實現心流極其困難。儘管我們渴望心流,但在當前的工作環境中,這可能不切實際,也不是我們真正應該努力的目標。拉查洛維茲白天從事管理和與音樂家簽約的工作,他也有和我或許多其他人相似的經驗:他的工作性質決定了自己能否進入心流狀態。白天身為一名知識工作者,他打電話給客戶、寫合約和維護資料庫時,可以保持專注,但絕對不會進入心流;而到了晚上,和其他音樂家一起即興演奏時,他就能進入心流狀態。

　　從無數小時的研究中,我發現心流狀態很少見,所以在我們使用電腦和手機的日常,**與其想著體驗那種心無旁騖但難以捉摸的心流,還不如努力達成注意力狀態的平衡,這意味著不要過度消耗認知資源。**即使無法進入心流,我們仍然可以找到自己的內在節奏。

　　那麼,在使用裝置時,我們要如何達到平衡呢?我們可以在一天當中,時常從專注狀態切換到其他的注意力狀態,從而利用與節奏的內在連結,維持自己的認知資源有足夠的存量。番茄工作法也運用了節奏的概念,把一天的時間分成很多個 25 分鐘的工作部分和 5 分鐘的休息部分。儘管有趣的是,我沒有看到這項技巧被任何學術研究驗證。不過,你可以根據自己對認知資源的感覺,來設計自己的節奏,這一點我將在本書後面詳細討論。

　　專注的注意力狀態會占用重要的資源,而重複性活動和無聊的狀態所需的資源則要少得多。雖然我們可能認為,專注是一種可以發揮工作效率和創意的理想狀態,但重複、甚至是無聊的注意力狀態也同樣重要,而且對我們的身心健康有重要作用。**輕鬆、簡單的**

注意力投入，甚至是不投入的狀態，可能對我們有益，這個觀點挑戰了只有深度投入才有價值的傳統看法。

有時我們可以完全不被刺激影響，而有時心神漫遊或百無聊賴，正是我們需要的狀態。我們可以像安吉羅使用她的「小腦袋」一樣，讓頭腦維持輕鬆的投入。這種改變就像從跑步切換到輕鬆的步行，我們仍然維持活躍和警醒，但有機會喘口氣和補充體力。在電腦和手機螢幕之外的生活中，我們通常知道如何尋求平衡：無聊的時候就去尋求刺激；如果在時代廣場受到太多刺激，就去中央公園尋求安靜的庇護。

在幫助實現認知資源平衡方面，每一種注意力狀態都有其價值和目的。我們不可能整天不停地使用認知資源，來經驗持續不斷的心力挑戰，就像我們不可能整天不停地使用體能資源來挑戰舉重一樣。理想的狀態是：休息一下，放下裝置，補充資源。

我們也有能力控制切換注意力狀態的方式，我們可以嘗試利用這種與生俱來的需求，實現內在平衡，恢復和補充認知資源。重複性、無腦、甚至無聊的活動，就可以做到這一點。透過這些活動，我們可以學習有效利用活躍的頻動性注意力，有目的、有策略地在不同注意力狀態之間切換，從而達到平衡，在保持高效的同時體驗幸福感。

不過，並不是所有的注意力切換都有益，在下一章討論一心多用時，你就會了解這一點。

第四章

一心多用的本質

1990 年代中期,我在德國工作。有天早上,我來到辦公室,發現我的電腦科學家同事,全都擠在一個電腦螢幕前,於是我走過去看個究竟。他們正在看 Mosaic,這是一款全新的瀏覽器,開啟通往全球資訊網的大門,它的介面既可以顯示文字,也可以顯示圖像,比當時的純文字瀏覽器幾乎領先了好幾年。Mosaic 為音訊和影片的發展奠定了基礎,因此乙太網創辦人梅特卡夫(Bob Metcalfe)戲稱,「當時有數百萬人突然發現,網路可能比性愛更好。」[1]

那一天,我和這些電腦科學家都驚呆了。當時我們無法預見,人類生活很快就會發生翻天覆地的變化,在各個方面,包括社交習慣、工作、休閒時間,尤其是注意力行為。數位工具終將與我們密不可分。

本章我將討論,隨著電腦科技滲透生活,我們的注意力行為多年來發生的改變,包括人們如何從很小的時候,就開始形成短暫的

注意力持續時間。

單一時間型人被迫多工

我非常喜歡看新聞。以前新聞還沒有數位形式，我最喜歡的報紙是《紐約時報》，當時要在海外購買還是挺貴的。有一次，以前的一個學生來德國拜訪我，好心為我帶來了她在巴黎買的《紐約時報》週日版。你知道這份報紙有多貴嗎？我的學生不肯告訴我價格，但她說我可以把它想像成結婚禮物！

Mosaic 推出幾年後，我感覺生活發生了變化。我在網上就能看到《紐約時報》了，上面還有照片。我還可以透過串流影片觀看美國電視新聞，儘管主播丹拉瑟（Dan Rather）只有郵票那麼大。最初的每日新聞發布，很快就變成每小時更新，接著是每分鐘更新，我開始一遍又一遍檢查新的資訊。線上社群也如雨後春筍般湧現，突然之間好像每個人都有了部落格，開始在公共論壇上展示自己最私密的個人生活。我們怎麼可能不投入其中呢？

數位世界不斷發展，為一心多用的爆發創造了理想條件。我們聽到很多關於一心多用的抱怨，好像它是一種新現象一樣。但它肯定不是在數位時代才出現的。史密斯（Monica Smith）在《普通人史前史》（*A Prehistory of Ordinary People*，暫譯）一書中寫到，自從人類祖先開始製造工具以來，一心多用已經存在了超過 150 萬年。[2] 人類靠一心多用維持生存，因為必須持續監控環境。負責狩獵和採集的原始人，在覓食的同時，也要尋找製造工具的原料、要照顧孩子，當然還要提防其他掠食者。運用選擇性注意力尋找食物

的同時，他們也要對危險訊號保持警覺。現在，我們不再需要這種為了生存而不斷掃視環境的技能，照理應該能長時間專注於自己選擇的任務。然而，我們卻做不到。

人們喜歡如何運用時間的方式，是一個連續的光譜：光譜的一端是單一時間型（monochronic）的人，他們傾向先完成一項任務再開始下一項任務；而光譜的另一端是多元時間型（polychronic）的人，他們偏好同時處理多項任務。只有極少數的人是「超級多工者」，他們擁有非凡的能力，能在不同任務之間切換，卻不會受到認知負荷過大的影響。這種能力源於他們能更有效地利用注意力控制網絡的某些部分，這些部分位於大腦的前扣帶迴（anterior cingulate）區域和後額極前額葉皮質（posterior frontopolar prefrontal cortices），前者負責檢測與目標之間的衝突，後者負責維持、切換和更新目標。[3]

「多工偏好量表」（Multitasking Preference Inventory）請受試者對「我不喜歡在多個任務之間切換注意力」等陳述進行評分，根據這個量表，大多數人都介於單一時間型和多元時間型之間。[4]

羅格斯大學（Rutgers University）的考夫曼（Carol Kaufman）和同事，使用名為「多元時間態度指數」（Polychronic Attitude Index）的類似量表，對 300 多人進行了調查，以探索多元時間型人的特徵。[5] 他們發現，那些偏好多元時間運用的人，即那些喜歡一心多用的人，教育程度更高、工作時間更長、計畫也更靈活。有趣的是，比起任務本身，他們更重視與他人的關係。比起單一時間型的人，多元時間型的人也更少被所謂的「角色過載」（role overload）困擾，「角色過載」是指感覺自己有太多事情要做，卻

沒有足夠的時間去做。

不過歸根結底，大多數人，包括單一時間型或非典型多元時間型的人，實際上都是以多元時間的方式在工作。這很可能是由於工作場所的需求，以及持續的電子通訊（電子郵件、簡訊和企業通訊軟體 Slack 等）和社群媒體的性質所致。因此，**如今大多數人的生活存在嚴重的錯配：單一時間型的人正以多元時間型的方式工作，就像把方釘塞進圓孔中一樣，這進一步阻礙了人們在認知上控制自己注意力的能力。**你可能想像得到，單一時間型的人往往會經歷角色過載，但他們仍不得不在多個任務之間切換、努力跟上進度。在我們的研究中，確實有許多人表示感到在工作中力不從心。

一心多用的本質是快速切換注意力

一般來說，一個人無法同時進行兩項活動，除非其中一項活動、或兩項活動都需要很少的注意力資源，或不需要什麼注意力資源，例如我之前提到的邊走路邊講電話。然而，如果我一邊講電話、一邊回覆電子郵件，**我其實並沒有同時進行這些活動，我真正做的，就是在它們之間快速切換注意力。**在一心多用的過程中，大腦會將注意力來回分配到不同的任務上。切換活動可以由一個外在刺激觸發，例如一則電子郵件通知；也可能由內在因素觸發，例如一段記憶。

你一定有過這樣的經驗：在一個擠滿人的聚會中，聽到房間另一頭有人提到你的名字，就會突然轉移注意力去聽那個人說話，而忽略身旁的人。這就是切里（Colin Cherry）在 1953 年提出的「雞

尾酒會現象」(cocktail party phenomenon)，[6]是注意力被快速觸發去關注其他事情的一個例子。

有一次，我發現自己有兩場重要的電話會議時間重疊了。如果在最後一刻才取消其中一場會議，那實在太尷尬了，所以我坐下來，戴上兩副不同的耳機——左右耳各戴一副——一副耳機連接電腦，另一副耳機連接手機。我在兩場電話會議之間來回切換注意力。有時我會被問到意見，一提到我的名字，我的注意力就立刻被吸引過去，就像雞尾酒會現象一樣。每次我都緊張得要命，必須請講者把問題重複一遍。據我所知，沒有人發現我同時參加了兩場會議。即便如此，要同時完成兩項需要費力控制處理的任務，任何人都不可能做得很好。

將注意力從艱難的任務上轉移開來，有時是有益的。轉向新的活動可以讓人擺脫負面心態，或者可以幫助恢復認知資源。給棘手的問題多一些醞釀時間，可能幫助你想出新的解決方法。然而另一方面，**過多地快速切換任務，實際上是在不斷強迫自己重新集中注意力，它往往是有害的，因為它更浪費時間，而你的表現也不會好，進而導致壓力**。儘管我能在那兩場電話會議中蒙混過關，但我知道我的表現非常糟糕。

兩種看待一心多用的視角

人們如何看待在不同活動之間切換注意力的行為呢？在我們的研究中，有時受試者會談到將注意力從一項專案轉移到另一項專案的經驗，例如暫停處理部門重組專案，轉而去做心理健康專案。但

有時他們也會用更詳細的方式，描述自己切換注意力的情形，例如暫停撰寫一個檔案，轉而寄一封電子郵件給主管。受試者會以靈活的方式思考自己一心多用的情形，從不同維度進行評估：有時拉遠，從專案的層面來看注意力切換；有時縮小視角，看注意力在更細微的事件上如何切換。這些不同的角度，讓我們可以更全面地理解注意力行為。

這可以用 Google 地圖來做比喻。如果我計劃從洛杉磯到科羅拉多州的波德（Boulder），我可以從不同的層級來查看這次旅程。從比較大的範圍來看，我可以縮小地圖的比例尺，查看整個美國，並看到這次行程的全景，差不多是一條往東北偏北方向的對角線，穿過加州、內華達州南部、猶他州中部，最後進入科羅拉多州，往波德去。我也可以放大地圖的比例尺，查看我將途經的各個高速公路、小鎮和國家森林。

同樣的道理，看待一心多用，我們可以放大視角，研究人們如何切換不同的專案，或者我更喜歡稱之為不同的「工作範圍」，例如寫研究論文、準備提案等。我們也可以縮小和轉變視角，思考人們如何在「低階」的操作之間切換注意力，例如輸入簡訊、閱讀社群媒體貼文、回覆電子郵件等。這兩種視角都可以為一心多用的本質，提供有價值的見解。

請記住，注意力以目標為導向，在把視角從宏觀任務切換到精細任務時，目標也從高階目標轉變為低階目標。我在工作時，就不斷在高階目標和低階目標之間切換，例如從完成一篇論文這個高階目標，切換到一直縈繞在腦海中要打一個電話這樣的低階目標。

在生活實驗室研究人們的行為

成為學者後，我意識到自己的注意力是多麼分散，於是決心找出這種經驗的普遍情況。心理學家知道如何在受控的實驗室環境中測量注意力切換，他們使用儀器來測量反應時間。但如何在人們實際工作的真實環境中測量注意力切換呢？在實驗室裡對人進行研究，可以產出有價值的見解，但不可能模擬人們在現實生活中經歷的所有事情，包括日常壓力、與同事的衝突、職業軌跡，或是令人開懷大笑的時刻。

為了真正了解人們如何使用科技，以及科技對人們的影響，我必須去人們每天所在的地方。我需要能夠**就地**測量人們如何使用科技以及對科技的反應，從而在不影響他們正常生活的情況下捕捉到細節。因此，我必須建立「生活實驗室」。

這不容易，但在我的研究生岡薩雷斯（Victor González）的幫助下，我們從泰勒（Frederick Taylor）的研究中汲取了靈感。泰勒是 20 世紀初期最早的管理顧問之一，他出生於 1856 年，職業生涯的起點是一名機械車間工人。後來他成為一名工程顧問，在此基礎上發展並發表了對工作進行科學觀察的技術，也就是著名的「泰勒主義」（Taylorism）。[7] 泰勒用碼錶計時工人在工作中的活動，並尋求提高效率的方法，例如找到煤鏟的最佳尺寸。

我無法容忍泰勒的工作旨在榨乾工人每一秒的生產時間，但他的方法確實對我們的研究目標很有用。我們對從事不同知識型工作和不同工作場所的人進行追蹤，用碼錶來精確計時他們在切換注意力到另一項活動之前，在前一項活動上花費的時間。

第四章 一心多用的本質　93

我想強調的是，我們並不打算像泰勒那樣最佳化他們的行為，而是要觀察他們的行為。例如，當一名受試者打開電子郵件軟體，我們就按下碼錶，記下開始時間。當他不再看電子郵件、轉而接起電話，我們就記錄下電子郵件的停止時間和講電話的開始時間。這很費力，但很精確，也很有趣，雖然我們的受試者感到不解，有一次一名受試者轉身對我說：「這就像看著油漆變乾，不是嗎？」

　　我們也盡可能記錄受試者工作的細節，包括他們使用的應用程式和檔案，甚至包括他們與哪些同事互動。在觀察最初，受試者可能有意識地表現出與平時不同的行為，因此我們剔除了最初幾小時的觀察結果。不過，受試者很快就適應了我們的存在，而且更重要的是，他們必須應對工作需求，因此很難掩飾自己真正的行為。

　　在煞費苦心地收集這些資料後，我和我的研究生發現，在工作場所，**受試者在任何一個低階事件上，平均只停留 3 分 5 秒**，就切換到下一個事件。[8] 這些事件既有螢幕之上的，也有螢幕之外的，包括跟同事的互動。但如果只觀察他們在電腦上的注意力行為，我們發現，**受試者平均每 2 分半鐘就轉移一次注意力**。每 3 分鐘切換一次活動、特別是每 2 分半鐘切換一次對電腦的注意力，這在當時看來似乎是不可思議的，但與之後 15 年間的發現相比，這根本不算什麼。

用新科技追蹤人們的注意力行為

　　用碼錶追蹤受試者是一項辛苦的工作，我知道一定有更有效的方法，在非受控環境下收集資料。幸運的是，我對理解現實生活中

人類行為的興趣，碰巧遇上了感測器技術發展的革命。這些創新既複雜又令人興奮：心率監測器等新型感測器，透過帶子戴在受試者的胸部周圍、後來還可以戴在手腕上，它們可以用來測量壓力；透過感測器中的活動量記錄器測量身體活動，我們可以看到受試者在工作場所的活動量；穿戴式裝置還可以測量睡眠。

　　新的電腦記錄方法，可以準確記錄受試者的注意力在螢幕上停留的時間，以及他們何時切換應用程式、網站和電腦畫面。在電腦或手機螢幕上停留的時間長短，可以代表一個人將注意力集中在這個螢幕上的時間長短。一個人切換到另一個畫面，意味著他正在進行認知轉換，將注意力轉移到其他事情上。然後，我們可以根據精確的時間戳記，把在生活實驗室中收集的所有這些不同的測量資料同步起來，從而勾勒出人們在真實世界中使用科技的整體樣貌。這些新技術不顯眼，也就意味著受試者可以在不被研究者觀察的情況下工作。最棒的是，這些是客觀準確的測量方法，精確到秒。

　　精確追蹤是測量行為方面的一個新領域。受試者能夠充分意識到自己的行為正在被測量。我們所有的研究都已得到人類受試者審查委員會的批准，所有的研究參與者都已簽署同意書，他們的資料是匿名的，而且他們可以隨時退出研究而不受懲罰（沒有人退出）。受試者同意我們記錄他們的電腦操作，我們不記錄任何內容，只收集他們訪問應用程式和網址的時間戳記。除了少數不遵守規定的受試者（例如沒有整天佩戴心率胸帶或沒有為裝置充電），大多數人都完整地參與了研究過程。

注意力僅持續 47 秒

為了理解注意力持續時間如何隨著電腦科技的興起而變化,多年來我一直使用日益複雜而不顯眼的電腦記錄技術,來追蹤人們的注意力。我研究了各種受試者,他們都是知識工作者,但從事不同的工作、身處不同的工作場所。大多數人的年齡在 25 歲到 50 歲之間。但我也研究過更年輕的大學生。我們的觀察時間從幾天到幾週不等,每項研究都累積數千小時的觀察。

綜合這些研究的全部結果,我們發現,在切換到另一個畫面之前,人們在一個螢幕畫面上的平均注意力持續時間,正在逐年下降(圖 1)。在 2004 年最早的研究中我們發現,人們在將注意力切換到另一個螢幕之前,平均在電腦螢幕上停留約 150 秒(2 分半鐘);2012 年,平均停留時間下降到了 75 秒;而接下來的幾年,從 2016 年到 2021 年,注意力停留的時間保持相對穩定,介於 44 秒到 50 秒之間。

其他研究者使用電腦記錄方法,也得出了與我們接近的結果。邁耶(André Meyer)和微軟研究院的同事發現,20 名軟體開發人員在 11 個工作日內的平均注意力持續時間為 50 秒。[9] 我的學生阿克芭(Fatema Akbar)的論文發現,50 名從事不同工作的上班族,在 3 至 4 個星期內的平均注意力持續時間僅為 44 秒。[10]

換句話說,過去幾年裡,在工作場所的每一天,**人們平均每 47 秒左右就會在電腦螢幕上切換一次注意力**。事實上,2016 年,我們發現注意力持續時間的中位數(即中點)為 40 秒。[11] 這意味著在任何螢幕上觀察到的注意力持續時間,有一半的機會**短於** 40 秒。

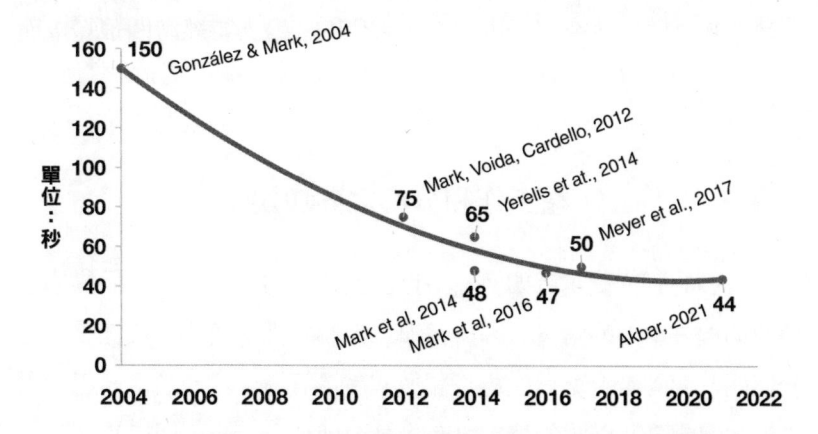

```
160  150
140       González & Mark, 2004
120
單 100
位        75   Mark, Voida, Cardello, 2012
：  80
秒  60        65   Yerelis et al., 2014
    40             50   Meyer et al., 2017
    20   Mark et al, 2014  48
      0        Mark et al, 2016  47   Akbar, 2021  44
    2004  2006  2008  2010  2012  2014  2016  2018  2020  2022
```

圖 1：2004 至 2021 年人們在電腦螢幕上的平均注意力持續時間。[12]

過去幾年，電子郵件的整體使用時間持續增加，它被許多受試者稱為數位生活的禍根。人們花在電子郵件上的平均時間，從 2004 年的每天 47 分鐘，躍升至 2016 年的每天 83 分鐘。這個統計數據還不包括 Slack 等其他通訊工具，因此我們可以想像，人們每天花在與同事傳送訊息上的時間還要更多（而且簡訊的性質可能導致注意力短暫集中的後果）。在下一章中，我將介紹電子郵件對壓力的影響。

綜上所述，長期下來，人們在個人科技產品上的平均注意力時間明顯縮短。這些結果適用於所有類型的工作：經理、行政助理、財務分析師、技術人員、研究人員、軟體開發人員等。然而，除了注意力持續時間縮短之外，其他類型的變化也正在發生，包括社會關係、環境影響、個人習慣和久坐行為（我稍後會談到），所有這些變化都與科技使用的快速成長同步進行。回顧過去的十五年，不

第四章 一心多用的本質

只是在我剛開始研究這一現象時，人們的注意力持續時間很短，而且隨著時間經過，注意力持續時間實際上愈變愈短。

在工作和分心之間切換

我們的研究受試者如何看待自己的注意力行為呢？他們描述了快速切換注意力的常見原因：習慣、無聊、不堪負荷一項任務、急於與朋友或同事聯繫、逃避不想做的事情等等。他們經常談起從工作模式轉向分心模式的情形，有人甚至把它形容成兩個自我。

在我們的一項研究中，有一名千禧世代的受試者會在工作時播放 YouTube 音樂，他描述自己習慣在工作和歌詞之間來回無縫切換注意力；另一名受試者喜歡把自己頻繁切換到社群媒體上的行為比喻為「吃速食」；還有許多受試者形容自己從工作上暫時轉移注意力，然後就忘記了時間，就像掉進「兔子洞」或「隧道」——他們陷入了注意力陷阱。一名叫做 Helen 的受試者說，「從那個地方脫身」非常困難。

Chloe 是一名 30 多歲的研究員，在一家科技公司工作，她描述自己在使用電腦時，注意力經常漫遊的情況。她說，只要有一絲衝動想要思考「工作的殘酷現實」以外的東西，她就會上網搜尋那個念頭的相關資訊。上網瀏覽和在連結之間跳轉，能夠激發她的靈感，也填補了她工作生活的缺口。她認為自己的注意力切換是具備生產力的，因為她能學到新東西。但是，就像許多受試者一樣，意識到自己在非工作的活動上花了太多時間，她常常感到自責。

另一名受試者 Ron 是 40 歲出頭的軟體開發人員，他是夜貓型

人，下午 2 點到晚上 9 點是他的最佳表現時間。但他必須朝九晚五地工作。因為早上不是他表現最好的時間，所以他在這段時間很難保持專注，也更容易快速切換注意力。他形容自己的早晨，就是來回瀏覽網頁、推特、新聞網站和其他社群媒體。

同一家公司的另一名 40 來歲的分析師 Steve 表示，他在使用裝置時缺乏自制力。與 Chloe 類似，在工作中遇到難題時，他往往會轉移注意力，去玩一個簡單的遊戲，或在社群媒體上發文，這讓他覺得自己正在完成簡單的事情。意識到自己在非工作的活動上花了太多時間時，Steve 也會感到自責。

和許多受試者一樣，Steve 描述他的注意力切換行為是「不自覺的」。事實上，我們經常聽到研究參與者說，他們並沒有意識到自己進入了快速切換注意力的模式，直到某一刻，才發現已經這樣做一段時間了。這種不自覺的注意力切換，與詹姆斯所說的「自主選擇的注意力」（volitional attention）概念形成鮮明對比，後者是由個人意志掌控的。

快速的注意力切換會影響人們處理資訊的能力。**之前看到的內容可能干擾當前正在看的內容**，這就是研究者李洛伊（Sophie Leroy）所說的「注意力殘留」（attention residue），[13] 尤其是在當前內容不吸引人的情況下。**情緒也會殘留**，就算注意力切換回工作軟體，情緒反應可能還持續存在，例如在推特貼文上看到悲慘消息，悲傷情緒也會揮之不去。注意力殘留和情緒殘留，都會讓運用專注力變得更加困難。

注意力不斷縮短，久坐愈加嚴重

隨著注意力持續時間縮短，另一個令人驚訝的變化是，人們花在辦公桌前的時間愈來愈多，久坐不動的狀況也愈來愈嚴重（圖2）。早期的一些研究，觀察了知識型工作者如何在工作場所花費時間（在這些研究中，研究者用手錶而不是碼錶記錄時間）。從1960 年代中期到 1980 年代中期，在電子郵件興起之前，人們一天中平均只有 28%到 35%的時間在辦公桌前度過，[14][15][16] 剩下的時間都花在預定會議和非正式的開會上。

2004 年，隨著網路和電子郵件的使用量激增，我們發現受試者每天平均有 52%的時間在辦公桌前工作（包括用電腦和打電話），比早期研究中的時間要多得多。[17] 在 2019 年的一項研究中，我們使用可穿戴腕部追蹤器來監測步數，並使用小型無線發射器來監測受試者在辦公區域的位置，收集了 603 人一整年的資料。結果發現，**上班族近 90%的時間都是在辦公桌前度過的**。[18]

當然，我們不能斷言電子郵件和網路的興起，「導致」了在辦公桌前時間的增加和更多的久坐行為。不過，我們還發現一些其他情況，或許可以解釋正在發生的事情：這些年來，花在正式安排的面對面會議上的時間也在減少（這些研究是在疫情之前進行的）。面對面會議可以讓人們一起坐在會議室裡，或一起前往某個人的辦公室。1965 年至 1984 年間，知識工作者每天平均有 34%的時間參加這種面對面會議；但到了 2004 年，面對面會議的平均時間下降到了 14%。[20]

如何理解這種變化呢？我們可以從資料中推斷，以前在面對面

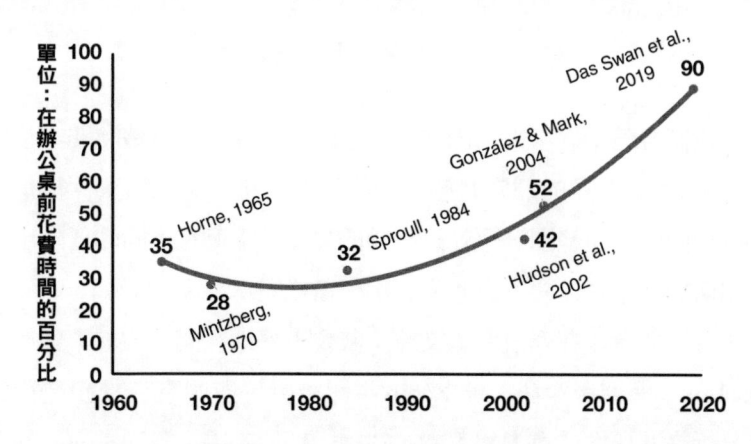

图2：1965年至2019年在办公桌前花费时间的百分比。González & Mark（2004）研究的办公桌工作包括使用桌上型电话和手机。1965年至1984年的研究是在电子邮件出现之前进行的。[19]

會議中完成的工作，現在更多是透過電話和電腦完成，包括使用電子郵件、簡訊或視訊會議。隨著使用電腦的時間增加，人們有更多機會在螢幕上切換注意力。而且，隨著愈來愈多會議在電腦上進行，尤其是疫情期間人們更加仰賴視訊會議，電腦工作與會議之間、連續的線上會議彼此之間的間隔時間也愈來愈短。（當然，線上會議期間也可以執行多項任務，比如回覆電子郵件或上網。）

即使是走路去會議室，也至少能有機會稍微活動、讓大腦短暫休息，以便從上一項工作中脫離出來，為下一項工作做好準備。我們正在失去在會議間隙喘口氣的能力。我回想起在德國的時光，當時我和同事其實會在午餐後散步很長時間，這確實為開啟下午的工作提供了很好的休息和過渡。

在工作範圍之間切換注意力

我們發現，近年來人們在任何螢幕上的注意力持續時間，都縮短到了大約 47 秒的穩定狀態。但是，如果每一個低階事件都是在執行相同的工作範圍，也就是相同的專案，那麼在不同的低階事件之間切換注意力，會不會並沒有那麼糟糕呢？

身為學者，在寫研究論文時，我會不停地在寫作、電子郵件、Slack、上網搜尋資訊、開 Zoom 視訊會議、與同事交談和進行研究分析之間切換注意力。不過，在這一切活動中，我通常使用的是高階視角，也就是說我思考的是整個工作範圍。儘管我可能會在其中的低階操作之間切換，但只要這些注意力切換都涉及同一個工作範圍，切換也許就不會造成太大的問題。是這樣嗎？

在另一項工作現場的研究中，我和我的研究生岡薩雷斯觀察了工作範圍之間的注意力切換。[21] 我們發現，人們平均每天要處理的工作範圍略多於 12 個。事實上，我自己的工作範圍幾乎總是在這個數字附近徘徊。我們還發現，不僅低階操作花費的時間很短，人們在切換到另一個工作範圍之前，在一個工作範圍花費的實際平均持續時間也很短——僅有 10 分鐘 29 秒。換句話說，**人們工作日的特點就是，大約每 10 分半鐘就在不同的工作範圍之間轉移注意力。**而如果我們縮小視角去更仔細地觀察人們的行為，就會發現在較低階操作（如電子郵件）上的注意力時間，理所當然地更短。

不過，你可以想到，並不是所有的干擾都相同。想像一下，假如你正在工作時有人請你在文件上簽名，這種打斷可能不會讓你非常分心。但有的打斷可能造成相當大的干擾，例如同事請你幫忙解

決行程安排的問題。因此,我們決定在資料中去除 2 分鐘以內就可以完成的事件,因為這些事件不會對工作造成太大干擾。然後我們把資料按時間順序重新拼接,假設這些短暫的中斷並未發生。令人驚訝的是,我們發現人們在一個工作範圍內,仍然平均只維持 12 分 18 秒就切換注意力。換句話說,**大約每 12 分鐘,人們就會面臨持續 2 分鐘或更長時間的明顯干擾!**

這可不是一件好事。執行每項任務所需的認知過程,都需要時間來完成。每次切換工作範圍(低階事件更是如此),你都需要調動儲存在長期記憶中關於該任務的知識,這需要認知資源。**如果已經有一段時間沒有進入這個工作範圍,你就需要更多資源來擷取或開發該任務的基模**,即使只是處理其中一小部分,例如寫一封電子郵件。[22] 如果我重新回去寫一篇擱置一段時間的論文,我就需要大量精力,來重新理解已經寫過的內容、思考下一步應該怎麼寫。

即使你處理的是同一個工作範圍,被其他事情打斷之後,你仍然需要從長期記憶中擷取這個任務的基模。因為你需要重建未完成工作的準確狀態,所以你仍然需要耗費認知資源來跟上進度。想想我們切換注意力的頻率,以及回到一項工作需要付出的努力,難怪我們的認知資源會被耗盡。

被打斷的工作不會立即恢復

那麼,工作被打斷時會發生什麼事呢?要花多長時間才能恢復被打斷的工作?這方面有好消息,也有壞消息。首先是好消息:77.2% 中斷的工作範圍會在當天恢復。壞消息是,**人們平均需要 25**

第四章 一心多用的本質 103

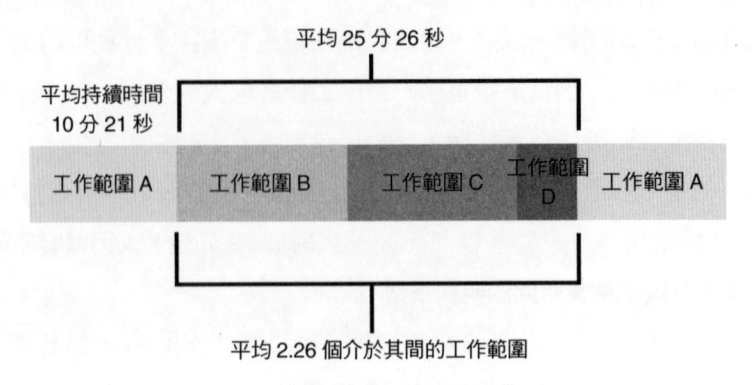

```
                    平均 25 分 26 秒
平均持續時間
10 分 21 秒
┌──────────┬──────────┬──────────┬──────┬──────────┐
│  工作範圍 A │ 工作範圍 B │ 工作範圍 C │工作範圍│ 工作範圍 A │
│          │          │          │  D   │          │
└──────────┴──────────┴──────────┴──────┴──────────┘
                 平均 2.26 個介於其間的工作範圍
```

圖 3：資訊工作者一整天在工作範圍之間切換的模式。

分 26 秒才能回到中斷的工作範圍。

然後，現在有一個真正的壞消息：當工作被打斷，人們不會只是在處理完另一項任務後，馬上就回到原本被打斷的工作。他們**在回到原本的工作範圍之前，會處理平均 2.26 個「介於其間的」工作範圍**。[23]

圖 3 簡略顯示了一整天當中的這種模式。人們先在一個工作範圍工作，然後切換到另一個，再切換到第三個、第四個，最後才回到原本的工作範圍。這些切換可能來自外在干擾（如一通電話），也可能源於自身，這一點我將在下一章詳細介紹。

請記住，每次切換任務，你都必須從長期記憶中擷取任務的基模，這會增加認知負荷。此外，因為任務未完成而累積的緊張情緒，也會增加壓力，我將在下一章討論這一點。

多工損害你的工作效率

有些人可能認為，多工有助於提升工作效率。然而長期以來的證據顯示，情況恰恰相反：**多工時，人們的工作效率會受影響。**近一百年前的 1927 年，美國兒童心理學家哲西德（Arthur T. Jersild）證明，當人們同時處理多項任務時，表現會下降。

哲西德進行此項研究，是為了了解年輕人如何適應複雜的情境。他設計了一個特殊的實驗，想看看人們在一項任務的不同元素之間進行心理「切換」時，會發生什麼情況。他給六到八年級的兒童和大學生每人一張數字清單，請他們做給每個數字減去 3 的減法。然後再給兩組受試者另一張單字清單，請他們說出每個單字的反義詞（例如看到「熱」時就說出「冷」）。當數字和單字任務穿插進行，受試者必須在文字和數字運算之間切換，哲西德發現其中存在切換成本。[24] 兒童完成任務所需的時間比大學生更長，但在所有年齡層都可以看到同樣的切換成本。做一項任務的同時想著另一項任務，會增加心理負荷，因為人們不僅要完成當前任務，還得使用額外的認知資源牢記另一項任務。[25]

在最近的一項研究中，受試者被分配到多項任務，並且可以根據自己的意願進行切換。結果發現，切換頻率愈高，主要任務的表現就愈差。[26] 實驗室研究一再發現，人們在多工時表現較差：完成任務需要更長時間，也會犯更多錯誤。[27] 表現不佳的結果也在真實環境的研究中得到證實。同時處理多個任務，會讓醫師犯更多處方錯誤，[28] 讓飛行員犯更多飛行錯誤。[29] 即使在家裡，我們也都有多工影響表現的經驗：想像一下，你一邊做飯，一邊傳簡訊，還要努

力制止孩子們打架。

如前所述，多工的另一個代價是，前一項任務的注意力殘留會干擾當前任務，[30] 就像喝過紅酒會影響比目魚的鮮嫩口感一樣。我們的確發現，在真實環境下的工作中，**注意力切換的次數愈多，受試者在一天結束時的工作效率評估就愈低**。[31]

然而，受到影響的不僅是工作效率。實驗室研究一致顯示，多工作業與壓力升高之前存在相關性。多工作業會導致免疫球蛋白A（immunoglobulin A）分泌減少（這是一項壓力指標），[32] 也會導致NASA任務負荷指數（NASA Task Load Index，簡稱NASATLX）量表測量到的感知心理負荷增加，[33] 以及收縮壓和舒張壓升高。[34] 真實環境的研究結果與實驗室結果一致：多工程度愈高，受試者自述的感知壓力也愈高，兩者呈正相關。[35] 事實上，正如我們在非受控環境使用心率監測器的研究發現，**在裝置之間切換注意力愈快，壓力就愈大**。[36][37]

一心多用對幼兒和Z世代的影響

一心多用的基礎在很小的時候就養成了，2到4歲的孩子每天看螢幕的平均時間已經達到2個半小時，5到8歲的孩子很快就增加到平均3小時5分鐘。雖然大部分螢幕時間是看電視和YouTube，但5至8歲的兒童每天也會花40分鐘玩遊戲。[38]

我們還不知道幼兒在觀看YouTube等內容時的注意力持續時間，但從實驗室研究中得知，幼兒比年齡較大的孩子更容易分心，而且一旦分心，需要更長時間才能重新將注意力集中回原本的事

物。[39] 在如此小的年紀就接觸到這麼多媒體，會讓孩子習慣於認為，長時間待在螢幕前是正常的行為。

年幼的孩子如此頻繁地使用數位媒體，我們應該擔心的一點是，他們的自我控制和執行功能尚未成熟。這些功能在整個童年時期不斷發展，要到 10 歲左右才能形成與成人相似的能力。[40] 也許在觀看 YouTube 影片時，孩子的自制力並不那麼重要。然而，隨著愈來愈多教學透過數位方式進行，孩子的自制力對學業來說非常重要。2020 年疫情期間，線上教學幾乎隨處可見，甚至直到現在，線上教學也愈來愈普及。

自我控制是線上學習的必備技能，讓人能夠在不分心的情況下搜尋資訊、解決數學問題、在網路上閱讀和寫作。成年人尚且很難克制分心的衝動，而孩子在某些關鍵心理功能尚未發育成熟之前，就被推入數位世界，直面分心的挑戰。同時，孩子花在電腦和手機上的時間愈來愈長，這種環境不利於培養持續專注的能力。

社群媒體也為年輕人提供了一心多用的環境。雖然已有很多文章闡述社群媒體對年輕人的潛在危險（如網路霸凌或助長有害行為[41]），但社群媒體對於成長中的青少年也有非常重要的作用：幫助他們建立與其他人的社交聯繫，並允許他們探索自己身分的不同面向。年輕人會建立自己的社群媒體使用模式，來滿足他們不斷增長的需求。

Z 世代是高產的社群媒體使用者：本書撰寫時，13 至 17 歲的青少年有 85％使用 YouTube，72％使用 IG，69％使用 Snapchat。[42] 社群媒體使用並不會隨著年齡增長而減少，18 至 29 歲的年齡層中，84％的人使用多種社群媒體；疫情期間，這個年齡層的抖音使

用量增加了180％，[43] 在所有年齡層中占到55％。[44]

　　使用更多的社群媒體平台，意味著一心多用的機會增加。在一項研究中，我們追蹤了大學生在清醒時使用電腦和手機的情況，發現他們平均每天查看社群媒體118次。[45] 最頻繁查看社群媒體的人（樣本中的前四分之一），平均每天查看社群媒體237次，是樣本中後四分之一不常查看的人（平均每天39次）的6倍還多。

　　事實上，我們發現大學生的注意力持續時間和成年人一樣短，在切換電腦或手機畫面前，平均只停留48秒。在我們的樣本中，前十名最頻繁的一心多用者，每29秒就切換一次注意力，而最不常一心多用的那十個人，每75秒切換一次注意力——這仍然令我震驚。大學生切換注意力的速度愈快，測量到的壓力就愈高。[46]

　　年輕人通常同時使用兩種或兩種以上不同類型的媒體，例如一邊上網做作業一邊傳簡訊，這就是所謂的媒體多工行為（media multitasking）。一項實驗室研究發現，重度的媒體多工者更難過濾與任務無關的資訊。[47] 簡而言之，這些人習慣於頻繁地切換注意力，即使不是在使用裝置，他們也比其他人更容易分心。

　　阿姆斯特丹大學的傳播學研究者鮑姆加特納（Susanne Baumgartner）和她的同事曾研究，媒體多工行為若持續幾個月，其間會發生什麼狀況。他們請2,390名荷蘭青少年填寫一份媒體多工行為的調查問卷，其中包括「看電視時，你同時使用社群網站的頻率如何？」等問題。受試青少年也填寫了一份調查表，回答了有關注意力不集中各種症狀的問題，這些症狀來自《精神疾病診斷與統計手冊》（第五版）（The Diagnostic and Statistical Manual of Mental Disorders，簡稱DSM-5）對ADHD的描述。

研究者發現，比起沒有注意力問題的青少年，有注意力問題的青少年有更多媒體多工行為。不過，從幾個月的長期影響來看，媒體多工僅對年齡較小的青少年的注意力有不利影響，對年齡較大的青少年則沒有。[48]

　　年輕人能學會更好地集中注意力嗎？遊戲在年輕人當中相當受歡迎，玩《魔物獵人崛起》（*Monster Hunter Rise*）這樣的動作遊戲時，玩家必須同時監控和追蹤許多不同的活動。羅徹斯特大學（University of Rochester）的格林（Shawn Green）和芭芙莉耶（Daphne Bavelier）想知道，玩動作遊戲的人是否可能注意力更好。[49]他們對平均年齡21歲的年輕男性進行實驗，受試者分為遊戲玩家和非遊戲玩家兩組。實驗中，受試者必須盡可能快地做出反應，辨識螢幕上圓圈內的目標形狀（一個正方形和一個菱形），同時忽略圓圈外出現的干擾形狀。實驗結果發現，遊戲玩家在這些視覺選擇任務中做得更好，更能辨識在螢幕中心和外圍出現的形狀。

　　研究者提出，電玩玩家擁有更多注意力資源。因此，遊戲似乎能讓人更熟練地使用頻動性注意力。這是否意味著兒童或青少年應該玩動作電玩遊戲，才能成長為超級多工者？我認為，在給孩子買電玩遊戲之前，你應該三思。更多近期研究提出了這樣的疑問：究竟是電玩提升了注意力表現，還是電玩玩家擁有某種先天的認知能力，引導他們自己選擇去玩這些遊戲？[50]也許他們天生就是超級多工者。

　　總之，如果你正在斟酌讓孩子玩電玩遊戲，請考慮到一天的時間是有限的，玩電玩意味著學習、工作和在現實生活中與人互動的時間減少。你的孩子（或你）對簡訊的反應確實可能會變得更快，

但你們花在生活中其他更重要事情上的時間都會減少。

關於年輕人在裝置上的注意力行為，我們還有很多事情需要了解。兒童和青少年非常脆弱，他們的注意力過程和自我控制能力仍在發展當中。然而，他們卻獲得大量的螢幕時間，有時家長甚至鼓勵他們這樣做，也許家長相信這會提升他們的閱讀和動作技能。而且，年輕人使用 IG、Snapchat、抖音和其他許多社群媒體的社交壓力也很大。

在當今的數位文化中，一心多用從人們非常、非常年幼的時候就開始了。注意力快速轉移的多元時間型世界，已成為新常態。在我們的一項研究中，一名受試者說他的生活是「持續不斷地瘋狂多工」，他注意到自己的生理壓力不斷升高，這實際上是有真實科學依據的。**注意力切換會導致工作變得支離破碎，耗盡認知資源，不利於工作效率，並可能導致壓力累積，進而對健康產生負面影響。**

一位熟練的陶藝家，由於其工作性質，可能能夠按部就班地完成作品。但對知識工作者來說，單一時間型的工作方式，在我們當前的職業和個人生活中幾乎是一種奢求。我們所處的世界鼓吹一心多用，如果不這樣做，我們就有可能落後於人。一心多用已經成為現代生活方式的一部分。

在下一章，我將深入探討注意力的另一個面向：中斷如何影響我們的生活？

第五章

中斷讓你壓力倍增

　　我的一位醫生知道我的研究，不久前他向我坦言，每當必須寫經費提案時，為了不讓自己上網，他就會買一張從加州到華盛頓特區的來回機票。他說，飛機上的 Wi-Fi 服務需要付費購買，他用這種方式來阻止自己上網。

　　我問他，關掉網路、待在家裡不是更簡單嗎？我想到了航班上的各種干擾：廣播、乘客的交談和走動、嬰兒的哭聲……

　　他告訴我，這些事情並不會分散他的注意力或干擾他，反而是網路會讓他分心。他解釋說，自己在家時沒辦法自律，但就像成癮者靠改變環境來遠離毒品或任何觸發因素一樣，坐飛機能為他建立一個上網的障礙。

　　卡爾（Nicholas Carr）在《網路讓我們變笨？》（*The Shallows*）[1]一書中，討論網路如何影響人們的閱讀和思考，他也提到一位醫生（我懷疑是不是同一個人），說他在飛機上更能集中注意力。網路

干擾的心理吸引力是如此之大,讓這些醫生不惜選擇在離地面數千英尺的高空工作。

對許多人來說,遠離網路是很難的,因為干擾源會不斷增加。中斷和一心多用是一對共謀,合力影響著我們的注意力。在本章中,我將探討大腦如何處理這些中斷。

中斷的代價有大量書面記載。人權領袖金恩博士(Martin Luther King Jr.)曾經哀嘆道:「因為有人敲門,那首美妙的詩沒能寫成。」[2] 也許是文學界最著名的例子發生在 1797 年,英國詩人柯勒律治(Samuel Taylor Coleridge)在夢中想到詩句,開始創作《忽必烈汗》("Kubla Khan"),但後來被一名訪客打斷。這個中斷來得特別不是時候,[3] 柯勒律治忘記了靈感,導致作品沒有完成。

在醫師、護理師、控制室操作員、股票交易員和飛行員等高風險職業中,都有許多記錄在案的中斷案例。但中斷也影響我們大多數人的日常生活。工作效率會因為中斷而下降,[4] 而且就像一心多用一樣,最後的致命打擊是:中斷通常會引起壓力。

不過,中斷也有好處,它可以提供工作之餘的精神休息,有助於補充認知資源;中斷可以是一種社交休息,讓我們與他人建立連結;中斷還可以引導我們產生新的想法。在一項研究中,受試者被要求記錄自己被打斷的經驗,以及感受到的相應情緒。80%的人表示,被打斷在帶給他們負面情緒之外,也會帶給他們正向情緒,特別是當他們認為被打斷是因為要去進行一項有價值的行動時。[5]

因此,雖然並非所有的中斷都是壞事,但我們確實需要學習如何控制注意力,以免被不受歡迎的中斷給壓垮。

中斷的任務帶來緊張感

布盧瑪・蔡加尼克（Bluma Zeigarnik）為了她的論文而打斷過別人的工作。她的研究意義重大，它解釋了為什麼我們會如此被打斷困擾。

蔡加尼克 1901 年出生於立陶宛普列奈鎮（Prienai）一個世俗的中產階級猶太家庭。她天資聰穎，小學前四年跳級，直接進入五年級就讀。[6] 不過，她自己的生活也曾經歷過中斷。她感染腦膜炎，在家休養了四年，才終於康復──當時只有 20% 的人能倖存。

她渴望上大學，但在女子高中接受的教育有限。在數學、科學和文學課上，她學到的東西包括「上帝的律法」和針線活。不過她很有膽識。她在圖書館長時間讀書，重新參加大學入學考試，並於 1922 年考取柏林大學哲學系。這所大學恰好是完形心理學的一個重要據點。完形心理學理論認為，我們將事物視為一個整體，而不是單獨的組成部分（想想 IBM 的標誌，我們看到的是字母，而不是單獨的橫線）。蔡加尼克被著名完形心理學家韋特墨（Max Wertheimer）和科勒（Wolfgang Köhler）的授課深深吸引，於是她轉系主修心理學。

1927 年，蔡加尼克發現了著名的蔡加尼克效應（Zeigarnik effect）。[7] 她在柏林的實驗室裡進行了一系列實驗，給受試者大約 20 項不同的任務：一半任務被打斷，另一半不被打斷，採隨機順序。研究結束時，受試者被要求回憶他們曾經做過的任務。在一篇名為〈記住已完成和未完成的任務〉（"Remembering Completed and Uncompleted Tasks"）的論文中，蔡加尼克證明，相較於順利完成

的任務，人們更會記得中斷的任務。當一項任務被打斷，**人們會因為完成任務的需要未被滿足，而產生一種緊張狀態**，這種狀態會一直伴隨著人們，一遍又一遍地提醒人們返回任務。

在柏林大學期間，蔡加尼克是庫爾特・勒溫（Kurt Lewin）的學生，勒溫後來被認為是社會心理學的創始人，這個領域研究社會環境如何影響人們思考、感受和行為的方式。勒溫恰好是我最喜歡的心理學家，他的研究與我們數位時代的生活息息相關。勒溫於1890年出生於波蘭莫吉爾諾（Mogilno，當時是普魯士的一部分），和蔡加尼克一樣，也在一個中產階級猶太家庭長大。他最初在弗萊堡大學（University of Freiburg）攻讀醫學，然後轉到慕尼黑大學念生物學，在那裡他參與了女權和社會主義運動。

他最終在柏林大學安頓下來，並於1916年獲得心理學博士學位。他一直待在那裡，很受學生歡迎，他們的年紀都比他小不了多少。但在1933年，由於納粹主義興起，勒溫再次搬遷。他定居美國，加入阿多諾（Theodor Adorno）、海德（Fritz Heider）和意海澤（Gustav Ichheiser）等其他歐洲移民的行列，他們都是發展行為社會理論的先驅。社會心理學領域的誕生，在很大程度上要歸功於這些偉大人物被迫移民，並在美國匯合。

勒溫還在柏林時，心理學家的普遍想法，是以獨立和獨特的心理特質來看待個人，包括人們的觀念、思想和情感。但是，像蔡加尼克一樣，勒溫也受完形心理學思想的影響，將個人視為一個「整體」，他認為個人融入其所處的日常社會環境（被勒溫稱為「生活空間」（life-space），並受其影響。[8] 這與當時的思想截然不同，當時的思想並不考慮環境和背景對人的影響。

勒溫提出的「場地」(field)概念，納入人與周遭環境的關係。根據勒溫的場地論，未滿足的需求會在人們內心產生緊張感，而當人們朝著目標前進時，緊張感就會減少。如果一個人的目標是去郵局、藥局和花店，當這些差事完成後，緊張感就會消除。如果交通阻礙人們到達這些地方，就會對人們造成緊張。他的場地論認為，人們的一切行為，都可以解釋成為減輕緊張感所做的努力。

蔡加尼克的研究為勒溫的場地論提供了支持：被打斷的任務會產生一種未被滿足的需求，或要完成任務的緊張感。這種緊張感會一直伴隨人們，也會讓人們一直想著那項未完成的任務。被打斷任務的記憶仍在腦海中縈繞，這就是人們記住它的原因。

蔡加尼克和勒溫不知道，場地論對於解釋我們今天使用裝置時的注意力和情緒體驗有多重要。有趣的是，蔡加尼克獲得博士學位幾年後，在莫斯科的高級神經活動研究所找到一個合適的職位。[9]

外在干擾和自我干擾

大多數人傾向認為，打斷來自於他人，或自己正在使用的裝置（如一則推播通知）。但我們在對自然工作環境下的人們進行研究的過程中，觀察到一種奇怪而規律的現象。典型的情況是這樣的：一名受試者正在電腦上處理一項任務，然後，在觀察者看來，他突然無緣無故地停下手中的工作，查看電子郵件或拿起手機。沒有任何明顯的刺激讓這個人打斷自己的工作，而是有某種內在的觸發因素，也許是一個念頭、一段記憶或一種習慣。

這些干擾源於人們自己。研究中最令人驚訝的一個結果是，我

們發現，**人們由於內心事物而自我干擾的可能性，幾乎與被外在事物干擾的可能性一樣大**。[10]

我們甚至可能沒有意識到自己多經常自我干擾。最近，我在閱讀一篇有關人工智慧的文章時，突然冒出一個念頭，想知道吃非有機草莓的安全性。我無法擺脫這個念頭，於是切換到瀏覽器，搜尋「草莓 農藥」，然後花了很多時間閱讀相關資料（由於觀點多元，這仍然是一項未完成的任務）。我們的許多研究參與者都曾表示，這些內心衝動與他們的工作毫不相干。即使是人類的基本需求也會導致自我干擾——我的一個研究生說，當她餓了，她會自我打斷，去查找食譜。

是什麼導致人們自我干擾？卡內基美隆大學（Carnegie Mellon University）的金婧（Jing Jin）和達比詩（Laura Dabbish）決定回答這個問題。她們在一個工作場所跟蹤調查每名員工約 1 小時，記錄下他們中斷工作的情況，然後訪問這些人為什麼會自我打斷。她們發現，人們自我干擾的原因多種多樣，你可能猜到一些：改變環境來提高工作效率，例如關閉令人分心的窗戶；做點不那麼無聊的事情；查找資訊；處理想起來要做的事；或消磨時間，例如為了等待一封電子郵件。人們當前的任務，也可能會提示他們打斷自己，例如需要寄一封電子郵件。人們還可能出於習慣而自我干擾，例如每次開始工作前習慣性地查看新聞。[11]

自我打斷可以幫助人們管理壓力，就像打開蒸氣閥一樣。Lea 是我們一項研究的受試者，她 20 多歲，在念博士學位的同時，還在一家軟體公司從事一份忙碌的工作。她需要非常自律，因為她必須同時處理工作和學校兩方面的專案。然而，Lea 抱怨自己很難集

中注意力,因為她經常自我干擾,主要是去查看社群媒體。她經過進一步思考後解釋說,她會自我干擾,是為了幫助自己在認知上應付如此繁重的日程。Lea 透過自我打斷,從原本的專注狀態,切換成機械式重複的注意力。她非常了解自己的注意力節奏和可用的認知資源存量,因此她可以感覺到自己何時需要自我打斷。然而,她自己也承認,她不擅長重新返回工作。

不久前,我準備休學術長假,想在紐約市找一套公寓。我打聽了很多地方。雖然不是很緊急,但我還是不停地查看收件匣和租屋網站,看看是否有人回應。我的預期壓力愈來愈大,很難集中精神工作。後來,租屋的第一選擇確實順利談成了,但即使在預訂好公寓之後,我的思緒也很難平靜下來,我也很難控制自己不去繼續自我干擾地檢查收件匣。有研究稱,養成一個習慣的時間可能從 18 到 254 天不等,[12] 而我檢查租屋資訊的習慣養成時間,應該更接近 18 天。

我已經養成了自我干擾的習慣,這與我和我的學生岡薩雷斯在 2005 年的一項研究中發現的證據一致。我們使用之前提到的泰勒碼錶方式,對 3 家不同公司 36 名員工的日常工作,進行了為期 3 天的觀察。我們記錄了受試者每一刻的活動,除了將活動計時到秒之外,我們還觀察並記錄他們何時被外在事物(人、電話、電子郵件通知)或內在事物(即沒有可觀察到的刺激)打斷工作。

然後,我們從更廣泛的角度觀察人們工作範圍的中斷情況,發現 40％的工作範圍切換由打斷造成。其他時候,受試者會因為任務完成而改變工作範圍。隨著一天慢慢過去,受試者被打斷的情況也逐漸減少。

我們發現，56％的中斷事件由外在打擾引起，44％則由自我打斷造成。然後我們按小時統計內在和外在打斷的次數，想探討在人們的日常生活中，這兩種打斷之間是否存在任何關聯。我們確實發現了一種穩定的模式：當外在打斷在一小時內增加或減少時，內在打斷在下一小時內也遵循類似的模式。[13] 因此，如果外在打斷增加，那麼接下來一個小時的自我打斷也會增加。不過，只有外在打斷能夠預測自我打斷。制約反應似乎在這裡發揮了作用。如果一個人沒有受到外在干擾，他似乎會自我干擾，以保持一致的干擾模式（以及短暫的注意力持續時間）。人們已經習慣了受到干擾，以至於人們也會主動干擾自己。

當你突然受到外在干擾，就像開車從鄉間小路轉入繁忙的高速公路。你本來毫不費力，卻突然必須應付後方緊跟的駕駛和鑽來鑽去的機車騎士。就像在擁擠的高速公路上開車與在平靜的鄉間小路上開車不同，面對干擾時，你使用的認知操作，甚至你的目標，都會發生變化。

由於頭腦中最活躍的目標控制著我們的注意力，[14] 因此，**要想專注於工作狀態，我們需要維持認知資源的協調與平衡**：既要努力維持對目標的內因性（內在）控制，以確保工作順利進行，同時又要處理外因目標，例如回覆同事的 Slack 訊息，讓他們從你這裡獲得需要的資訊。然而，我們從蔡加尼克的研究中知道，我們傾向記住那些未完成的任務，無論它們多微不足道。當未完成的任務胡亂塞滿大腦，主要目標就可能變得模糊不清。

回顧第一章提到的，要恢復中斷的任務，人們必須重寫內在的白板，重建任務基模、目標和思考過程，動用有限的認知資源，但

其實這些資源應該保留到實際完成任務時再使用會更好。重建任務所需的心理模式，需要時間和精力。[15] 中斷的任務會在你的腦海中揮之不去，它可能會在你嘗試完成當前任務時製造靜態干擾。因此，在忙碌的一天結束時，尤其是在受到外在干擾的情況下，你會感到精疲力盡，也就不足為奇了。

中斷讓速度加快，壓力升高

2005 年，我獲得傅爾布萊特（Fulbright）獎助金，前往柏林。當時我住在前西柏林，工作的地方位於前東德的洪堡大學（Humboldt University）心理系。

柏林圍牆在 15 年前就已經倒塌，但當我往東邊通勤，環境的改變依然令人震驚：西柏林充滿活力的霓虹燈標誌和熙熙攘攘的交通，逐漸消失在前東德的史達林式建築中；西柏林的街頭展示著前衛的時尚，而東柏林的服裝似乎還停留在 1950 年代。這座當年蔡加尼克開啟研究的城市，宛如一個時間膠囊，而我正在膠囊裡的一個實驗室，研究著 21 世紀的科技使用與注意力——我被這種衝突感所震撼。

在這個實驗室中，我測量了任務中斷的負面成本，也就是它們實際上占用了多少工作時間。我與一名認真盡職的學生古迪特（Daniela Gudith），以及博士後研究員克洛克（Ulrich Klocke）合作，進行了一項模擬辦公環境的研究。

我們給 48 名受試者設計了一項簡單的任務：回覆電子郵件，所有信件內容都涉及人力資源的主題。在第一種情況下，受試者在

沒有任何干擾的情況下完成任務。在第二種情況下,受試者被電話和簡訊打斷,詢問他們與人力資源主題相關的問題。在第三種情況下,受試者也透過電話和簡訊被問題打斷,但問題的主題與人力資源完全無關(例如為公司野餐訂購食物)。

為了計算處理任務中斷花費的時間成本,我們用每個條件下執行任務的總時間,減去處理中斷所花費的時間。我們發現一個令人驚訝的結果:任何打斷,不論是與主要任務相同或不同的情境,都會使受試者比沒有干擾時**更快地**完成電子郵件任務。[16] 受到打斷的情況下,受試者在電子郵件中使用的字數更少,但在禮貌程度或準確性方面卻沒有差異。

也許當受到外在干擾時,人們會加快工作速度(也寫得更精簡),以彌補他們知道處理干擾會損失的時間。工作時間是有限的,如果你知道自己必須在下午五點離開辦公室,去托兒所接孩子,那麼你就會主動加快工作速度,以彌補處理干擾的時間。

另有研究證明,與干擾次數少的情況相比,人們在干擾次數多的情況下恢復工作的速度更快。[17] 總而言之,兩項研究都顯示,**如果中斷次數頻繁,人們就會加快工作速度,提高工作效率**。也許中斷次數多的任務會讓人記憶更深刻,因此人們能更快恢復工作。

然而,在對這些結果過於樂觀之前,我們發現提高工作效率,確實要付出代價。我們使用 NASA 任務負荷指數量表,測量受試者的心理負荷和壓力,它能夠很好地測量認知資源的使用情況。這個量表由美國太空總署開發,用於測量飛機和太空船駕駛艙等環境中人員的精神負荷,並已通過多種心理任務的驗證,包括短期記憶任務、心算和雙重任務。[18] 使用量表時,受試者根據工作量和壓力

的不同面向,對自己的體驗進行從非常低到非常高的評分。

　　NASA 任務負荷指數的測量結果顯示,**被打斷時,受試者自述經歷了明顯更高的腦力負荷、挫折感、時間壓力、努力和焦慮**。整天到晚、日復一日地被打斷,肯定會造成更多的資源消耗和更大的壓力,這是高昂的代價。

平均每天檢查電子郵件 77 次

　　電子郵件並非一直以來都這樣令人困擾。在我還是研究生時,我每天可能會收到一兩封電子郵件,它們都很有趣,通常是學生之間傳閱的笑話。在我念研究所的哥倫比亞大學,電腦都放在公共休息室內,我和我的指導老師會並排坐在電腦前工作。我不會用口頭問題打斷他,而是給他發電子郵件,過一會兒,他就會回覆我一個答案——所有交流都是無聲的。然而後來,電子郵件的使用量就像滾雪球一樣愈滾愈大,到了今日的程度。

　　在我們多年的研究中,受試者指出,造成他們被打斷(包括外在和內在打斷)的首要原因就是電子郵件。如果電子郵件真的是個問題,我們想知道人們受到電子郵件干擾的確切頻率。

　　在第一項研究中,我們記錄了 32 名受試者 5 天內的電腦活動,以獲得精確的測量結果。我們發現,受試者平均每天檢查收件匣 74 次。[19] 一年後,我們在另一項研究中複製這個方法,記錄了 40 名受試者在 12 個工作日的電腦活動,發現他們平均每天檢查電子郵件 77 次,[20] 甚至有一個工作認真的人每天檢查電子郵件 374 次!

　　透過檢視受試者是否使用電子郵件通知,我們還能相當準確地

估計他們因外在或內在干擾而查看電子郵件的頻率。多數受試者（41％）沒有收到通知就會去檢查電子郵件，也就是說他們是自我打斷去檢查郵件的；31％的受試者主要因為推播通知而檢查電子郵件，這屬於外在干擾；其餘28％的人確實有打開電子郵件的通知功能，但表示自己由於外在打斷和自我打斷而去檢查郵件的比例大致相同。

有時候，人們不是在影響任務的情況下檢查電子郵件，例如在早上或午休後，用查看電子郵件來開啟工作。儘管如此，我們發現**人們確實傾向於全天頻繁地檢查電子郵件，主要是源於自我干擾**。我們的研究受試者認為電子郵件會對人造成干擾，這個說法是正確的，已得到科學證實。

不過，電子郵件當然並不是唯一的干擾源。當時，我們的受試者在工作場所最常使用的社群媒體是臉書。在這項研究完成的2016年，68％的美國成年人使用臉書，而且這個數字一直保持穩定。但自2018年以來，這個比例已被YouTube超越，作為如今最常用的社群媒體，YouTube的使用率達到73％。[21]

我們記錄了受試者5天的社群媒體使用情況，發現那些**活躍的臉書使用者平均每天查看臉書38次**，有人甚至一天達到264次！人們不僅經常查看臉書，而且查看的時間都很短，大約只有18秒，這真的就像把上社群媒體當作吃速食一樣。

減少電子郵件帶來的負荷

2010年，《紐約時報》的一篇文章將電子郵件形容為殭屍：你

不停地殺死（刪除）它們，它們卻不停地出現。[22] 我決定研究如果停用電子郵件，人們在使用數位媒體時是否可以更專注。如果我們把殭屍完全移除會怎樣？我花了六年時間，才找到一間願意讓部分員工停用電子郵件的組織。這個同意參與實驗的組織是一間大型科學研究開發機構，機構的高階主管認為，電子郵件負荷過重是一個嚴重的問題。

其實我差點沒能取得他們的同意。我受邀在這個機構發表演講，並在演講時詢問是否可以向他們介紹這項實驗。執行委員會在一間有長桌的會議室開會，我站在前方的投影螢幕旁邊。機構的董事是一位退役上尉，坐在長桌的最前面、面對我，長桌兩側坐著不同部門的主管。他們顯然都聽她的，一直在用眼睛瞄她。

當我介紹這項計畫時，她開始搖頭拒絕，我看到長桌周圍的所有其他主管也都跟著搖頭拒絕。情急之下，我脫口而出：「辦公室就像一支軍隊。如果一名士兵在戰場上倒下，整支隊伍就必須重新組織。如果沒有電子郵件會發生什麼事？團隊成員能否快速重新組織來進行溝通呢？」這個比喻奏效了。突然，這位前軍中上尉進行了一番戰術思考，開始點頭。看到她的暗示，其他主管也跟著一起點頭。

雖然重新組織溝通方式是一個有趣的可能性，但我真正感興趣的是：如果沒有電子郵件，人們能否更長時間地專注於自己的工作？工作會變得不那麼支離破碎嗎？人們的壓力會減輕嗎？

在獲得研究許可後，我和我的博士後研究員沃伊達（Stephen Voida）合作，首先連續記錄 3 天受試者在正常工作中典型的電腦活動和電子郵件使用情況，作為測量基準。接下來，我們關閉受試

者的電子郵件通訊，持續 5 天，也就是整整一個工作週。

為了直接測量壓力，我們請受試者在工作時配戴心率監測器。心率監測器透過心跳變異度（即心跳間隔時間的變化程度）測量生理壓力。如果連續心跳之間的時間變化很小，換句話說，如果心跳非常規律，那麼你的自律神經系統就會發出訊號，顯示你正處於緊張的「戰鬥或逃跑」(fight-or-flight) 狀態。相反，如果變化很大，那麼你的自律神經系統正處於放鬆狀態，能夠對變化做出反應。想想你完全放鬆的時候，最輕微的聲音都可能會讓你跳起來，但隨後你會再次平靜下來。

在電子郵件被關閉的條件下，受試者仍然可以與同事會面或接聽電話。儘管電子郵件被停用，但受試者仍然會習慣性地試圖查看郵件，直到第五天左右，才終於改掉了習慣。我們發現，**當郵件被停用，受試者在電腦上工作時的注意力持續時間明顯變長了**，換句話說，他們切換注意力的頻率降低了。

停用電子郵件可以讓人更長時間專注，這一結果表明，電子郵件**確實**會導致注意力持續時間下降。不過，也許這項研究最棒的結果是，在沒有電子郵件的情況下，心率監測器顯示，受試者在一週結束時，壓力明顯減輕。訪談中，受試者對使用電子郵件工作的描述（如「毀了我的生活」、「打擾我的幸福」）和不使用電子郵件工作的描述（如「自由的體驗」、「感覺解放了」、「可以按照符合人性的步調工作」）形成了鮮明對比。最後一則評論讓我們決定將論文命名為〈不受電子郵件支配的步調〉("A Pace Not Dictated by Electrons")。[23]

我們發現，停用電子郵件還能產生社會效益。**當電子郵件被關**

閉，受試者會用面對面互動取代數位互動。儘管可以給別人打電話，但他們經常選擇走到別人的辦公室、有時甚至到其他大樓去會面。根據受試者的描述，他們更享受工作中的社交生活，而電子郵件似乎已經取代了這種社交生活。

受試者的一些主管也改變了自己的行為，儘管他們自己並未參與研究。一名受試者說，當她的老闆無法透過電子郵件聯絡到她，他變得非常不耐煩。她描述說，當老闆需要一樣資料時，他會走進她的辦公室，「像個瘋子一樣在我面前揮舞一張紙」。另一名受試者 Rich 描述，在他的電子郵件被停用之前，他的主管經常打斷他，透過電子郵件委派任務給他。然而，一旦他不能使用電子郵件，主管突然不再委派任務給他了，即便他本可以輕鬆地穿過辦公室，親自走到他面前來委派工作。

儘管研究顯示，在沒有電子郵件的情況下，某些工作層級的任務分派可能會受到影響，但機構董事對其他結果感到滿意。尤其滿意的是，如果有需要，員工們可以在沒有電子郵件的情況下，重新組織他們的溝通網絡。

2012 年發表這篇論文時，我們對停用電子郵件可以減輕壓力的結果持樂觀態度，並建議組織分批次發送電子郵件，也就是每天發送兩到三次。然而，後來在 2016 年進行的一項研究中，我們測量了分批閱讀電子郵件是否真的與壓力減輕有相關性。遺憾的是，我們發現事實並非如此。

這項研究在微軟研究院進行，由我和澤溫斯基、伊克巴勒、強斯（Paul Johns）和佐野茜（Akane Sano）合作，我們使用電腦記錄電子郵件和心率監測器的數據，測量了 40 個人在 12 個工作日內的

壓力。我們發現,分批閱讀電子郵件的人與持續查看電子郵件的人,壓力水準並沒有差異。確實影響壓力的因素,是在電子郵件上花費的時間:**每天花更多時間在電子郵件上的人壓力更大**,即使在控制了他們的工作要求和工作自主權等變項之後,結果也是如此。[24]

幾年後,在加州大學爾灣分校,我和同事用熱成像攝影機測量了 63 名受試者的壓力,得到了同樣的結果。我們再次驗證,分批閱讀電子郵件並不能減輕壓力。不過我們還發現一件事:在神經質這項人格特質上得分高的人,分批閱讀電子郵件時,壓力實際上*更為增加*。[25]

研究顯示,如果沒有電子郵件,我們可以更專注於工作,減少處理電子郵件的認知負荷,無需抵抗電子郵件的干擾,從而節省認知資源,創造一個更輕鬆、壓力更小的工作環境,甚至還能促進更充實的社交互動。

雖然停用電子郵件通訊看似是理所當然的事,但個人無法僅靠停用來解決電子郵件帶來的問題,因為這樣他們就會被不公平地排除在溝通圈之外。電子郵件是一個更大的問題,需要從組織甚至社會層面上解決,這一點我將在本書後面的部分談到。

處理任務中斷的性別差異

試著做一個思想實驗,想像一下誰可能更擅長處理中斷:男性、女性,還是兩者皆非?你怎麼想?如果你認為女性更擅長處理中斷,那麼你是對的。在我們的研究中,與男性同仁相比,女性平均每天負責管理的工作範圍更多。不過,與男性同仁相比,女性經

歷的打斷更少,自我打斷的可能性也更小。此外,雖然男女差異不大,但女性(87%)比男性(81%)更有可能在當天恢復被打斷的工作。

總而言之,我們的研究資料顯示,女性相較於男性更具專注力,在工作被打斷後也有更好的恢復能力。當我展示這個結果,人們常常提出一種觀點:女性比男性更能保持對任務的專注,背後可能有演化的原因。他們認為,畢竟在人類早期歷史中,女性扮演的是採集者的角色(儘管這種角色分配的真實性還不清楚)。

不過,我自己的解釋基於當前的時代和受試者的描述。我們的女性受試者經常解釋,為了被認為夠格與男性同事平起平坐,尤其是在老闆眼中,她們覺得自己需要在工作中表現得比男性更出色。

掌握應對干擾的能動性

據說,有機化學家克古列(August Kekulé)在苦苦探索苯分子的結構時,做了一個白日夢,夢見一條蛇繞成一個圓圈咬住自己的尾巴,這讓他產生了苯分子是環形的想法。這是一個很好的例子,說明克古列如何透過追隨內心想法,利用心神漫遊找到解決方案。

把你的注意力想像成手電筒,它可以集中照亮一個點,也可以分散照亮更大的區域。對外在環境的注意力分散時,我們可以保持警醒,並處理更多訊號,研究者宮田義郎和諾曼(Don Norman)將這種狀態描述為由干擾驅動的處理狀態。[26] 這種狀態可能是有益的,比方說在我們注意著重要事件或任務的時候,例如在處理其他事情的同時,密切留意即將到來的緊急預算。當注意力分散並朝向

內在，我們的思緒也可以對新的見解保持開放，就像克古列那樣。

當然，正如宮田義郎和諾曼描述的那樣，這中間需要權衡：全神貫注於某件事時，我們確實可能會錯過環境中的重要訊息；然而，如果我們的注意力太過分散，就會過度使用由干擾驅動的處理方式，可能無法完成手邊的任務。因此，我們需要維持平衡，保持靈活，對環境和情境隨機應變。

在理想情況下，我們希望能夠像動態調整手電筒的光束一樣調整注意力。換句話說，我們需要駕馭自己的能力，利用活躍的頻動性注意力來對重要的事情做出反應，無論是外在或是內在的事情。**在我們需要的時候持續專注，而在認知資源不足的時候，將注意力引導到較輕鬆的事情上。能夠根據任務和情緒需求的變化，聚集或分散自己的注意力範圍，這就是注意力的能動性。**我們希望能夠獲得這種有如「控制手電筒光束」的能力。

如何才能做到有效地權衡呢？首先，研究顯示，有能力控制干擾，至少是外在干擾，有助於提高工作效率。在研究者麥法蘭（Daniel McFarlane）進行的一項實驗室研究中，受試者被分成兩組，一組可以控制被打斷的時間，另一組則不能。他們被指定去玩一款類似任天堂的電玩遊戲（但有嚴格的指令：接住從樓上掉下來的屍體），過程中會被打斷，去完成一項配對顏色或形狀的任務。

結果顯示，受試者可以自行決定何時允許自己被打斷（冒著沒接到墜落屍體的風險！）時，他們的表現最佳；相反，在必須立即處理干擾時，他們的表現最差。[27] 這個實驗顯示，能夠控制何時處理干擾，對於工作表現和工作效率最有利。當你可以目標清晰地轉移注意力，你也能更好地管理自己的認知資源。

有意識地轉移注意力的好時機，是在任務做到一個停頓點的時候，[28] 例如寫完一章或完成一項預算，這些都是自然暫停的地方。在停頓點時使用的認知資源，也比全速工作時要少。在任務進行中途，記憶能力的負荷很高，干擾的破壞性最強。

這正是伊利諾大學的研究者亞當奇克（Piotr Adamczyk）和貝利（Brian Bailey），在實驗室研究中發現的結果。比起在任務中途隨機被打斷，當中斷發生在完成一項任務，例如搜尋網路、編輯或觀看電影片段時，人們的表現更好，所經歷的不悅、挫敗感和時間壓力也更小。[29] 你可以優先考慮在自然停頓點暫停工作，例如在完成報告的一個段落時。在停頓點恢復工作也要更容易。

蔡加尼克在一個世紀前發現，有一種方法可以緩解中斷的工作帶來的緊張感。當中斷的任務累積起來，你會感到緊張，這種感覺會愈來愈消耗你的資源。你當然會希望在工作日結束時減輕壓力，因為將職場壓力帶入個人生活會產生後續的負面影響。[30]

未完成的任務不斷占據你的思緒，而**減輕這種心理負荷的方法，就是將未完成任務的記憶外部化**。也就是以某種形式在你的大腦之外，記錄下被中斷任務的資訊，例如寫下便條或錄製語音備忘錄，記錄下你最重要的未完成任務、其優先順序、完成狀態以及下一步計畫。試著在中斷發生之後儘快記錄，或是在長時間休息前或一天工作結束時記錄，特別是最重要的任務更要這樣做。否則，如果一直想著那件未完成的任務，你就會在腦海中不斷排演它，以免忘記──這就完全發揮蔡加尼克效應了！但是當你把它寫下來，你就把所有不必要的緊張感，從頭腦中轉移到自身之外的東西上了。

貝勒大學（Baylor University）的史卡林（Michael Scullin）和

他的同事做了一個有趣的實驗，證實了將未完成的任務轉移到外部記憶，可以緩解緊張情緒。在他們的研究中，57 名受試者來到睡眠實驗室，一半的人被要求寫下未完成的任務，包括明天和接下來幾天需要完成的所有事情；另一半則被要求只寫下他們當天和過去幾天已經完成的任務。結果顯示，那些寫下未完成任務的人，比另一組人明顯更快入睡。

有趣的是，未完成任務的待辦事項清單愈詳細，受試者入睡的速度就愈快。[31] 這項發現可以用蔡加尼克效應來解釋：當人們躺在床上，未完成的任務在他們的腦海中反覆盤旋，引發緊張情緒。那麼，為什麼寫下已完成任務的人沒有更快入睡呢？一種解釋是，也許他們未完成的任務，也就是他們沒有寫下來的部分，還留在腦海中，因而造成緊張感。

干擾是數位世界中不可避免的一部分。儘管我們可以把自己隔離起來，關閉通知，這有助於在短時間內改善認知資源；但對人們、尤其對於當今的知識工作者而言，完全切斷自己與辦公室和社交溝通的連結，可能會因無法獲取重要資訊而遭受損失。此外，抵抗或處理干擾，會消耗遠遠超出執行工作所需的認知資源。

進入數位世界，我們就將自己置於來自四面八方的干擾之中──網路機器人、彈出式廣告、自動通知、其他人，以及最重要的，來自自身的內在干擾。回想一下，勒溫是如何將個人與他們所處的環境，也就是他所說的生活空間，視為不可分割的。用他的話來說，數位世界已成為我們生活空間的一部分。我們需要學習如何在這個生活空間中生存，並擁有掌控力。我們可以採取行動，找到

自己暫停工作的停頓點，利用頻動性注意力來控制自己的注意力手電筒，或是透過外部化未完成任務的記憶，來減少蔡加尼克效應和勒溫描述的緊張感。

受到干擾是生活的一部分。在接下來的章節中你將了解，在更廣泛的生活空間中吸引人們注意力的潛在力量，以及我們能夠如何發展能動性，從而更好地保護寶貴的認知資源、更有效地利用注意力，並避免將任務拋諸腦後。

Part 2

讓你分心的潛在力量

第六章

網際網路的設計結構

　　智慧手機問世之前,若要進行數位排毒,我只需要待在奧地利我婆婆家裡,因為她家沒有 Wi-Fi。我從來沒能堅持很久,於是我會開始在這個小鎮閒逛,尋找網路熱點。我拿著打開的筆記型電腦,在街上走來走去,檢查訊號格是否出現,看起來有點奇怪。

　　2006 年的一天,我找到了一個熱點,在某人家的前院邊坐下來,收發電子郵件。不一會兒,兩位奧地利老人從屋裡出來,拎著草坪椅,擺好後在我面前坐下。他們沒有說話,只是仔細地打量我這個舉止古怪的外國人。我只是想在被請走之前寫完電子郵件,但他們的表情看起來不會對我客氣。

　　兩位老人一直默默地看著我,我也一直寫著我的郵件。最後,我指著自己說:「加州。」突然間,他們大笑起來,一邊說著「史瓦辛格」,一邊使勁向我點頭,對我們加州這位來自奧地利、演員出身的州長表示認同。我知道我可以留下來寫完電子郵件了。

我們是如何發展到難以擺脫網路束縛的地步呢？而且一旦上網，我們甚至很難在一個網站上停留足夠長的時間，我們是如何陷入這種境地的呢？為什麼我們上網時，注意力會如此分散呢？

串聯資訊以延伸人類記憶

2022 年，我收到一個朋友的電子郵件，推薦我去看《靈魂樂之夏》（Summer of Soul）。這部電影後來獲得奧斯卡獎。我立刻在網路上輸入「靈魂樂之夏」，發現它記錄了 1969 年為期 6 週的哈林文化節。我很驚訝自己從未聽說過這個音樂節，當年的演出陣容包括史提夫汪達（Stevie Wonder）、瑪哈莉雅・傑克森（Mahalia Jackson）、史萊和史東家族合唱團（Sly and the Family Stone）以及妮娜・西蒙（Nina Simone）等人。

我開始閱讀維基百科上的相關文章，然後點選了「瑪哈莉雅・傑克森」這個名字，於是我進入另一個維基百科頁面，來閱讀她的經歷。瑪哈莉雅辛苦做過一連串不同的工作，她堅韌不拔的精神打動了我，我開始愈來愈想知道，她是如何在歌手生涯取得重大突破的。頁面上「阿波羅唱片公司」（Apollo Records）幾個字吸引了我的注意力，於是我點選了那個連結。

閱讀過程中，我的目光被「阿波羅劇院」（Apollo Theater）的連結吸引了，也許是因為「阿波羅」這個詞在我腦海中記憶猶新，所以我點選了那個連結。接下來，我又更廣泛地閱讀了有關哈林區、音樂和劇院的內容，然後留意到「哈林文藝復興」（Harlem Renaissance）這幾個字，於是立刻點選了那個連結。我繼續這樣做

了一段時間，按照自己的興趣點選不同的連結，然後我意識到，自己已經陷入無法自拔的境地。

後來，我對自己所做的事情進行了分析。我的思緒沿著一條聯想的軌跡遊走，這些想法可能在外表上顯得雜亂無章，但在我的頭腦中卻有強烈的關聯。這條聯想的路徑，讓我沒完沒了地陷入維基百科的世界。我的故事說明了影響我們注意力的一個強大因素：網際網路本身的設計。為了充分理解這個問題，我們需要從一個叫做「Memex」（記憶延伸）的巧妙想法開始。

Memex 的概念於 1945 年提出，它設想一種個人桌面裝置，讓人們可以儲存和檢索所有個人資訊。作為網際網路和隨後整個數位世界的先驅，這個概念產生的動機很簡單：人們無法有效地獲取資訊，是因為資訊沒有以對人類有意義的方式組織起來。

發明這個強大概念的人，實際上是一個低調的人。萬尼瓦爾·布希（Vannevar Bush）出生於 1890 年，身上具有世紀之交文化的典型特徵。他是牧師的兒子，衣著整潔，在公共場合很少見他沒打領帶，言談舉止也很得體。他對人文科學和社會科學不感興趣，因為它們都不是硬科學。而他本人，則是個徹頭徹尾的工程師。

從當今高科技文化的角度來看，他似乎顯得非常不合時宜。與眾所周知的現代科技企業家不同，他不像推特創辦人史東（Biz Stone）那樣吃純素，不像 Google 的布林（Sergey Brin）那樣練瑜伽，不像 LindedIn 的韋納（Jeff Weiner）那樣冥想，也不像賈伯斯那樣赤腳走路和吸食迷幻藥。至少從外表上看，布希相當古板；然而，他的內心卻是非常不羈於傳統。

他受到科學界和大眾尊敬，曾獲得美國、英國和法國的最高平

民勳章。他構想了美國國家科學基金會（National Science Foundation），發明了類比電腦，還創辦了雷神公司（Raytheon）。然而，Memex 這個想法與他那嚴謹的科學態度並不相符，它好像一種臆測的魔幻寫實。

1945 年 7 月，布希在文學和文化評論雜誌《大西洋月刊》（*The Atlantic*）發表了一篇有關 Memex 的開創性文章，標題是〈誠如所思〉（"As We May Think"）。[1] 對於一個蔑視社會科學的人來說，這樣的舉動實在有些自相矛盾。

當時，德國剛剛在第二次世界大戰中投降，菲律賓取得獨立，《聯合國憲章》才簽署不久，世界正小心翼翼地向樂觀邁進。過去五年，美國在戰爭研究方面投入大量資金。而隨著戰爭即將結束，如何妥善安排這些科學人才，成為一個問題。美國和世界許多國家都開始展望未來。對布希來說，答案顯而易見：需要建立新的機構，來確保科學研究持續進行。

幾年前的 1938 年，布希發明了一種高速檢索的微縮膠卷儀器，叫做「快速選擇器」（the rapid selector），具有類似自動化圖書館的功能。從表面上看，Memex 的概念只是這項早期發明的延伸。然而，Memex 的真正巧妙之處，不在於使用的媒介，而是在於儲存和定位資訊的方法。布希的願景，是使用他所謂的「關聯檢索」（associative indexing），將文件連結在一起。當你讀取一份文件，你將能夠檢索與之相關聯的其他文件。這讓你坐在辦公桌前，就能檢索所有資訊，包括你的紀錄、書籍、照片和訊息。布希希望以這種方式，擴大人類的記憶。

當時的檢索系統是「人工的」，採用杜威十進位圖書分類法，

即當時最常用的方法，將資訊按主題分門別類。這個系統由杜威（Melvil Dewey）於 1876 年發明，對當時盛行的系統來說，它是一項創新的改進。不管你信不信，原本的系統，是根據書籍高度和購置時間，來安排上架位置。[2] 儘管按大小排列書籍可能在圖書館看起來很美觀，但想像一下要找到你想找的那本書會有多困難。

杜威十進分類法是一個巨大的躍進，因為它將知識組織成等級結構。資訊被分為歷史、地理等靜態類別，然後再分為世界歷史、歐洲地理等子類別。不過，這樣的分類很專斷。人們不會自動以這種方式思考，找書的人必須扭轉自己的思維，去適應他人制定的嚴格分類。

布希認為，傳統的檢索系統應該重新設計，以符合人類記憶的運作方式。根據加拿大心理學家托爾文（Endel Tulving）和唐納森（Wayne Donaldson）提出的語意網絡（semantic network）理論，人類的記憶是由相互關聯的概念所構成。舉例來說，當一個人想到披薩，他的大腦可能很容易就會想到起司、啤酒或知名披薩店等概念。這種關聯的結構讓檢索資訊變得更加容易。當文件透過關係連結在一起，使用者讀取一個文件，就很容易聯想到其他相關文件。

如今，**維基百科就採用這種關聯網絡的結構，讓我們得以在腦海中快速聯想**。例如，當我查找達文西，它會連結到《蒙娜麗莎》，而《蒙娜麗莎》又會連結到羅浮宮、巴黎右岸等條目。

網路出現之前，這種關聯檢索是不可行的，因為人們需要去圖書館，查找一本書的索書號、在書架上搜尋這本書、閱讀一段文字、依照參考文獻找到另一本書，如此反覆。但是，有了電子化的 Memex 模式，這一切就變得很容易了。

第六章　網際網路的設計結構　139

從 Memex 到社群媒體

布希的設想,為今天的網際網路埋下了種子。在網路上,資訊由大眾組織,也為大眾服務。雖然 Memex 的想法是革命性的,把我們從 19 世紀杜威資訊檢索系統的時代帶入了現代的電腦時代,但 Memex 仍只是一個概念,尚未付諸現實。在技術上實現這個概念,仍需要更多創新。

幾年後的 1949 年,巴克利(Edmund Berkeley)寫了一本書,書名聽起來更像科幻小說:《巨腦,或會思考的機器》(*Giant Brains, or Machines that Think*,暫譯)。[3] 巴克利曾是保德信公司的精算師,但由於公司不允許他參與主張反對核戰的計畫而離職。於是他成了一名作家,並憑藉《巨腦》一書,將存取資訊的概念,從 Memex 中的個人資料庫,擴展到整個社會的資料庫。網際網路的概念基礎,就這樣慢慢奠定下來。巴克利很有先見之明地寫道:

> 我們可以預見,機器的發展,將使自動查閱圖書館中的資訊成為可能。假設你進入未來的圖書館,想尋找製作餅乾的方法。你可以在目錄機上輸入「製作餅乾」。機器裡會有電影膠卷閃動,它很快就會停下來,在你面前的螢幕上投影出檢索目錄的一部分,顯示三、四本包含餅乾食譜的書名。如果你滿意,就按下按鈕,你看到的內容就會被複製一份,從機器中跑出來。[4]

儘管布希的 Memex 概念與內燃機發明一樣深遠和重要,但可

以說是尼爾森（Ted Nelson）在1960年推動了這個概念的關鍵創新。尼爾森是超文本（hypertext）的實際創造者，超文本是指互相關聯的文件和圖像，還可以包括摘要、註釋和註腳。[5]

在為推動網路發展做出貢獻方面，尼爾森也是一個令人意想不到的人。他曾在斯沃斯莫爾學院（Swarthmore）和哈佛大學學習哲學和社會學，這些領域激發了他的宏觀思考，進而讓他構想出，為超媒體（即資訊的電腦聯網）提供可程式化設計的基礎檔案結構。他想像中的資訊體系，用他的話來說，「可以無限成長，逐漸包含世界上愈來愈多的書面知識。」[6]

隨著數位世界的蓬勃發展，大約在尼爾森工作的同一時期，在門洛帕克（Menlo Park）的史丹佛研究中心（Stanford Research Institute），一位電腦科學家恩格爾巴特（Doug Engelbart）提出一個理想主義的構想：調動人類的集體智慧來解決世界問題。他希望電腦成為從全球盡可能多的人那裡收集資訊、並免費提供資訊的管道。恩格爾巴特並不知道尼爾森的工作，他在1968年演示了第一個超文本系統NLS（oN-Line System，線上系統），這是一場著名的演示，後來被記者李維（Steven Levy）稱為「所有演示之母」。[7]

當時，電腦的體積有一個房間那麼大，被當作超級計算機使用。而在個人電腦上使用超文本的概念，是相當創新的想法。對大多數人來說，在接下來的二十年，個人電腦將在家庭中變得司空見慣，這簡直是不可思議的事情。不過，這些資料庫仍然只是用來儲存個人資訊，絕大多數的資料並沒有公開共享。

1969年，美國高等研究計畫署網絡（Advanced Research Projects Agency Network，簡稱ARPANET）誕生，在加州大學洛杉

磯分校、史丹佛研究中心、加州大學聖塔芭芭拉分校和猶他大學四個不同地點，實現了四個主機站點之間的網狀連線。恩格爾巴特的願景，在二十多年後才得以實現。

之後的 1990 年，在瑞士的歐洲核子研究組織（European Organization for Nuclear Research，簡稱 CERN）工作的一名軟體工程師，向他的主管提出，希望參與一項個人專案。起初主管拒絕了他，認為這項專案沒有價值。但後來，主管的態度有所軟化，這是一件好事，因為這項專案由伯納斯李（Tim Berners-Lee）主導，內容是為超文本編寫共享資訊的軟體，也就是後來的全球資訊網（World Wide Web）。這個軟體使得共用文件可以在任何人的瀏覽器上查看，它奠基了全球任何地方、任何人大規模共享資訊的實現，也因此鋪平網際網路的互聯道路和高速公路結構。

到 1990 年代中期，網際網路出現爆炸性成長。網際網路的技術設計基於去中心化的網狀結構，這意味著架構是開放和民主的，允許任何人，不管是個人或是大公司，都能貢獻資訊，並連結到其他資訊。人們確實如此做了，世界也因而改變。

網際網路持續成倍地成長，直到 2000 年，網路泡沫破裂。人們已經購買了電腦和上網功能，於是紛紛尋找新的使用方式。點子層出不窮。2001 年，威爾斯（Jimmy Wales）和桑格（Larry Sanger）想要建立一個現代的亞歷山大圖書館，於是推出名為維基百科的免費線上百科全書，任何人都可以在上面貢獻和審核內容。

現在回顧，社群網站如 Friendster 和 Myspace 的推出，也是勢不可擋的趨勢，因為早在 1980 年代，LambdaMOO 和 Internet Relay Chat 等更早的社交型線上社群，就已經相當流行和活躍。

到了 2004 年，哈佛大學的一名大二學生，在宿舍編寫了一個程式，讓大學生可以對同學的外貌排名。哈佛大學的行政主管對此並不贊同，關閉了它。但這名學生堅持了下來，最終推出臉書。臉書開啟了社交互動新典範的大門，很快，網路上充斥著各種社群媒體網站。更多的社群媒體，意味著與人和資訊連結和互動的更多可能。在墳墓裡的杜威可能會感到震驚，而布希則可能露出微笑。

跟隨大腦聯想，在網路快樂徜徉

布希對於聯想軌跡的想法，可以追溯到 18 世紀的蘇格蘭哲學家休謨（David Hume），以及 20 世紀的英國哲學家、邏輯學家羅素（Bertrand Russell）。

羅素是一位和平主義者，思想激進，甚至導致他被幾所大學開除教職。1940 年，他在紐約市立大學的教師合約被取消，紐約最高法院裁決他在道德上不適合教書，因為他主張婚前性行為和同性戀權利。十年後，羅素因多部宣揚人道主義理念的作品，獲得諾貝爾文學獎。

羅素對於人們如何透過關聯進行思考，有深刻的見解。在羅素看來，我們讀到或聽到一個單字，會在腦中喚起這個單字廣泛的涵義，並由此產生一系列聯想。[8]

我們的頭腦是靈活的。看到一個事件、聽到或讀到一個詞，甚至一段記憶，都會讓我們的大腦啟動思考其他相關概念的通道。最近，我在紐約市瓦瑞克街（Varick Street）看到一隻貓走向繁忙的車流，當汽車閃避牠時，我立即聯想到了自己的貓 Buster，我還立

第六章　網際網路的設計結構　　143

即想到了「意外」、「汽車」、「腳踏車」和「兒童」。幸運的是，這隻貓被主人救了回來。

概念之間不只是一對一關聯，而是透過多對多的關聯連結在一起。語意記憶理論認為，人類的記憶是由這種互相關聯的概念組成的網絡。當你想到雨，你會聯想到雨傘；或者當你想到迪士尼樂園，你會想到加州。

即使看似不同的概念也可以聯想在一起，例如你碰巧在相同的情況下經驗過這些概念。如果你在看洋基隊比賽時弄丟過手機，那麼每次聽到洋基隊的比賽，都可能喚起你對手機的記憶。一個概念喚起另一個概念的效果，取決於這些概念在你記憶中的連結有多緊密。光是聽到「體育場」這個詞，可能不會像聽到「洋基體育場」這個特定的單字組合那樣，讓你聯想到弄丟的手機。

在 Memex 的概念裡，布希為組織資訊而設想的「節點—連結」結構，就是以人類語意記憶的概念為藍本。網際網路的結構模擬了托爾文和唐納森提出的思維語意網絡模型，**它擁有龐大的節點—連結網絡，而且沒有規定的瀏覽順序**。閱讀有關瑪哈莉雅・傑克森的文章時，我可以點選任何連結，沿著任何路徑瀏覽下去。

當資訊以網狀結構的方式組織，你可以用任何你喜歡的方式瀏覽連結和內容。這剛好對應到，人類的語意記憶也是靈活的，我們可以用任何喜歡的方式檢索事物和進行聯想，無論是偶然想到、還是基於背景脈絡和在環境中遇到的東西，[9] 正如我在瓦瑞克街上遇到那隻貓時的情況一樣。

1990 年代中期，隨著網際網路的日益普及，我進行了一項實驗，顯示網路上超媒體的節點—連結結構，如何鼓勵人們進行聯

想。我們與位於達姆施塔特（Darmstadt，嚴格來說，翻譯成英文是「腸道城市」的意思）的德國國家資訊科技研究中心的同事一起，用超媒體進行了這項實驗。

我們請48名受試者每3人一組來到會議室，請他們集思廣益，想出關於「未來圖書館」的點子。會議室裡有一塊電子白板，小組可以在上面寫下自己的點子。一半小組使用沒有電腦功能的白板，他們像用普通白板一樣，按自己喜歡的方式寫下點子，大多數人是用條列的方式寫的。

另一半小組使用同樣的白板，但增加了電腦功能，讓他們得以用超媒體形式組織點子。當受試者在白板上圈出一個點子，電腦會自動將點子辨識為一個節點；當受試者在點子之間畫線，電腦會自動將這些線辨識為連結。受試者能夠在白板上選擇和移動各種點子，同時讓連結保持完整，從而建立一個超媒體結構。

我對這個實驗記憶猶新。當時我懷孕八個月，正值炎熱的夏天，實驗在一個沒有空調的房間進行，房間塞滿電腦，把整個空間加溫得像蒸氣浴室一樣。不過，汗水沒有白流，因為我們得到了很棒的研究發現：那些有機會使用超媒體組織點子的人，他們的點子更有深度、闡述得更詳細、點子之間的關係和關聯概念也更多；他們點子的數量比沒有超媒體功能白板的小組多了一倍，也發現了點子之間意想不到的關係。

我們請獨立寫作專家評估受試者的作品，這些專家對實驗條件一無所知，他們認為超媒體小組產出了更多原創點子。這可能是因為超媒體小組的內容闡述得更深入。[10] 這些研究結果顯示，使用超媒體可以促進點子之間更多的聯想，反過來又能激發更多點子，就

好像火花在乾燥的森林中蔓延開來。

當然,閱讀書籍或雜誌也可以激發我們的想像力,但網路的節點—連結結構,讓我們的思維變得更加靈活。相較之下,書籍的線性格式,讓我們受限於按照特定順序、一頁一頁地閱讀內容。

使用網路時,我們可以隨心所欲地探索任何聯想路徑。**有時網頁上的內容能夠激發我們的思考,有時內心想法可能促使我們點選新的連結,這兩個過程協同進行。網路結構就是像這樣激發了我們的想像力。**

上網瀏覽類似心神漫遊

上網瀏覽時,我們的注意力會發生什麼變化?起初,注意力可能有明確目標,就像我開始查找電影《靈魂樂之夏》的時候。然而,在進行聯想並點選新連結後,我的注意力轉移了,帶著思緒走上了意想不到的方向。在沒有特定目標的情況下上網,我們的思緒是敞開和臨時起意的,它允許我們在不同網頁資訊的引導下,在內在語意網絡中自由地進行聯想,追尋任何方向。

當注意力脫離外在環境,心神漫遊就會發生。心神漫遊的時候,我們會產生與手頭任務無關的想法,可能會思考過去的經歷、未來的目標,或只是一些完全不在預期中的事情。人們經常心神漫遊。一項使用經驗抽樣的研究,隨機調查了 2,250 人在自然環境中的情況,發現在抽樣時間裡,受試者約 47% 的時間都在走神。[11]

雖然嚴格來說不完全相同,但上網確實與心神漫遊有相似之處。首先,心神漫遊通常不是目標導向的,就像我們上網時一樣,

由看到的連結助推,自由地在概念之間跳躍。心神漫遊與上網瀏覽的另一個相似之處是,它常常在我們甚至沒有意識到的情況下發生。[12] 我們可能非常專注於循著網路上的概念路徑瀏覽,完全沒有察覺自己已經陷入注意力陷阱好幾個小時了。

促發效應讓你自動點選連結

網路提供眾多入口,讓我們存取自己思維網絡中的內容。我們看到或聽到的某個刺激,會促使我們對其他刺激做出反應,這種現象叫做促發效應(priming effect)。認知促發是指,接觸上下文或一個單字,就能啟動記憶中與初始單字有相關語意或彼此關聯的概念(如「針」和「線」)。

在實驗室進行簡單的刺激—反應任務(例如,在看到「麻雀」這個詞後,受試者對看到「知更鳥」這個詞的反應,會比看到「椅子」這個詞的反應更快),促發效應僅持續幾秒鐘。但是,有證據顯示,如果對材料進行更深入的思考和處理,促發效應可以持續更長時間,甚至超過2分鐘,即使有其他詞語介入也是如此。[13] 例如,我造訪了維基百科的冬季奧運會頁面,開始閱讀後,各種相關的思緒湧入我的腦海,包括滑冰、雪橇和跳台滑雪;於是在看到「高山滑雪」的連結時,我就會被吸引點選進去。**如果你正在閱讀一個主題,並產生了有關這個主題的各種想法,那麼連結就可以像霓虹燈一樣吸引你的注意力。**

促發可以引導我們思考,**有時甚至讓我們自動對某些提示做出反應**,我們不需要有意識地選擇,就能啟動內在目標。[14] 廣告主很

早就知道這一點：在接觸到某個概念後，人們想到的內容以及所做出的選擇，會受到這個概念的影響。

　　一項實驗驗證了這一點。受試者首先被要求評估包含產品品牌名稱的陳述，例如「愛爾蘭之泉（Irish Spring）是一款洗衣粉」；隨後，他們被問及是否會選擇各種產品類型的品牌。結果顯示，受試者更有可能選擇先前在陳述中提到過的品牌名稱。[15] 原因是，評估陳述會讓這些品牌名稱浮現在受試者的腦海中。在電視上看到啤酒廣告，我們就會被促發想到啤酒，然後就可能在廣告休息時間喝一罐。

　　當網頁上的連結促發人們聯想到一個想法，這個人在多大程度上是有意識地產生這種聯想呢？心理學家安德森（John Anderson）花了數十年時間研究聯想記憶，他認為，人們頭腦語意網絡中相關概念的被促發，是一個自動的過程。[16] 當我們被維基百科頁面上的一個想法所促發，然後點選突顯的連結，這可能是自動和受控思維過程的結合。[17] 就像我們來到自助餐廳，事先可能沒有想到巧克力蛋糕，但一旦看到它，那片美味的蛋糕就會點亮我們的大腦，讓我們聯想到巧克力的味道，或在孩子生日派對上吃蛋糕的記憶。

　　我們可能有意識地（或衝動地）把那塊蛋糕放在盤子上，但在這個動作背後，有一整座自動聯想的冰山。同樣的道理，我們可能很難抗拒點選維基百科頁面的另一個連結。當我分析自己閱讀《靈魂樂之夏》資訊時的上網行為，我意識到自己點選連結的動作，是相當自發的。

　　當然，我們點選連結也可能純粹出於好奇心，而不一定是被促發的。不過，這兩者很難完全區分，它們可能相伴出現。心理學家

洛文斯坦（George Loewenstein）指出，好奇心是一種填補知識缺口的衝動，人們會被能滿足自己好奇心的資訊所吸引。[18] 洛文斯坦解釋說，即使是少量的資訊也能引起人們的好奇心，例如在網頁上看到的連結；然後人們就會採取行動，有時是一時衝動，透過有意識或無意識地點選連結，來滿足好奇心；當好奇心得到滿足，人們也得到了獎勵。

事實上，採用 fMRI 技術的研究證實，好奇心確實會引發人們對獎勵的期待。尾狀核（caudate nucleus）和外側前額葉皮質（lateral prefrontal cortex）的活化證實了這一點，這些大腦區域與預期獎勵和學習的內在價值相關。[19] 當我們在網頁上看到一個連結，它會激起我們的好奇心，我們知道這是通往新資訊的路徑，因而期待獎勵，於是就會點選。

因此，在網路上瀏覽和閱讀時，這些內容會啟動我們的聯想或激發我們的好奇，於是我們點選連結，閱讀更多內容，進一步激發大腦的興趣，進而點選新的連結，很容易就陷入無法自拔的境地。好奇心確實是網路的一種誘惑。

網路設計正在重塑注意力

網路似乎具有神奇的力量，不過我們的記憶也是一樣。**網際網路的結構，也就是節點─連結的超媒體形式，與大腦中知識的理論組織方式類似**，也反映了人們在日常生活中靈活地進行概念聯想的方式。這種設計打開了分心的大門──網路上的點子就像你自己的想法一樣，令人難以抗拒。

為了阻止我們在網路上暢行無阻地心神漫遊，需要採取三項措施。首先，我們需要**意識到自己的行為**，這並不那麼容易，因為這意味著將自動行為提升到意識層面。在本書後面，你將學習如何培養對自己行為的後設覺察（meta-awareness），這種方法能幫你更清楚地意識到自己為何在網路上漫遊。其次，我們必須**有動機想要停止這種行為**。第三，我們需要**有足夠的認知資源來抵抗這些衝動**。

網路透過提供大量互相關聯的資訊，實現了《天生的賽伯格》（*Natural-Born Cyborgs*，暫譯）[20]一書作者克拉克（Andy Clark）所稱的「賽伯格（cyborg）思維」。我們可能會認為，賽伯格思維是透過植入電極，來增強記憶儲存或提高處理速度。但克拉克提出，它也可能意味著人類本身思維的延伸。長久以來，人類一直使用科技來拓展記憶，從書寫到拍攝照片。而網際網路超越所有這些方法，成為人類思維的電腦化延伸。在網路上，我們可以把文字、圖像、視訊和音訊加入書籤，以免遺忘；我們還可以透過手機隨時獲取這些資訊。

事實上，有研究顯示，在使用網路進行搜尋時，人們很難區分這些知識是來自於網路，還是來自於自身。[21]我們愈來愈難以將自己的記憶，與網路上的資訊區分開來。一項研究顯示，對網路的依賴甚至可能降低記憶力。連續 6 天使用網路進行搜尋，實際上就會降低某些大腦功能：與長期記憶檢索相關的大腦區域，其功能連接能力和同步能力都會降低。[22]

網路先驅夢想著讓全世界的資訊變得容易取得，但任何偉大的創新都可能帶來意想不到的後果，有正面也有負面。舉例而言，汽車推動了道路和高速公路基礎設施發展，最終導致郊區出現，並提

供更多居住空間；但同時，汽車也帶來經濟、社會和環境影響，像是汽車排放的溫室氣體導致全球暖化。網路先驅的願景隱含著一個理想主義假設，即人們會為網路貢獻有意義的資訊，並有目的地搜尋資訊，而且這些資訊能夠造福人類。但他們可能沒有想到，人們會忍不住花費大量時間上網或使用社群媒體，他們也沒有設想到那些與暗網＊、同溫層效應或網路霸凌相關的有害行為。就像早期的汽車沒有安全帶或安全氣囊一樣，網路也沒有內建安全功能，來防範詐騙、假訊息或定向廣告。

媒體理論家麥克魯漢（Marshall McLuhan）曾寫道：「科技帶來新的情感和思維結構。」[23] 他描述了印刷媒體的發展，如何引導人們根據印刷頁面調整自己的感知。在數位時代，科技同樣帶來新的注意力結構。網路的組織架構，包括節點、連結和不斷變化的內容，不僅塑造我們注意的方向，也影響我們切換注意力的頻率。我們調整自己的感知，以適應和處理數位超媒體提供的刺激。

這是一種諷刺的相互影響：人們在增加和發展網路結構的同時，反過來，網路結構也正在影響和塑造人們產生一種頻動的、不停轉移的新型注意力。麥克魯漢是對的──網路帶來了新的思維結構，我們在裝置上的注意力持續時間逐年縮短，就是明證。

使用網路改變的，可能不僅僅是我們的注意力持續時間。大腦結構性和功能性組織方式的變化，是人類正常發展的一部分，這種變化在一生中都會持續進行。[24] 就像影響記憶一樣，一些研究甚至

＊ 譯註：黑暗網站簡稱暗網，是存在於黑暗網路、覆蓋網路上的全球資訊網內容，只有用特殊軟體、特殊授權或對電腦做特殊設定才能訪問。

顯示，**使用網路可能改變大腦的功能反應能力**，尤其發生在與複雜推理和決策相關的腦部區域。[25]

布希的 Memex 概念，消除了尋找資訊的障礙，但也為暢遊網路埋下伏筆。布希沒有預料到的是，他對資訊聯想軌跡的單純設想，後來會發展成強有力的影響，讓人們變得容易分心。

網路是數位化、非線性的，並且具有不連續的元素，我們的注意力已經開始反映這一點，變得很容易分散。網路由普羅大眾建立，任何人在任何地方都可以為網路增添內容，人們也確實是這樣做的。網路發展的即興本質，導致使用者的即興行為。

1990 年代開始研究一心多用的行為時，我意識到自己正在面對一個複雜的現象。試圖了解人們的注意力在使用裝置時如何運作的過程，就像在試圖理解一艘帆船，它原本僅根據風向來設定航行路徑，卻又遇到洋流等其他因素的影響。

網路先驅的理想主義設想，已被一些公司的新構想所取代，後者發明了讓我們不斷往下瀏覽以獲取盈利的方法。接下來，我將討論這些新構想是如何達成的，以及它們如何影響我們的注意力。

第七章

量身打造的演算法

有一雙靴子一直與我如影隨形。過去一個月，這雙靴子一直跟著我，出現在最意想不到的地方。它們一大早就來跟我報到，有時候我睡前最後看到的東西也是它們。我看《紐約時報》新聞時，它們會出現；我上臉書時，它們也在那裡；我去買耳機，它們又在旁邊嘲弄地看著我。我一見到它們，就情不自禁地被吸引。不是我多疑，我知道這雙靴子跟著我並非偶然，背後別有動機。它們知道我渴望它們。看來我是逃不掉了，阻止它們跟蹤我的唯一方法，就是買下它們。

不光是你在瀏覽網路，網路也在瀏覽你。網路的結構並不是影響我們線上行為的唯一技術機制，還有演算法也在干擾我們的注意力。我們每天在數位世界中遇到的演算法，近乎完美地操控著我們的注意力。

人類對演算法並不陌生：物競天擇，或說適者生存，本質上可

以被視為一種演算模型。「演算法」的英文 algorithm，是從 8 世紀波斯數學家花拉子密（Muḥammad ibn Mūsā al-Khwārizmī）的名字演化而來。演算法基本上是一組指令。因此，可以毫不誇張地說，鑑於基因適應性，人類的存在本身，就是遵循一套自然的演算法。我們的日常活動都依賴演算法，例如遵循食譜烹飪、遵循 GPS 導航開車，或遵循說明書組裝 IKEA 書架。

電腦演算法用於交通流量規畫、自動駕駛導航、商業決策、疾病診斷、保釋評估和刑事判決等各方面。演算法的設計可能造福一個群體，例如使用決策模型選擇專案；也可能造福一個組織，例如公司的員工招聘或大學的錄取決策；乃至於造福整個社會，例如預測極端天氣事件。但演算法的應用也延伸至更個人化的層面：編排人們的注意力。

你的注意力資源是有限的，因此，專門提供社群媒體、通訊和電商服務的網路公司，都在爭奪這些資源。為了搶占你大腦的地盤，他們的競爭非常激烈。這些公司不惜投入大量財力和人力資源，開發複雜的演算法，來說服你將注意力資源投入他們的產品和服務。

有人在付費讓你分心

那雙靴子不停地追蹤我，其背後實際上是一場精心策劃的行動。讓我們來深入了解究竟發生了什麼事。不久前，我造訪一個購物網站，點選了這雙靴子，想仔細看看。那個購物網站是廣告網絡的一部分，充當著廣告主與媒體平台之間的橋樑。廣告網絡在購物

網站上執行軟體，記錄我觀看的內容，並將這些資訊存入我電腦的cookie，也就是儲存在我網路瀏覽器的檔案裡、或是在廣告網絡資料庫設定檔中的資料。[1] 每當我造訪同一廣告網絡的其他網站，它們都能透過我的瀏覽器認出我，知道我曾經瀏覽過這雙靴子。

因此，我被跟蹤了，這雙靴子在網路上尾隨我，這就是所謂的「廣告再行銷」。我看到它們的次數越多，它們就顯得愈平常；而我知道，**我們接觸一個事物愈多，對它的熟悉程度就愈高，也就愈會喜歡它**。[2] 這也就解釋了為什麼這雙靴子會如此令我心煩意亂。就像我們大多數人經驗過的那樣，聽到一首歌在收音機裡反覆播放，然後我們就發現自己腦海中不斷迴盪著這首歌的旋律。事實上，用fMRI檢測大腦活動的結果已經顯示，一首歌愈熟悉，我們對它的情感連結就愈深厚。[3]

廣告界早就知道，品牌熟悉度對購買行為有重大影響，[4] 這就是為什麼，我們總能在電視上看到啤酒或漱口水廣告。數位領域也存在同樣的情況：這雙靴子在不同的場景不斷出現在我面前。我最近點開《紐約時報》對滾石樂隊（The Rolling Stones）鼓手查理華茲（Charlie Watts）的悼念文章，這雙靴子又出現了。在這種情境下，我的注意力（和想像力）被促發對滾石樂隊的聯想，我開始認為這雙靴子是充滿搖滾風格的時尚之選。讓靴子跟蹤我的演算法，正在玩弄我的大腦。

上一章我已經討論了節點—連結的網際網路結構，如何在不經意間分散我們的注意力。當然，談到在網路上的注意力持續時間，透過定向廣告有意分散人們的注意力，也是一個不容忽視的問題。操縱人們的注意力並不是什麼新鮮事，早在西元前3000年的巴比

倫時代,廣告就已經出現了。[5]到了工業革命時期,隨著印刷媒體、尤其是報紙的普及,廣告出現的頻率逐步增加。

廣告的目標,是先吸引人們的注意力,然後說服他們需要某種特定的產品或服務。這個基本理念在數位媒體時代並沒有改變。廣告最初是為了吸引普羅大眾。不要以為天然保健品在1960年代才流行起來,早在19世紀的英國,「伊諾果鹽」(Eno's fruit salts)廣告,就以去除「血液中的惡臭和有毒物質」[6]吸引人們。吸引眼球的廣告最初以一對多的方式傳播,以通用的方式呈現,例如每個人看到的都是相同的可口可樂廣告。

然而並不是每個人都一樣,聰明的廣告主早就明白,透過客製化廣告吸引個人感興趣的內容,可以促進業績成長。廣告開始變得更加有針對性。1890年代出現了針對哮喘患者的客製化廣告,諷刺的是,這則廣告銷售的是喬伊牌(Joy's)香菸。[7]電視出現之後,廣告商申請了大量專利,關於如何根據電視觀眾的位置或觀看時間等因素,為他們投放廣告。[8]但是與數位時代相比,針對電視和廣播閱聽人的定向廣告,還顯得很粗糙。

從網路使用者身上可以收集到更多詳細的資訊,因為他們會留下線上行為的數位痕跡。早在1993年,就出現了有關線上網站定向廣告的專利。二十年後,網路定向廣告專利已經成長至2,900項。[9]此後專利數量又一路飆升,到2020年,數位廣告支出激增至近4,000億美元。

廣告愈變愈複雜，只為與你有關

定向廣告也變得愈來愈複雜。廣告創作者運用演算法挖掘人們的資訊，以便更精準地打造個性化廣告。賣那雙靴子的公司對我瞭若指掌：我買什麼款式的衣服、造訪過哪些網站、喜歡在網上閱讀哪些內容等等——知之甚祥，足以削弱我對靴子的抵抗力。電腦演算法知道的不只這些，甚至還包括人們的習慣和欲望，當然還有注意力行為。

定向資訊意味著，在最適當的時間、最能引起使用者注意的情境下，向他們提供特定的內容。與電視廣告不同，數位廣告可以不間斷出現，在不同情境彈出，每種情境都可能促發人們以不同的方式思考這項產品。例如，你正在閱讀一篇有關氣候變遷的文章，這時在網頁上看到一件皮夾克，你可能會對它望而卻步；但如果你是在臉書頁面上看到這件皮夾克，你就會想到，如果買下它，你的朋友會如何讚美你。

定向的線上廣告始於 1990 年代中期，最初在特定的消費者網站上針對特定對象投放。之後，定向廣告逐漸納入使用者的人口統計資料（如年齡和性別）、個人位置（根據 IP 地址）、行為（瀏覽過哪些網站），甚至可以透過一個人的瀏覽內容推斷他的價值觀：是看自由派的《赫芬頓郵報》（*Huffington Post*），還是保守派的《極限新聞》（*Newsmax*）。

演算法也開始**從人們的社群媒體使用和社群網站站點中，整合使用者的社交資訊**。廣告公司現在知道你受社群好友影響的方式：你使用社群媒體的頻率、時間、瀏覽的內容、閱讀過貼文的朋友、按

讚（或大心、加油、憤怒）的貼文、觀看的影片、分享的動態消息，以及發布的貼文。

行動裝置的普及，也讓廣告主能夠更精準地獲取使用者的資訊。例如，一個人經常做劇烈運動、頻繁移動，那麼他的智慧手機感測器資料可能會記錄下這些資訊，並解讀為他是一名跑者，接著他可能就會看到跑步服裝的廣告。

廣告公司可以策略性地利用情境，讓廣告與使用者產生更強烈的相關性。例如，一件高科技冬季夾克，可能會在 11 月被推播給住在明尼蘇達州的人，但不會被推播給住在南加州的人，除非廣告公司知道你買了飛往滑雪聖地阿斯本（Aspen）的機票。廣告商品與使用者的位置情境相符時，更容易吸引使用者的注意。你可能沒有察覺到，但你其實正在與演算法合作，因為你向演算法提供了大量有關自己的資料。**你在無意中成了演算法吸引自己注意力的同謀**。

針對注意力的演算法是根據心理測量學（psychometrics）設計的，這是一個測量人們行為、態度和性格的研究領域。心理測量學始於 19 世紀末，由英國人高爾頓爵士（Sir Francis Galton）開發。他是一位博學的人物，除了因為發明統計學中的相關性而聞名，也因為推廣優生學而留下爭議。

在早期的心理測量研究中，人們的認知能力首先透過體格檢查來判斷，然後透過量表來測量（這就是智商分數的由來）。而如今，感測器可以低調地偵測人們的生理訊號，精準追蹤技術可以檢測人們線上行為的數位痕跡，量表和測驗就不再需要了。

像行銷研究公司 Innerscope 這樣的公司，使用生物感測器、眼球追蹤和臉部表情等技術，收集人們在實驗室中看廣告時的生物特

徵資料,來確定人們的出汗量、觀看廣告的內容,以及廣告引發的情緒。出汗代表一個人的情緒被挑起,而面部表情有助於解讀這個人對廣告是感到興奮還是感到緊張。行銷公司 Numerator 則利用基於消費者行為、態度和購買情況的演算法,按照 350 個心理變數(psychographic variables)對使用者進行分類,並提供這些資訊給企業,幫助他們銷售產品。

　　網路廣告利用了這些性格測量的技術進步。在被稱為「由下而上廣告」(bottom-up advertising)的新時代,劍橋分析公司(Cambridge Analytica)聲稱,他們能夠根據每個美國人的線上行為(但使用者自己並不知道),繪製出他們的性格地圖,並使用五大人格特質(Big 5)理論,描述五種基本的人格特質:開放性(Openness)、盡責性(Conscientiousness)、外向性(Extroversion)、親和性(Agreeableness)和神經質(Neuroticism)。例如,劍橋分析發現,紐約人通常比加州人更神經質。(在後續章節中,我將更深入地探討五大人格特質,並證明「神經質」這一特質,多大程度影響一個人在網路上的注意力和易分心程度。)

　　劍橋分析公司為專門操作政治廣告的客戶提供服務,並根據個人的心理測量特徵,鎖定投放目標。據稱,這些資料被用於影響美國和國外的選舉,如英國脫歐公投。然而,不受約束的貪婪終會引起反彈。劍橋分析在未經同意的情況下,濫用臉書使用者的個人資料,包括其好友資料,最終被迫停運,留下永遠的臭名。

　　不過,收集到使用者如此具體的資訊之後,要如何分析這些資訊來利用它們的價值呢?大數據時代解決了這個問題。每次造訪亞馬遜,你瀏覽的內容、搜尋模式和個人資料,都會和從數百萬其他

使用者那裡收集來的資料匯總在一起。亞馬遜使用相似性搜尋，**根據與你相似的其他使用者的行為結果，找出可能吸引你的內容。**

演算法不斷更新。這就是網路的力量：即時收集數億個資料點，了解你和其他每個使用者的線上行為，並從中發現模式。演算法整合這些資訊，包括你的身分、感受，以及在何時何地進行了何種活動，然後利用這些資訊吸引你的注意力。

透過讀心分散你的注意力

說到這裡，你可能想知道，根據你的網路行為，還可以推測出哪些關於你的資訊。參與問卷調查回答有關自己的問題時，你很清楚自己提供了哪些資訊。然而，僅透過觀察你的數位足跡，可以收集到哪些資訊呢？原來還真不少。

數位表現型（digital phenotyping）是指，收集使用者在網路行為中產生的資料，並用這些資料來評估有關他們的事物，包括情緒和認知。希臘語字根 pheno 意指「出現」，而表現型（phenotype）指的是可以根據一個人的基因表現觀察到的特徵，如雀斑、耳垢類型或聲音高低。

上網時，我們甚至在不知不覺中就表現了更多，並不僅僅只有人格特質。想想你在網上所做的一切：你在社群媒體上提供你的人口統計資料，包括性別、年齡、所在地；你進行網路搜尋，給朋友的貼文按讚，還發布內容。你的貼文不僅僅有字面含義，還能被挖掘出許多不同的內容，透露更多與你有關的資訊。

中國科學院和南洋理工大學的研究者發現，先不提其他資料，

光是你在社群媒體貼文中的語言模式，也就是用字的方式，就可以顯示你的主觀幸福感。這不只涉及你所說的內容，如使用「快樂」、「太棒了」等正面詞語，還包括你說話的方式，例如你使用的代名詞類型，這就是所謂你的語言結構。

　　研究者收集了 1,785 名新浪微博（中國社群媒體網站，類似推特）使用者的貼文，這些受試者同意研究下載他們的微博資料。研究者還請受試者填寫兩份經過充分驗證的問卷：一份是正負向情緒量表（Positive and Negative Affect Schedule，簡稱 PANAS），[10] 用於評估一個人的情緒（感受到的正面或負面程度）；另一份是心理幸福感量表（Psychological Well-Being Scale）。[11] 這兩份問卷可以充分反映一個人的主觀幸福感。

　　研究者收集了每名受試者的性別、年齡、居住地的人口密度、與微博好友的互動、隱私設定、帳號名稱的長度，以及貼文的語言模式。他們發現這些特徵的組合，與一個人的情緒狀態和心理幸福感之間，存在很大的相關性。[12] 相關性表示變項之間的相關程度，情緒狀態和心理幸福感這兩項相關性的結果均為 .45，這在心理學領域是一個亮眼的數字，因為人類是相當多變的，沒有很多可測量的心理現象能有如此密切的相關性。

　　更具體地說，研究者發現了，與主觀幸福感呈正相關或負相關的不同用字模式。例如，受試者在貼文中使用第一人稱代名詞「我」的次數愈多，他們的幸福感就愈低。這是有道理的，因為不快樂的人可能會將注意力向內、轉向自己。這個結果說明，一些銷售減壓產品（如水療浴鹽）的公司，如何透過推特貼文中的基本資訊來鎖定投放廣告的目標對象。如果你處於某種特定的心理狀態，

第七章　量身打造的演算法　　161

你就更有可能注意這種廣告，因為它可能正是你覺得需要的產品。

推測個人的主觀幸福感根本不算什麼，透過你在網路上的行為，還能辨識出更多的個人資訊，像是從你在推特上的公開資料、[13] 甚至從你 IG 上的照片，[14] 都能推測出你是否患有重度憂鬱症。

上述研究觀察的是人口統計資料，以及使用者發布的內容和照片。但有研究證明，即使僅憑臉書按讚這一資訊，也能在一定程度上預測你的性格特質。臉書按讚情況與五大人格特質之間的相關性在 .29 到 .43 之間，[15] 同樣是令人注目的數字。臉書按讚情況還能在相當程度上預測使用者的智力、成癮物質的使用情況、年齡和政治觀點。[16] 事實上，**演算法僅分析你的 300 個按讚，就能比你的另一半更了解你的性格。**[17]

演算法能夠透過了解我們的人格特質，影響我們的注意力。而正如前面提過的，廣告公司可以透過分析我們的網路行為，來獲取我們人格特質的資訊。例如，神經質的人比非神經質的人，更容易受到壓力和恐懼的影響。[18] 神經質的人很可能注意到引起恐懼的圖片，比方保險廣告中著火的房屋或洪水。外向者比內向者更喜好社交，因此，如果演算法發現你是外向者，廣告公司可能會向你投放郵輪派對的廣告。有研究證實了這一點，顯示外向者更有可能點選寫著「像沒有明天一樣跳舞吧！」的派對廣告，而內向者更有可能點選展示一個人在照鏡子、寫著「美麗不必張揚」的廣告。[19]

光是透過手機，就可以收集關於你和你身體活動的大量資料，而你甚至可能沒有意識到。我在第三章談到人們的注意力如何表現出節奏。你的其他行為也有節奏，它們也透露了許多你的事情，你使用手機的方式就是其中之一，包括你每天使用手機的頻率、你的

生理時鐘對使用手機的影響,甚至你每小時的使用頻率。

來自達特茅斯學院(Dartmouth)、史丹佛大學和劍橋大學的研究者,對 646 名大學生的手機使用情況,進行 7 到 14 天的跟蹤調查,收集了他們的身體活動、手機接收到的環境聲音、他們的位置以及他們使用手機的頻率等資料。結果顯示,五大人格特質,除了神經質之外(尚不清楚原因),都可以透過這些手機使用的節奏模式預測出來。[20] 就像你的上網行為一樣,智慧手機悄悄收集關於你的資料,數量相當可觀。這些資料可以被納入演算法,進而有效地鎖定你的注意力。

然而,演算法不僅僅為電子商務廣告而設計。一旦了解你的人格特質和主觀幸福感等資訊,社群媒體和通訊平台也在更大範圍上利用它們,來為你客製化通知。不出所料,臉書已經申請大量專利,旨在利用演算法更好地吸引你的注意力。例如,一項專利的名稱是「根據社交人脈系統的通訊紀錄和個性特徵,確定使用者的人格特質」。[21] 你的人格特質將被用於演算法,為你提供更有可能吸引你注意力的廣告和新聞報導。**你收到讓你喜歡和感興趣的資訊愈多,你就愈會關注通知,當然,你在臉書上花費的時間也會愈長。**

廣告鎖定人類最本能的情緒

收到朋友發布新貼文的臉書通知時,好奇心會驅使我們點選通知。這種社交通知利用了人際關係的基本特性:對他人的好奇心。當我們收到社群通知,顯示有朋友發布的一則貼文獲得 143 個讚,我們就會想了解更多相關資訊,我們希望在看到內容時能產生正向

的感覺。

雖然有些通知需要我們使用受控的注意力來做出反應,但其他通知則利用無意識或自動的注意力。許多演算法都是為了吸引我們的注意力而設計的,因為**它們能喚起我們最本能的情緒,如快樂、驚訝、恐懼或厭惡**。這些基本類型的情緒反應是自發且自動的,無需認知處理,因此被稱為低階情緒。[22]

觸發低階情緒的通知會引起我們的注意,激發我們衝動點選這些通知。舉例來說,如果你看到一則廣告上有一輛撞毀汽車的圖片,尤其如果你家有 10 來歲的小孩,它就會引起你內心的害怕和驚恐,這是你難以控制的低階情緒。如果你正好注意力資源不足、或處於無聊或重複狀態,也就是**在更容易分心的時候,接收到針對低階情緒的定向通知,你就會情不自禁地對這些通知做出反應。**

憤怒就是這樣一種用來引起注意力的低階情緒。2021 年,臉書前員工豪根(Frances Haugen)在美國證券交易委員會作證,證實臉書利用人們會對爭議性貼文感興趣的特性,操縱人們的注意力。臉書根據貼文收到的表情符號對貼文進行加權計算,並將引發「憤怒」表情的貼文推薦到使用者動態消息的頂部。豪根指出,臉書的人工智慧程式經過調整,故意向人們推薦可能有害的內容。

最終,臉書停止在演算法中納入和加權「憤怒」表情符號,而給予「大心」和「嗚」表情符號更高的權重。臉書聲稱,排除憤怒表情後,演算法會減少人們接收到錯誤資訊的可能性,進而減少令人不安的貼文數量,儘管這個說法未獲得外部科學家的驗證。[23]

然而,有些貼文仍然能夠吸引大眾,比如 BuzzFeed 的一則智力測驗廣告,因為大多數人都想知道自己的智商水準。我們對分心

的抵抗能力受到多種因素的影響，包括你已經知道的，在認知資源不足時，或者在某事涉及到自己人脈中的某個人時。因此，我們的注意力仍然深受通用廣告之害。

為什麼你會沉迷抖音？

為了更深入地解釋演算法如何吸引你的注意力，讓我以流行的社群媒體平台抖音為例。抖音有一套非常複雜的演算法，叫做「推薦引擎」（recommender engine），是它助推你困在注意力的陷阱中，沉迷於那些只有 15 秒的短影片。這個演算法很快就會發現你對什麼內容著迷，並試圖讓你保持這樣的傾向。

不過，在探討抖音如何向你推薦影片之前，我們需要稍微回顧一下。為了向你推薦特定內容，抖音需要收集有關你的正確資料，同時需要了解影片的內容。對於上傳到平台的每支影片，抖音都會收集相關內容的關鍵字、圖片和描述。

例如，你正在觀看一支影片，內容是有人跟著 BeatKing 與 Queendom Come 合唱的 "Then Leave" 在跳舞，推薦引擎就會收集描述以下幾項內容的關鍵字：表演者正在做的事情（跳舞）、歌曲名稱（"Then Leave"），甚至是音樂類型（饒舌音樂）。不過，這只是從高層次視角看到的，實際上，推薦引擎也在收集更多細節，包括表演者跳舞的地點：臥室、戶外、衣帽間還是屋頂上。表演者的詳細資訊還包括「女性」、「男性」、「嬰兒」，甚至是「狗」，畢竟動物也可以成為抖音明星。

抖音演算法還會收集你的個人資料，包括你的性別、年齡、職

業、居住地、興趣等等。同時，你使用的搜尋引擎也會產生大量詳細資訊，包括你的 IP 位址和地理位置，它們也會被納入演算法，從而確定你在這個國家的哪個地區、這個地區的政治傾向等等。抖音會把你和與你相似的使用者歸類在一起，隨著愈多人使用抖音，演算法可用的資料就愈多，推薦效果也就愈好，吸引你注意力的時間就愈長。

推薦引擎甚至收集你在抖音上活動的資訊：你每次觀看多少支影片？你每次花在抖音上的時間有多長？你可能輕鬆瀏覽了 120 支影片，但僅花了大約 30 分鐘的時間。你觀看的影片愈多，抖音就獲得愈多有關你喜好的資訊。推薦引擎還會追蹤趨勢，例如有多少人正在觀看某支影片、這支影片在哪裡流行，以及你是否觀看熱門主題影片。

你可能沒有察覺，但推薦引擎也會收集你所處情境的資料，也就是他們所謂的場景資料，即你觀看抖音影片的地點和時間。你在家時喜歡看什麼影片？在離家遠的地方，例如度假時，你又喜歡看什麼影片？了解你的場景，可以在很大程度上獲知你的喜好。例如，你可能喜歡在早上看快節奏的嘻哈舞蹈影片，而在晚上看節奏較慢的影片。當抖音了解你的情境（假設現在是晚上、你在家裡），它就會向你推播你在這個地點和時間特別喜歡看的影片。在正確的情境中看到正確的內容，可以提升你對平台的黏著度。

儘管我和先生一起看電影已經很多年了，但我也並非總能準確預測他會喜歡什麼電影（通常是沉悶的黑白片），我有時也會猜錯（他有時又喜歡彩色動作片）。抖音卻不會弄錯，或者至少不會錯太久。推薦引擎很敏捷，如果你突然決定觀看另一種舞蹈類型的影

片,它會快速調整,向你推播新類型的影片。

推薦引擎透過所謂的回饋循環(feedback loop)來學習。它觀察你觀看的內容,了解你本人、你的行為和情境,然後將這些資訊回饋給引擎,並做出調整。因此,這個循環是這樣的:觀察、調整、推播另一支影片,周而復始——所有這些都在眨眼之間完成。你觀看的愈多,演算法就愈了解你喜歡什麼、不喜歡什麼,也能更好地調整目標,向你呈現吸引你注意力的內容。

既然我們已經了解其中機制,就可以從心理學角度來解釋,為什麼抖音能吸引你的注意力。我想找人討論一下,了解人們對抖音的痴迷如何影響他們的注意力,於是我透過人脈找到 Rachel。

Rachel 是一位專業的長笛演奏家,正在攻讀音樂博士學位,看似不太可能沉迷抖音。她今年 31 歲,也比典型的抖音使用者年長一些。她表示,一天當中閒暇時,她想找一些不需要動腦的事情做。出於無聊和對快速娛樂的好奇心,她開始使用抖音。但在滑抖音的時候,內容變得愈來愈有趣,她被吸引的時間也比她原先打算的要長。由於影片的內容非常濃縮,她常常可以在 5 秒內就對一支影片按「愛心」(讚)。

讓我們來看看,在一支抖音影片的 15 秒內,Rachel 的注意力發生了什麼變化。許多抖音影片的結構就像電影的濃縮版,包含情節發展。不過,它們通常只呈現經典情節發展五階段中的前三個階段:開場、營造張力和高潮(後兩個階段是故事收尾和結局)。許多抖音影片之所以能吸引觀眾,是因為它們以驚喜結尾。有時會有伏筆製造緊張氣氛,但幾乎總是在最後一兩秒鐘出現情節轉折,比如人們突然換上誇張的服裝。觀看怪奇比莉(Billie Eilish)把整個

烏克麗麗琴頭塞進嘴裡，就是她抖音影片的高潮（不過這支影片確實有結局，就是她接著大笑起來）。其他影片可能沒有明顯情節，比如一隻波士頓梗犬隨著歌曲 "Suavemente" 在跳騷沙舞。影片簡短的長度能夠吸引我們的注意力，因為它在 15 秒之內就快速到達高潮。

當某些行為獲得正向增強，例如獲得笑聲這種獎勵，我們很有可能會再次做出這種行為。行為主義心理學家史金納的操作制約理論指出這一現象。史金納把老鼠等動物關進一個被稱為史金納箱的籠子中。當老鼠發現按壓籠子裡的槓桿會得到一顆食物，這就是對行為的正向增強，老鼠就會繼續按下槓桿來獲得獎勵。同樣地，**觀看一支讓你發笑的抖音影片時，你的笑聲就成了獎勵，這種感覺會增強和強化你的行為，讓你繼續觀看更多影片。**

抖音影片通常會利用笑聲、憤怒、甚至悲傷等低階情緒。當你看到有人在電扶梯上跳舞，或者看到一個可愛的嬰兒跟著音樂微笑，你會不由自主地產生正向情緒。你觀看的影片愈多，繼續觀看的增強作用就會愈強。

抖音之所以如此吸引我們的注意力，還有另一個原因。觀看影片引起的笑聲，會觸發大腦中處理獎勵的區域，釋放內源性阿片類物質（endogenous opioid）。研究證實，長期反覆地經驗笑聲，會導致大腦發生神經可塑性改變，[24] 而且笑聲還可以減輕壓力。[25] 因此，在短短 15 秒內，抖音影片就能給我們帶來歡笑，也可能減輕我們的壓力。我們花在抖音上的時間愈多，就愈依賴這個應用程式，來獲得獎勵的感覺。當然，並非所有抖音影片都會引人發笑，有些影片可能讓人產生憤怒等其他情緒。

如果影片長度短、節奏快、「趣味性」高、情節轉折出人意料，時間就過得很快。不過，如果你觀看的影片，是抖音有意用來吸引你的，那時間就真的會飛逝。為了更了解抖音的運作方式，我觀看了大量影片。我犯了一個嚴重的框架錯誤，因為我預計只花很短的時間來進行這項活動，然而每次開始觀看抖音，我最終都會停不下來。我知道自己有更重要的事情要做，但時間過得飛快，我卻很難抽身離開。

抖音的推薦引擎模型是一個黑盒子，使用的演算法只掌握在公司內部。不過我們能夠了解，它之所以如此有效，是因為回饋循環。你看了一支影片之後，演算法就會接手，不斷地學習吸引你注意力的內容。觀看讓我們發笑的內容本身並不是壞事，但如果我們明明還有更重要的事情需要處理，卻無法擺脫行為循環、陷入注意力陷阱，它就會變成壞事。

你躲不過 IG 的追蹤

我沒有 IG 帳號，為了研究它，我使用假名註冊了一個帳號。註冊時，IG 詢問我是否想與臉書上的聯絡人聯繫，我拒絕了，所以我沒有提供我的聯絡人清單。然而在隨後的畫面中，IG 向我推薦了一些可以聯繫的人。前 20 名建議人選中，有些是熱門人物，如小天后席琳娜（Selena Gomez）或前第一夫人蜜雪兒（Michelle Obama）；但在剩下大約 15 個建議中，有 7 個是我確實有聯繫的人──當中五人是我的臉書好友，另外兩人雖然不是臉書好友，但我認識。其中有一個人選尤其讓我感到奇怪，對方是我幾個月前在

第七章　量身打造的演算法　169

紐約當面訪談過的人，我與這個人唯一的數位聯繫，就是簡短的電子郵件溝通。考慮到 IG 有數百萬使用者，這絕非巧合。

因此，我找到一位朋友，請教他這是怎麼回事。他是網路隱私專家、克萊門森大學（Clemson University）教授尼金伯格（Bart Knijnenburg）。他懷疑可能是我的手機 IMEI（International Mobile Equipment Identity，國際行動裝置辨識碼）號碼，也就是製造商分配給我手機的唯一識別碼，被用來識別我的身分。IG 母公司臉書可能也在追蹤我手機的 IMEI 號碼。尼金伯格只能猜測（這真的不太確定），也許我訪談的這個人曾經在臉書上搜尋過我的個人資料。即使你不願意，演算法也會找到你的聯絡人。

IG 是 Meta 旗下的公司，所以這一點也適用於臉書，它們都知道社交影響力會對你的注意力產生多大影響（我將在下一章詳細討論）。它們知道你會好奇並關注朋友的消息。即使你像我一樣試圖隱藏聯絡人，它們的演算法也會找到你。就像那雙靴子，無論我訪問哪個網站，它都一直追著我。

不要將注意力的控制權讓給演算法

一旦上網，你就成為數位生態系統的一部分，當中涉及與他人、資訊，尤其是與演算法的互動。無論你是否意識到，你都在為演算法的發展做出貢獻。你在網路上的幾乎每一個舉動，以及你留下的幾乎每一個數位痕跡，都會為演算法提供資訊。如同配偶、伴侶或敵人一樣，演算法對你了解愈多，就愈能預測你的行為。

不過，演算法也可能出錯。2011 年，現任南加州大學教授阿

南尼（Mike Ananny）在手機上安裝 Grindr 應用程式時，驚訝地發現自己竟然被推薦了另一款應用程式：「性犯罪者搜尋」（Sex Offender Search），它幫使用者尋找居住在自己區域的性犯罪者。[26] Grindr 是一款針對同性戀和雙性戀者的社交應用程式，旨在幫你尋找同區域的伴侶或媒合對象。這兩款應用程式之間的關聯由 Android Marketplace 的演算法產生。阿南尼不是性犯罪者，但演算法的某些指令，將下載 Grindr 的人，與可能對搜尋性犯罪者感興趣的想法連在一起。這說明鎖定我們注意力的演算法可能出錯。

然而，如果演算法運作良好，一個人要如何抗拒與自己性格和情感傾向完美契合的資訊呢？當然，關閉通知可以減少演算法的一些影響。但**抵抗演算法的最佳方法，是了解它們的運作方式、你如何將注意力的控制權拱手交給它們**，以及快速切換的頻動性注意力如何在一定程度上受到它們驅使，因為這些演算法會引導你衝動地調轉注意力到它們身上。

演算法透過利用你的人格特質和線上行為，預測你會觀看哪些影片、讀哪些朋友的貼文、在購物時發現哪些有趣的東西，以及可能購買哪些商品。在商店裡，一個賣鞋的店員可能會放棄向我推銷，但在網路上，跟隨我的那雙靴子卻永遠不會放棄。我看到那雙靴子的次數愈多，就愈可能在某一刻屈服，買下它們。

演算法旨在操縱注意力，就像精準導引的飛彈一樣，它們完全知道如何攻擊和摧毀你的注意力焦點。在認知資源不足時，你就成為易受攻擊的對象，而演算法永遠不會喪失它的武力。

第七章　量身打造的演算法　171

── 第八章 ──

社交獎勵與社會權力

2021 年,祖克柏(Mark Zuckerberg)宣布 Meta 未來將朝向元宇宙(metaverse)發展,令元宇宙概念受到大眾矚目,不過這個概念其實已經存在很長時間了。

元宇宙是指,人們可以進入虛擬空間,在那裡互動和存取資訊。這個想法來自史蒂文森(Neal Stephenson)於 1992 年創作的科幻小說《潰雪》(*Snow Crash*)。獨立的元宇宙其實早就以初期虛擬世界的形式存在於網路上。1990 年代末我就研究過這樣一個元宇宙,是一個叫做「直播!旅行者」(OnLive! Traveler)的虛擬世界,這是我見過最出色的虛擬世界之一。

我用筆記型電腦打開應用程式,用電腦麥克風與其他人交談。這個系統使用空間音訊(spatial audio)*,這意味著它能模仿人們

---

* 譯註:空間音訊可即時模擬聲音的方向、距離感,以固定音源的播放器為主體,隨著使用者頭部動作改變,營造聲音前後左右上下的變化,所以能做到立體環繞的臨場感。

在實體世界中感知聲音的方式。在這個虛擬環境中，如果你移動頭像（可以是狼、魚、女神或其他類型的形象），讓它更靠近其他人，對方的講話就會變得更大聲。如果你身處一群人中，除非你直接將頭像轉向說話的人，否則你會聽到咕噥聲。頭像的嘴唇也會隨著使用者的聲音同步動作。身處這樣的環境令人著迷，你可以結識來自世界各地的人。

我當時忙著學習人們在早期元宇宙中的行為和互動方式。有一天，我打開「直播！旅行者」，看到一個叫做「日本世界」的新地方，於是點選進入。突然間，我被傳送到一個不一樣的 3D 模擬環境。我看到遠處有三個頭像，於是把我的頭像靠近他們，做了自我介紹。結果這些日本使用者的反應，卻是將他們的頭像從我的頭像前移開。直到我發現他們每個人都在用自己的頭像做出一個陌生的動作，我才意識到他們是在向我鞠躬。

儘管這不是系統內建的設計功能，但日本人仍然找到方法，用頭像模仿鞠躬的動作。我們交談時，他們將自己的頭像挪近一點，彷彿在努力聽我講英語，接著又向後退，以保持社交距離。**我意識到社會習俗有多麼強大，每個人都把自己國家的規範移植到虛擬世界中**，而且我還看到了文化差異（當我靠他們太近，我活生生就是一個咄咄逼人的美國人）。

研究人們在這個虛擬世界與其他人的互動時，我觀察到各種社交慣例：一群人移動自己的頭像為別人騰出空間，表示他們願意讓對方加入；禮貌地解釋為什麼自己要先告退，離開這個虛擬世界；保持社交距離，就像日本人那樣。有時，人們會發明獨特的社交慣例，例如把自己的頭像上下顛倒，表示他們的談話是私密的。虛擬

世界不僅僅是實體電腦系統,其實也是社會系統(social system)。

除了文明禮貌之外,關於在虛擬世界中如何行為,並沒有書面規則或指示。其中許多慣例都是根據臨時需求形成的。研究這些虛擬世界讓我意識到,**我們在網路上的行為,在很大程度上是由自己的社交天性引導、甚至驅使的**。就像我在與蓓克(Barbara Becker)合著的一篇論文中所寫:人們自然而然地採用了共同的行為慣例,用以指導自己如何使用系統。[1]

電子郵件、Slack 和臉書等社群媒體,也是社會系統。儘管使用者的觀點和背景存在巨大差異,但這些媒體提供了共享的交流框架。所有人都有一個共識,即這些媒體都有一些基本的社交慣例。例如,使用電子郵件的規範是,收到郵件後應該回覆(儘管並非每個人都會這樣做),而且往往有需要快速回覆的社會壓力。如果一個人的社會階級比自己高得多,我們可能會選擇透過電子郵件與對方聯絡,而不是傳送簡訊。

電子郵件、Slack 和社群媒體是由人組成的系統,因此社會動力(social dynamics)融入其中,也就是說,人們會受到他人行為的影響。我們可能受社會影響而參與其中,進行所謂社會資本的交易,建立網路身分,而那些有權勢的人,可以在互動中影響他人。當然,人是不同的,有些人更容易受到這種社會力量影響。

如果將這些媒體視為社會系統,就可以幫助我們理解,為什麼我們在這些媒體上花費如此多時間,為什麼我們與電子郵件的關係如此矛盾,以及為什麼我們急於回覆簡訊。**與他人互動時,我們會期待獲得某種社交獎勵——無論是地位、友誼或資源**。要探究社交天性如何影響人們容易分心的情況,我們需要更深入地研究人類的社

會行為。本章將探討人們的基本社交天性，如何有助於解釋，為什麼注意力會受到電子郵件、簡訊和社群媒體的強烈吸引，以及為什麼人們如此容易自我打斷。

讓我們先來看兩個歷史上的例子，它們顯示了網路以外的媒體（如廣播和書籍）如何對人們的行為產生社會性影響，即便是間接的影響。

1932 年，一個名叫塞萊什（Rezső Seress）的匈牙利人，一心想成為偉大的作曲家。這個可憐的小伙子拒絕了朝九晚五的工作，卻沒能發表作品，女朋友又在一個週日離開了他。於是他寫了一首歌詞憂傷的歌曲《憂鬱星期天》（Gloomy Sunday），敘述愛人離去的悲傷。

塞萊什最終也並非一無所獲：這首歌在國際上大受歡迎。然而，由於歌詞非常令人不安，甚至被認為在 1930 年代導致數百人自殺，英國廣播公司直到 2002 年之前都禁止播放這首歌。的確，當時的世界一片黯淡，法西斯主義在德國崛起，全球正處於大蕭條之中。但是，有大量間接證據顯示，這首歌可能讓一些人走向絕境（例如，一些自殺者的口袋裡有這首歌的樂譜）。

不過，即使在廣播和報紙成為大眾媒體之前，作家歌德就曾顯示，間接產生的社會影響力可以有多麼強大。1774 年，歌德出版長篇小說《少年維特的煩惱》（*Die Leiden des jungen Werthers*）。歌德無可救藥地愛上了夏綠蒂（Charlotte Buff），而對方當時已與他人訂婚。在這部半自傳小說中，主角維特因飽受單戀的折磨而自殺。和《憂鬱星期天》一樣，這又是一個以自殺告終的失戀故事，18 世紀一連串的自殺事件都歸咎於它，有三個國家把這本書列為

禁書。

如今，透過社群媒體產生的社會影響，往往更加直接和有針對性，包括傳播錯誤訊息、影響飲食行為[2]和疫苗態度[3]等健康議題，甚至影響加密貨幣交易[4]等財務決策。任何人都可以掀起一股社會潮流，譬如減肥、設計創意的食品和飲料，或是創造新時尚。在這些潮流中發揮主導作用的是網紅，而不是服裝公司或零售商，像喇叭瑜伽褲等流行時尚就是透過 IG 開始風靡的。[5] 源自社群媒體的書面表達方式，例如主題標籤、LOL（laughing out loud，哈哈哈）和 BRB（be right back，馬上回來）已逐漸成為日常用語。[6]

而我們的分心和注意力，也在更微妙的層面上受到網路的社會性影響，以你可能沒有意識到的方式。

與人互動的社交壓力

社會心理學家阿希（Solomon Asch）在 1956 年的一項經典研究[7]中證明，人可以施加強大的社會影響，甚至可以引導他人做出違背其理性判斷的事情。

出於自身經驗，阿希對影響的力量產生了濃厚興趣。阿希小時候生活在波蘭，有一天在逾越節的晚餐上，他看到祖母多倒了一杯酒，有人告訴他這是為先知以利亞準備的。阿希後來回憶說，他當時堅信以利亞會來到餐桌上。因此，成為心理學家後，他決定研究社會影響可以在多大程度上改變人們的行為。

在阿希的實驗中，一名受試者先是獨自坐在房間裡，他被要求判斷兩條長度明顯不同的線是否相似，這個人總是給出正確的答

案。接下來這名受試者被安排與其他人坐在一個房間,這些人其實都是實驗小組的成員,當這些人一個接一個地表示兩條線一樣長時,這名不知情的受試者就會聽從群體的意見,表示這兩條線長度相似。阿希的實驗,證明了群體如何迫使個人服從多數人的意見。

有趣的是,後來有人用機器人做了一個現代版的相同實驗,結果並不奏效。[8] 顯然人們不受到機器的社會影響,也不覺得有必要聽從機器,這讓人很欣慰。然而在網路上,我們不知道在社群媒體上發文的,是人類還是機器人。

在網路上,即使沒有直接與他人互動,我們也能意識到他人的社會存在。其他人的數位痕跡,像是他們的貼文、照片和評論,都顯示他們的存在。在推特或臉書上發文時,我們會意識到有一群使用者正在消費自己的社群媒體,並且很可能也有人需要自己提供一些東西,哪怕只是一條回覆。這種意識在閱讀電子郵件時也會出現:有些人對他人的存在尤其敏感,以至於表示自己聽到了來自寄件者的聲音。研究證實,這種情況其實很普遍,有81%的受訪者表示,至少偶爾在閱讀文字時會聽到對方的聲音。[9]

年輕人非常容易受到社會影響。**線上互動的速度放大了訊息的急迫性和需求**,[10] **增強了保持聯繫的同儕影響力**。除此之外,行動裝置讓人能夠隨時隨地造訪社群媒體,這也加強了快速回覆的迴圈,持續推動同儕壓力,而我們知道,這種現象與年輕人酗酒和吸毒之間存在相關性。[11] 當然,人們在社群媒體上的行為會留下長久的紀錄,你可能知道,大多數公司現在都會過濾求職者的社群媒體帳戶,尋找任何不當行為的證據。[12]

有一個神經學基礎,可以至少在部分程度上解釋社群媒體對年

輕人產生的影響。研究者在受試者看到自己收到的按讚數時，對他們的大腦進行影像呈現。按讚提供了社會認可，或來自同儕的認可。大腦中與獎勵系統相關的區域叫伏隔核（nucleus accumbens），而青少年這個區域的敏感度更高。

天普大學（Temple University）和加州大學洛杉磯分校的研究者進行了一項實驗，請 61 名 13 歲至 21 歲的高中生和大學生來到實驗室，在此之前，他們被要求向研究者提供自己 IG 帳號上的照片。受試者被告知，同儕會在內部社群網路上看到這些照片（實際上他們並沒有看到，實驗者操縱了按讚數量，給一半的照片按讚數量很多，另一半的照片按讚數量很少）。

根據 fMRI 影像，這些年輕人看到自己的 IG 照片得到很多讚時，比看到更少按讚的照片時，大腦中的伏隔核顯示更為活躍。[13] 高中生的大腦活躍程度隨著年齡的增長而增加，但大學生則沒有這種情形，這顯示同儕影響的高峰年齡是 16～17 歲。[14] 這項研究顯示，**獲得大量按讚會啟動人們的獎勵系統，而年輕人可能會因為更渴望獲得社交獎勵而不斷自我干擾。**

事實上，我對年輕人的研究顯示，情況確實如此。我們發現，大量使用社群媒體與重度一心多用密切相關。不過，與一心多用相關的，是特定的社群媒體使用方式。那些經歷更多中斷、注意力切換速度更快的人，更常使用如臉書等雙向互動的社群媒體；而那些注意力切換較少的人，則傾向使用主要是單向互動的網站，如 YouTube 等影片串流網站。[15]

不僅僅是年輕人，**所有年齡層的人都被迫跟上社群媒體的步伐，因為我們感受到要迎合與人互動的社交壓力。**在臉書或推特等公

共論壇中,由於整個公共領域都在等待回應,因此人們對互動的期待更高。從互動中獲得的獎勵,包括按讚、分享或評論,進一步加強我們對社群媒體的關注。

對內團體的關注

在網路上,社會影響力可能以奇特的方式產生。事實上,僅僅是獲知網路上一個陌生人的有限資訊,如其實際位置,都能影響對方對自己產生的社會影響。

我和我的研究生布拉德納(Erin Bradner)進行了一項研究,證實了這一點。我們邀請 98 名受試者參與實驗,並分配給他們三項任務,需要他們與搭檔一起完成。這些任務測量了三種不同類型的社會行為:合作(使用賽局理論中的「囚徒困境」任務,評估受試者是否決定與搭檔合作);說服(使用「沙漠生存任務」,評估搭檔在多大程度上可以說服受試者,改變他們在沙漠生存中所使用物品的排序);以及欺騙(使用「包琥氏欺騙量表」〔Paulhus Deception Scales〕,評估受試者在多大程度上如實回答搭檔提出的問題,如「我總是遵守法律,即使不太可能被抓到」)。

受試者透過視訊會議或簡訊與搭檔互動,就像在網路上一樣。不過,搭檔實際上是實驗團隊的成員,戴著假髮和眼鏡,以免被認出——其實,經過偽裝,她看起來完全不一樣了。有一半的受試者被告知,搭檔與他們同樣位於南加州的爾灣市;而另一半受試者則被告知,搭檔位於美國另一端的波士頓。在這兩種情況下,視訊會議的背景、簡訊內容,以及搭檔本人都相同,唯一的不同,就是受

試者認為與他們互動的人的位置。

結果顯示，當受試者被告知對方在遙遠的城市，他們的合作程度較低，被對方說服的程度較低，並且向對方描述自己時會出現更多欺騙內容。[16] 無論是透過影片看到搭檔的畫面，或是僅使用文字來互動，結果都相同。這項發現說明，**我們辨識出網路上其他人的極細微的社會訊息，例如對方的位置，都可以對自己的行為產生強大的影響**。顯然，在網路上，儘管我們幾乎能即時與世界各地的人交換訊息，但距離仍然很重要。

在這個實驗中，搭檔的距離近，可能代表他們與受試者屬於同一個內團體，而距離遠則可能意味他們屬於外團體。人們天生傾向將自己歸入內團體，同時將自己與外團體成員區分開來，這麼做可以增強他們的自尊心。[17] 因此，你可能不太願意與外團體成員合作，也可能不太容易被他們說服，甚至可能更多地欺騙他們。

當然，除了距離之外，共享屬性也是形成內團體的一種方式。一個在 Reddit 看板「無神論」（Atheism）上發布貼文多年的人，描述了網站上對內團體的認同，如何在現實生活中幫助了他：他在一個保守的科羅拉多社區生活了三十年，在那裡無神論為民眾所不容，直到最近他終於開始向家鄉其他人公開表達自己的信念。

日常使用網路的過程中，收到我們認為不屬於內團體的人（如組織之外的人或來自其他國家的人）的電子郵件，我們可能不太會回覆。相反，我們更有可能回覆內團體成員的電子郵件，例如從事相同工作、擁有共同愛好，或居住在同個城市的人。我自己深有體會，如果我無法從一個不認識的電子郵件寄件者那裡，找到我們可能有共同點的線索，我通常會忽略那封電子郵件。

管理線上身分的需求

我們在數位世界中的身分,甚至可能比在實體世界中的身分更有價值。實體世界中一個在目標百貨公司(Target)工作的人,可能是 YouTube 上的明星。皮洛塞諾(Tony Piloseno)就是一個很好的例子,他大學期間曾在一家油漆店工作,後來成為著名的抖音明星。他的影片展示獨特的調漆方法,其中一些影片觀看次數超過 100 萬。在一支影片中,他把新鮮的藍莓搗碎,倒入白色油漆,看起來就像藍莓奶昔一樣。這段影片在網上瘋傳,導致他被原先工作的油漆店解雇。[18] 但他現在擁有自己的油漆品牌,也找到另一家油漆店的工作,並繼續在抖音上維持調漆藝術家的身分。

我們投入了大量的注意力和時間,來打造自己的線上身分。我們與網路的關係,可以用莎士比亞《皆大歡喜》(*As You Like It*)中的名句來形容:「世界是一個舞台,所有男男女女只不過是演員。」社會學家高夫曼(Erving Goffman)將人稱為社會環境中的演員,與莎士比亞的說法不謀而合:「作為表演者,每個人都要保持自己給人的印象,以達到人們評判他們本身及他們產品的許多標準。」[19] 不過,在現在這個數位時代,網路是我們廣闊的舞台。儘管高夫曼說的是人們在「真實世界」中的日常生活,但在網路上,人們同樣會精心管理希望別人對自己的網路身分產生的印象。

在面對面互動的環境中,我們非常擅長印象管理。例如,你會選擇參加派對時要穿什麼衣服,你也可能仔細選擇到達後與誰交談互動。不過,我們也在網路上進行印象管理,而且,因為我們是人,也因為網路的虛擬性質讓製造虛假印象變得容易,所以我們可

能會做得更過火。研究發現，人們在更新臉書動態時會誇大自己的重要性，而大多數人並沒有意識到這一點。[20] 抖音開發了一個影片編輯工具，讓使用者能更輕鬆地處理圖片，這個功能已經像病毒一樣流行起來。人們用它來改變自己的外表，甚至連 Zoom 這樣的視訊平台也附帶「美顏」的功能。

在網路上建構自己的身分可能很複雜。年輕人尤甚，但也包括其他人，我們都必須應對「情境崩解」（context collapse），因為我們在社群媒體上有許多不同且各自獨特的朋友圈。你在 LinkedIn 上向同事呈現自己的方式，可能與在 IG 上向父母或朋友呈現自己的方式大相逕庭。如果你的祖母也在你的好友名單裡，你不會想要發布一張酒醉後的照片——本來是想發給大學同學看的。因此，我們必須管理好自己不同面向的形象。

雖然建立和維護線上身分可能帶來獎勵，但同時也可能耗費大量時間。在我探索過的早期元宇宙中，身分似乎不那麼重要。然而如今，線上身分變得重要得多，甚至在篩選求職者或約會對象時，都會發揮作用。如果有一天真的出現一個包羅萬象的元宇宙，我們的線上身分極有可能會變得更加重要。

累積社會資本的需求

透過與他人互動獲得獎勵，是人類的基本渴望，IG、抖音或臉書等社群媒體平台正是利用了這一點。事實上，網路已成為社會資本的市集平台。社會資本指的是我們從群體中獲得的好處：我們透過人際關係交換資源，這些資源既可以是無形的社會資源，也包

括有形資源。你回覆電子郵件或 Slack 訊息，是因為你希望有一天，你的同事也能反過來幫助你。

在實體世界中，我可能會幫你跑腿到雜貨店買東西，但我也希望未來當我有需要、有困難的時候，你也會回報我。如果有熟人邀請你參加他所在組織的重要活動，你可能也會以某種方式回報。社會資本之所以對我們具有價值，是因為它幫助我們維持和拓展人際關係，就如同累積的點數，可以在未來某個時刻進行兌換。

Joan 是一名金融分析師，曾參與我們的一項研究，她認為回覆電子郵件是一種投資：「我總是立即回覆部門行政人員的電子郵件，因為我知道，總會有些時候，我得仰賴他們快速處理我的郵件。」她的觀點反映了，人們希望在線上互動中與同事、朋友、有時甚至是陌生人，保持社會資本平衡的原因。如果你覺得某人將來可能給你提供工作機會，你肯定會立即回覆他的電子郵件。由於社會資本是非常強大的社會機制，所以**我們會保持警覺，並對那些我們認為可以給自己提供資源的人做出回應，無論他們提供的是友誼、資訊、或是社會關係方面的資源。**

我們渴望獲得社會資本，這讓我們的注意力不斷被社群媒體所吸引。在這些平台上，人們獲得不同類型的資源，社會學家普特南（Robert Putnam）將其區分為結合型社會資本（bonding social capital）和橋接型社會資本（bridging social capital）。[21] 結合型社會資本讓人們透過在社群媒體上建立緊密聯繫，來獲得情感上的支持。而橋接型社會資本則是指，透過接觸和互動大量不同的人——這些人可能是熟人，也可能是朋友的朋友——而獲得的資訊。像臉書這樣的網站，同時提供了結合型和橋接型社會資本的好處，因為

人們既可以從自己緊密的小圈子中獲得情感上的支持，同時也能夠從更廣泛多樣的臉書朋友人脈中獲取資訊。[22]

與愈多不同類型的人建立聯繫，可能帶來愈多不同且具有潛在價值的資訊。例如，想要知道去何處尋找一間公寓，擁有 2,000 個臉書好友的人，就擁有豐富的橋接型社會資本可供利用。社會學家格蘭諾維特（Mark Granovetter）將龐大的朋友人脈稱為「弱連結的力量」（strength of weak ties）。研究顯示，相較於親密的朋友，人們更有可能透過與那些有弱連結的人建立的關係找到工作。[23] 然而，**獲得更多的橋接型社會資本是有代價的，它會占用我們的注意力資源，因為它要求我們處理更多通知、與更多人保持聯繫。**

累積社會資本需要付出一番努力，我們不可能單純靠滑臉書獲得這些資源。比起僅僅被動閱讀貼文，實際貢獻資訊並與他人互動時，我們會收穫更多好處。[24] 然而，我們可能沒有意識到，對累積社會資本的渴望，可能促使我們在電子郵件和社群媒體上投入更多時間。當然，這也會把我們的注意力，從其他需要完成的工作上轉移開來。

數位行為中的權力關係

存在於人際關係中的權力，也會影響我們在網路上的注意力和分心。對社會行為有敏銳觀察力的羅素曾說：「社會動力學的法則是只能用權力來表述的法則。」[25] 人類總是受到權力的影響：渴望累積權力，或屈服於他人的權力。權力是控制他人的能力，或是擁有他人所沒有的知識的能力。我們可能以自己都沒有意識到的方

第八章 社交獎勵與社會權力

式,對他人擁有權力。舉例來說,熟悉倫敦地理的人,可能對努力在這座城市找路的遊客擁有權力。

權力關係可以平等,也可以是不平衡的,後者的意思是,一些人擁有凌駕於其他人之上的權力。例如,父母對孩子擁有權力,主管對員工擁有權力,名人對粉絲擁有權力,潛在雇主對求職者擁有權力,黑幫教父高蒂(John Gotti)對甘比諾(Gambino)犯罪家族擁有權力——不過,甚至可能高蒂的母親也對高蒂擁有權力。

權力建立於社會階級制度之中。我們自然而然地都是社會階級制度的一部分,儘管是非正式的:我們的工作同事、鄰里社區協會、讀書會、運動隊、朋友團體,都是社會階級,還有高中班級當然也是不小的一個。

人們都希望在自己的社會群體中獲得地位,沒有人希望在社會階層中失去立足點。當一個人對他人擁有社會權力,他就控制了某種有價值的資源,而這些資源正是那些權力較小的人所渴望的。這種資源可以是金錢、工作,甚至也可以是影響力,例如你剛認識的人,可能有能力引介你進入一個你渴望加入的社交圈。因此,電子郵件和社群媒體等社會系統也涉及權力關係,這也就不奇怪了。**我們對網路的關注,反映了人類對爭取權力、並維持在特定社會階級地位的基本欲望。**

權力的概念可以在記憶中被促發和啟動,這顯示我們可以以無意識的方式對權力做出反應。[26] 權力關係的線索可能出現在電子郵件或社群媒體中,反過來又會促發人們想到地位。想想看,如果我們看到一個人的電子郵件簽名中包含「總監」的頭銜,或一個推特帳號名稱中有「博士」的字樣,或者一封電子郵件使用非常正式的

措辭，我們是不是會認為對方很有地位？

事實上，權力不僅體現在這些類型的跡象，也體現在人們實際撰寫電子郵件的方式。巴斯大學（University of Bath）的潘特莉（Niki Panteli）分析了兩個學術單位的電子郵件使用情況，發現根據個人地位不同，電子郵件的寫法也有所不同。地位較高的人（如教授）發送的電子郵件更簡潔、更正式，並帶有簽名檔；而地位較低的人（如支援人員）發送的電子郵件則傾向使用問候語，也更親切友好。[27]

現任職於密西根大學的吉伯特（Eric Gilbert）的一項研究，也顯示了電子郵件寫作中權力和地位的差異，這甚至反映在人們使用的短語中。[28] 藉由安隆（Enron）公司超過 50 萬封電子郵件的語料庫，吉伯特發現，地位較低者在寫給權力較高者的電子郵件中，會使用禮貌和恭敬的文字，例如「我想您可能會」（thought you would）；而地位較高者在寫給地位較低者的郵件中，則會使用「讓我們來討論一下」（let's discuss）這樣的短語。

即使在推特上也看得到社會權力，有趣的是，體現在表情符號的使用方式上：社會權力更高的人，使用表情符號的頻率更高。[29] 因此，無論是否意識到，我們在使用社群媒體時都在傳達權力，不管我們的地位是高是低。

網路上還存在其他顯示權力的跡象，訊息僅是其中之一。**一個人在推特、YouTube 或臉書上擁有的粉絲數量，顯示他是否有影響力，以及權力有多大**。我們都希望提升社會地位、獲得更大權力，因此，若有名人在推特上追蹤你，你就會像中了樂透一般高興。

在人際關係中，權力對人們投射注意力的方向起到關鍵作用。

第八章　社交獎勵與社會權力　　187

或許你能想到，地位較低的人更關注地位較高的人，而地位較高的人則不太關注地位較低的人。[30] 你可能花更多的時間焦急地檢查主管發送的電子郵件，而你的主管可能較少去檢查你寄來的電子郵件。**我們會急於回覆那些對自己有一定權力的人發來的訊息，因為權力高的人握有控制他人結果的能力。**[31]

我們回覆那些對自己擁有權力的人發來的電子郵件、Slack 訊息和簡訊，是因為這樣我們就可以對自己的命運產生一些影響。因此，我們保持高度警覺，不斷檢查收件匣中的關鍵訊息，因為錯過這些訊息可能帶來不好的後果。權力關係甚至會影響多工的情況。我的研究受試者表示，他們不僅根據截止日期來確定任務的優先順序，**還會考慮參與這項工作的其他人是否對自己擁有某種權力**，例如主管或有影響力的同事。

網路是一個完整的社會關係網，其中內建了所有隨之而來的權力複雜性。權力小的人會在心理上把自己束縛於網路，因為希望在社會階層中爬升；不過同樣地，權力大的人也會在心理上把自己束縛於網路，以維持權力。

人脈網絡的最佳大小

我們比照真實世界，在網路上建立了像社群好友這樣的人際關係模式。社群媒體平台提供了建立網路人脈的基礎，而建立網路人脈的方式，則反過來影響著我們的注意力。我們可以選擇把誰加為好友、加入多少好友，但我們實際能夠進行**有意義**互動的人數是有限的。

英國人類學家鄧巴（Robin Dunbar）發現，**人類能夠自然維持穩定人際關係的人數大約是 150**，這個數字不僅在高度發展的社會中成立，而且在許多不同的現代狩獵採集社會中也如此，例如生活在美洲北極圈周圍的因努伊特人（Inuit）。[32]（鄧巴還發現，在這個範圍裡，能與我們建立深厚情感關係的人，大約只有 5 個。）

根據鄧巴的研究，150 這個數字，既是基於大腦新皮質處理能力的限制，當然也是基於人們所能投入時間的限制。現在我們可能會以為，線上的人脈網絡可以拓展自身的能力，並降低時間門檻，因為和朋友傳訊息討論問題，比花時間在電話上交談或約出來碰面要快得多。協調社交計畫、出門到一個地方都需要時間，而且，面對面交談肯定比電子通訊要持續更久時間。然而，即使可以透過線上交流，我們似乎仍然難以克服生理和時間上的限制。一項針對近 200 萬推特使用者的研究發現，一個人能夠在網上建立穩定人際關係的人數，與「鄧巴數」（Dunbar's number）近似，即 100 到 200 之間。[33] 鄧巴還研究了人們在臉書和推特上與好友聯繫的頻率，進一步驗證了平均 150 人的說法。

那麼，我們要如何善用鄧巴數呢？我們可以**專注於對自己更有價值的社交關係**。當然，把人際關係限制在 150 人的範圍、其他人就忽略，這並不容易。可是，你應該權衡你正在交換的社會資本類型，以及你獲得的好處。為了管理你的注意力，**要先改變你對人脈網絡能給你提供好處的期待**。請記住，臉書這樣的社群網站，並不是為了發展新友誼而設計的，它們只是用來維繫舊友誼的。所以，不要指望你可以投入時間，和一千個人建立親密甚至穩定的關係。

當然，你可能偶爾會透過橋接型社會資本（你從不同的人那裡

獲得的資源）獲得回報。但是，**請仔細思考你的人脈網絡規模帶來的回報，與你投入的時間之間的比例，並權衡得失**。事實上，與大型的人脈網絡相比，較小的人脈網能帶來更多好處，正如一項針對線上求職平台 XING 的研究所示：獲得工作機會的最高成功率，來自 150 人的人脈網絡[34]——恰巧是鄧巴數。

我並不是建議你和任何人解除好友關係（雖然你可能會這樣做），而是請你思考一下，你在人際關係上付出的成本和獲得的收益，與花在社群媒體上的時間。想想第二章談到的框架錯誤：人們往往無法準確判斷哪些選擇會帶來好處，以及期望在自己的選擇上花費多少時間。你應該將有限的時間，投入在那些你真正重視並能從中受益的人身上，因為龐大的人際網絡可能意味著投入更多時間，而你投入的時間可能得不到什麼回報。

急著想查看社群媒體之前，**問問自己真正期待得到的是哪方面的社交獎勵**。或許你只需投入比現在更少的時間，就能獲得獎勵；你是否已經得到足夠多的獎勵（至少是今天），所以不需要再花更多時間在網路上了？用邊際報酬遞減的規律來看待你花在社群媒體上的時間，避免過度投入。

線上社會系統對年輕人造成的壓力尤其嚴重。對許多人來說，退出社群媒體就像切斷了通往世界的生命線。在我的一項研究中，一名年輕人表達了無法擺脫社群媒體的困境：「我以前嘗試過戒掉社群媒體，但它似乎已經成了一種必需品，因為我所有的朋友和同事都在上面。」[35] 因此，年輕人不停地查看自己的帳號，來獲得獎勵、尋求肯定、取得和維持自己在社交關係中的地位、參與同儕評

價和比較，當然也為了感受社會連結。要想真正改變現狀，需要在更廣泛的社會層面採取行動，幫助年輕人擺脫或減少使用社群媒體的時間。我將在最後一章討論這一點。

如果元宇宙真的出現，它將是最大的線上社會系統。如果我們現在已經在擔心注意力的問題，那麼我們確實需要為此做好準備。遺憾的是，像「直播！旅行者」這樣的早期虛擬世界並沒有持續太久。元宇宙將是一個規模大得多的科技公司帝國，由於它計劃涵蓋我們在網路上幾乎所有的活動，所以抗拒它的社會動力，將比今天更加困難。

身為人類意味著，我們很容易受到社會影響，渴望建立和維持自己的身分、與內團體建立聯繫，希望獲得社會資本，也希望實現社會地位。正是這個互相牽連的數位世界，以及與之相應的社會力量和社會動力，吸引我們關注和追隨它的步伐，並分散我們對其他目標的注意力。

不過，我們也有個體差異和獨特的人格特質，接下來我將探討，這些因素如何影響我們使用裝置時的注意力行為。

第九章
人格特質與自制力

　　每個人都有自己與生俱來的特質,這些特質讓我們與眾不同、獨一無二。有些人天生就是派對主角,而有些人更喜歡待在家裡看電影;有些人好奇心強、喜歡冒險,而有些人則滿足於熟悉的生活習慣;有些人容易產生負面想法,而有些人似乎從不擔心。

　　一個人甚至可能擁有看似不一致的人格特質。才華橫溢的鋼琴家霍洛維茲(Vladimir Horowitz)的演奏充滿情感、極富詮釋力,但他的生活卻非常規律,每晚都吃一樣的多佛比目魚和蘆筍,甚至到莫斯科演奏時,這些食物也要每天替他空運過去。[1]

　　人格特質影響著我們的行為。雖然我們可以對自己的行為做些改變,但無法改變本質上的性格。因此,不僅網路的設計、演算法和社會力量影響我們在數位世界的注意力行為,個人的性格本身也在其中發揮著重要作用。

　　有些人非常善於控制自己的情緒、想法和行為,換句話說,他

們善於自我調節。雖然自我調節能力並不是數位行為的唯一決定因素，但它確實可以影響我們的數位行為。

在讓大眾認識自我調節的概念這方面，幾乎沒有人比人格心理學家沃爾特・米歇爾（Walter Mischel）做出的貢獻更多。米歇爾是我在哥倫比亞大學讀研究所時的教授，我至今記得在上他的「延遲滿足」課程時，與他進行的討論。讓我印象深刻的是，他會傾聽學生，認真對待我們的想法和意見。這位溫文爾雅的教授擁有敏銳的智慧，在心理學領域創造了非凡成就。大多數人可能夢想在某個領域做出一項持久的貢獻，但米歇爾的研究實際上創造了兩次典範轉移，每一次都顛覆了對心理現象認知的傳統觀念。

棉花糖實驗與五大人格特質

在其中一項引起重大變革的研究中，米歇爾引入一種思考自我調節的新方法。這項研究在大眾媒體中被稱為棉花糖實驗，因為他在研究中用棉花糖作為獎勵。1970 年代在史丹佛大學期間，米歇爾請一群小孩子來到實驗室，讓他們坐在桌子旁，然後在他們面前放上一塊看起來很好吃的棉花糖。孩子們被告知，他們可以選擇現在就吃棉花糖，或者等 15 分鐘，那時可以得到第二塊棉花糖。

是否馬上吃棉花糖，也就是能否延遲滿足，這個看似簡單的選擇，卻產生了深遠的影響，甚至預測了許多人幾十年後的人生結果。那些無法抵擋棉花糖誘惑的孩子長大後，大學入學能力測驗分數較低、職業成功率較低、肥胖率較高，還出現許多其他不良後果。相對地，能夠忍住不吃棉花糖並耐心等待的孩子，到了青少年

時期表現出更好的專注能力。[2]

　　幾十年來，米歇爾的研究被多次複製。[3]誰能想到，對小小棉花糖的抵抗力，竟可以預測四十年後的人生結果呢？[4]記得我還是研究生時，曾和米歇爾討論過，為什麼幼兒在這個簡單實驗中的行為，可能預測日後的人生結果──是什麼心理機制造成的呢？其中一個想法是，能夠延遲滿足的孩子，可能更善於在腦海中想像或視覺化事物，以幫助他們度過等待棉花糖獎勵的 15 分鐘。

　　米歇爾的另一項偉大貢獻，是在 1968 年出版的《個性與測評》（*Personality and Assessment*，暫譯）一書。[5]在此之前，甚至現在，人格理論家們都有一個根深蒂固的假設，認為外向性等人格特質是相對穩定的。米歇爾挑戰了這種觀點，他在研究中證實，性格會隨著情境而變化。在任何情況下，總有一些線索指導人們如何採取行動：在家人面前我可能是一個外向的人，但如果我發現自己身處一群陌生人之中，我會變得相當內向。

　　這個見解的靈感源於米歇爾的親身經驗。他於 1938 年隨父母逃離納粹占領的維也納，來到美國，當時他只有 10 歲。他的父母在布魯克林定居，開了一間販售廉價物品的商店，米歇爾放學後幫忙送貨。這個奧地利移民小孩最終成為高中畢業生代表，並取得臨床心理學博士學位。然而，正是他父母的故事，深深影響了他對人格的思考。在維也納時，他的父親是一位自信的化學家，而他的母親是一個神經質的人；但到了美國後，他們的性格反過來了：在雜貨店工作的父親變得抑鬱寡歡，而當服務生的母親卻變得自信。

　　他們居住的國家改變了、生活方式改變了，連帶著性格也發生了變化。米歇爾透過這一觀察，對長期以來關於人格一致性的假設

第九章　人格特質與自制力　　195

產生質疑，並提出人格是由情境決定的理論。而另一派的人格理論家則認為，人格在不同情境中都是相對穩定的，尤其是在一個人年過三十之後。[6]

一派認為人格是根據情境變動的，另一派認為人格是穩定的，兩派理論一直僵持不下，直到米歇爾和正田佑一（Yuichi Shoda）提出統一的人格理論。[7]他們的觀點是，可能同時存在一個穩定的潛在人格系統，和隨情境變化的不同性格狀態。因此，一個人對某種情境的反應確實有規律可循，因為有一個更深層的潛在人格系統在引導這些反應。一個人在文人、藝術家聚居的紐約格林威治村（Greenwich Village）可能表現得很外向，而在保守、富裕的康乃狄克州格林威治鎮（Greenwich, Connecticut）可能就沒那麼外向了。

人格特質可以被視為一個系統，描述人們在這個世界上思考、體驗情緒和行為的方式。目前最常用的性格理論之一是「五大人格」理論，其背後有一段有趣的歷史。

這一理論的發展源於詞彙假說（lexical hypothesis），這個觀點認為，有意義的性格特質應該存在於人們的語言詞彙中，如「粗魯的」、「嘮叨的」或「討人喜歡的」等詞語，應該能反映出描述人格的特質。因此，我們應該可以從詞彙中推導出人格特質。

這正是奧爾波特（Gordon Allport）和歐伯特（Henry Odbert）兩位心理學家，在 1930 年代所做的嘗試。他們翻閱《韋伯字典》（Webster's dictionary），找到 17,953 個描述性格的詞彙，然後從中篩選出大約 4,500 個形容詞，這些形容詞描述了可觀察到的行為。但這些詞彙還是太多了，所以在 1948 年，心理學家卡特爾（Raymond Cattell）使用一種全新的技術──電腦，在這些詞中尋

找相似之處,並將它們歸納成 16 種不同的特質,這些鮮明的特質可以用來解釋和評估人格。

不過,米歇爾在 1968 年指出,人格測評無法預測人格,因為人格會受到情境的影響。由於米歇爾在這個領域極具影響力,他的觀點給研究帶來了一些阻礙。直到 1970 年代中期,其他心理學家才重新啟動這個領域的研究,包括科斯塔(Paul Costa)和麥克雷(Robert McCrae)領導的團隊。他們發現人格可以用五個核心特質來描述,現在被稱為「五大人格特質」,[8] 包括**外向性**(喜歡與人在一起還是喜歡獨處)、**親和性**(與人相處融洽還是難以相處)、**盡責性**(勤奮刻苦還是自由放任)、**神經質**(焦慮不安還是情緒穩定)、**開放性**(對新體驗持開放態度還是謹慎保守)。

但是,米歇爾對「五大人格特質」仍然抱有疑慮,認為它只是一種分類法,並不能真正解釋人們為什麼會有這樣的感覺,以及為什麼做出這樣的行為。[9] 我們可以把一個人描述為神經質,但這並不能解釋,為什麼這個人搬到另一個城市後會變得憂鬱。此外,五大人格特質也沒有解釋人們的性格如何受到社會和文化角色的影響,而米歇爾認為,這些因素才是顯示情境如何影響性格的關鍵。

1998 年,加州大學柏克萊分校的強恩(Oliver John)和加州大學戴維斯分校的貝內特—馬丁內斯(Verónica Benet-Martínez),開發了一個評估五大人格特質的測驗方法。[10] 儘管米歇爾不斷批評,[11] 但五大人格測驗仍然被廣泛應用。你可以做這項測驗,來了解自己的性格基本資料。*

---

* https://www.ocf.berkeley.edu/~johnlab/bfi.html

你可能會想，根據米歇爾對情境重要性的觀點，一個人的人格是否與他的文化有關。人們往往會對不同國家人的性格產生刻板印象。我們可能認為英國人拘謹，但其實他們在外向特質的得分名列世界前茅。[12] 我們也可能認為日本人害羞內向，但他們的外向性得分與波多黎各人相當。我們還可能認為瑞士德語區的人非常盡責，但他們在這一特質的得分與智利或西班牙人並沒有多大差異。[13]

不過，不同文化中其實存在一些性別差異，尤其在歐美文化中最為顯著。女性往往在親和性、神經質和情感開放性（開放性特質的其中一個面向）得分較高，而男性則往往在外向性和思想開放性（開放性特質的另一個面向）得分較高。[14]

不管人們怎麼想，但基於文化的性格刻板印象是毫無根據的。人格在某些情況下可能有不同的表現方式，但不能一概而論地應用於整個國家。考慮人格特質如何影響數位行為時，我們應該意識到，無論國籍和文化背景如何，我們每個人都共同參與其中。

外向、盡責和神經質的人使用網路更多

人格特質可以解釋很多行為。舉例來說，你可能沒有想到，性格甚至可以在一定程度上解釋喜歡的閱讀類型：開放性可以預測人們對文學和懸疑小說的閱讀偏好，不過不能預測對愛情小說的喜好。[15] 神經質不僅與遊戲成癮有相關性，而且奇怪的是，也與非遊戲玩家相關。[16] 使用網路進行不道德的學術行為（如抄襲），與親和性得分低、盡責性得分低和神經質得分高的人相關。[17] 五大人格特質也能解釋一些網路行為，例如外向者擁有更多臉書好友。[18]

但除了這些特定的網路行為之外，人格是否會影響人們使用網路或社群媒體的程度，一直存在爭議。研究結果觀點不一：有些研究顯示，外向性與人們使用網路的程度呈負相關；而另一些研究則顯示兩者之間沒有明顯關係。其他四種人格特質也呈現類似的情形，結果幾乎都不盡相同。

過去這些研究的問題之一，在於樣本主要來自不同的大學生群體。哈佛大學的學生和加州州立大學富勒頓分校（Cal State Fullerton）的學生，使用網路的方式可能截然不同，因此結果可能不具可比性。此外，大學生樣本並不一定具有多樣性，因為他們往往以白人和中產階級為主。再者，大多數研究都是在 2000 年代中期以來的十年時間內完成的，但這段時期網路變革迅速。

有一年，我在休學術長假期間去找以前的研究所同事甘扎克（Yoav Ganzach），他現在是特拉維夫大學的教授。我們都對人格很感興趣，討論了人格可能如何影響網路使用的想法。我們開始嘗試解決這些有爭議的研究發現。為了克服特定的大學生樣本可能帶來的偏差，我們想要研究一個具有代表性的大樣本。這種樣本很難找到，經過一段時間的尋覓，我們決定使用美國全國青年縱向調查（National Longitudinal Survey of Youth）的資料。

這是美國勞工統計局的一項計畫，多年來一直追蹤個人，收集有關就業、教育和健康等方面的調查資料，也包括網路的使用情況。這個樣本能夠代表美國的族群多樣性，包括非裔、西班牙裔和其他種族的美國人，以及可能不會在大學調查中出現的經濟弱勢白人。樣本總計 6,921 人，平均年齡為 26 歲，比一般大學生的年齡稍大。我們詢問了受訪者使用網路的整體頻率，以及在通訊、娛

樂、教育和購物等不同類型的網路活動中的具體使用頻率。同時,所有受訪者也都接受了「五大人格特質」測驗。

現在我們有了自己的資料,可以開始計算人格特質與這些不同類型的網路活動之間的相關性。我們發現,外向性、盡責性和神經質得分愈高的人,花在網路上的時間愈多。[19] 外向的人尋求自身以外的資訊,因此比內向的人花更多時間在與他人交流、網路娛樂、教育活動和線上購物,這個結果不令人意外。

然而,喜歡條理和計畫的盡責型人,卻呈現與直覺相反的結果:我們驚訝地發現,比起不那麼勤奮的人,盡責型人花在娛樂和購物網站上的時間更多。人們可能會認為,工作認真、有嚴格計畫的人沒有時間去娛樂和購物。但這種看似不合理的現象有其解釋。盡責型人靠線上娛樂在工作中休息,而不是靠散步等身體休息的方式,因為上網是一種在工作中花費時間最少的暫停方式,這一點我將在後文談到。因此,**盡責型的人可能會策略性地利用娛樂和購物活動來平衡壓力**,因為他們是非常勤奮的工作者。

這讓我們聯想到神經質的人,他們是最容易擔憂的一群。結果顯示,他們比非神經質的人花更多時間在網路上,這樣的行為可能是為了試圖緩解焦慮。我們發現,神經質的人也花更多時間與他人溝通、參與教育活動和購物。因此,神經質的人可能會透過購物的方式來紓解壓力。

我們的研究似乎顯示,人格特質與使用網路的程度,以及所參與的網路活動類型之間,確實存在相關性。然而,當我們進一步研究性格如何影響人們使用裝置時的注意力持續時間,情況就變得更加複雜了。

神經質和衝動的人更容易分心

又一年來到微軟研究院,又是一個西雅圖的美麗夏天。我覺得人格如何影響人們在電腦上一心多用的情形,可能會是個很有趣的研究。我與微軟研究院的同事澤溫斯基和伊克巴勒一起,仔細研究了五大人格的不同特質。

我們首先想到的,是神經質與快速、頻動的注意力切換之間的關聯。神經質的人往往會在腦海中一遍又一遍地分析過去的事件,就像一段音樂曲目在連續重播,這種在大腦中持續、即時的重播,會占用大量的認知資源。**如果對過去的擔憂耗盡了資源,可用於當前活動的注意力資源就會減少。**在人格測驗中神經質得分較高的人,在選擇性注意力任務中的表現也通常較差,因為在這種任務中,受試者必須集中注意力在某些事情上,同時忽略會分散注意力的刺激,[20] 就像史楚普色字測驗一樣。因此,我們預期,神經質的人在使用裝置時,可能更難集中注意力。

我們也推測,另一個可能影響一心多用行為的人格特質是**衝動性**(Impulsiveness),它正好是延遲滿足的反面。衝動的人很難克制自己衝動行事。就像難以抗拒眼前的棉花糖一樣,他們可能無法抗拒地點選電子郵件通知,甚至在沒有任何通知的情況下查看電子郵件。衝動性有不同的面向,會以不同的方式表現在人們的行為中。一種方式是短期表現,比如馬上抓起棉花糖,這種衝動行為被稱為「**急迫性**」(Urgency)。另一種是「**缺乏毅力**」(Lack of Perseverance),也就是容易放棄任務的傾向。如果在寫報告時遇到困難或數字運算變得複雜時,你很容易就會放棄,那麼你可能會在

缺乏毅力這項特質得分很高。

我們認為，衝動性的這兩個面向，或許都可以解釋人們在裝置上注意力短暫的原因。在急迫性面向得分高，代表一個人難以控制對外在或內在干擾的反應；而在缺乏毅力面向得分高，則表示一個人可能很容易放棄手頭的任務並轉移注意力，甚至可能在沒有任何外在干擾的情況下轉移。你可以使用 UPPS 衝動行為量表（UPPS Impulsive Behavior Scale），了解你在衝動性方面的得分。

為了了解人格與注意力切換之間是否存在關聯，我們在一間高科技公司招募了 40 名從事不同工作的受試者（男女各 20 名）。我們請每名受試者接受五大人格特質測驗。同時，我們也使用 UPPS 衝動行為量表[21]測量受試者的衝動性，尤其著重於衝動性的上述兩個面向。最後，我們還使用壓力知覺量表（Perceived Stress Scale）評估每名受試者的知覺壓力。[22]

我們請受試者像日常工作時一樣使用電腦，記錄他們 12 天內的電腦活動，這樣我們就能測量他們在電腦螢幕上的注意力持續時間。我們告知受試者，他們的電腦活動將會被記錄，他們可以隨時停止參與研究（沒有人選擇停止）。與其他研究一樣，我們只記錄他們使用應用程式和造訪網頁的時間戳記，並不記錄其他任何內容。我們可以分辨電腦何時進入睡眠模式，這代表受試者不在線上，從而排除那段時間的資料。最終，我們可以以秒為單位，精確測量受試者在每個電腦畫面上停留的時間，這有效反映了他們的注意力持續時間，以及他們當時正在看的內容。

正如預期，我們發現神經質得分愈高的人，在電腦螢幕上的平均注意力持續時間愈短，這一結果後來被我們發表在一篇名為〈神

經質的人難以專注〉("Neurotics Can't Focus")的論文中。[23] 很多事情都會干擾神經質的人進行手頭的任務，因為他們很容易擔心。

我們也發現，急迫性得分愈高的人，在電腦螢幕上的注意力持續時間愈短，這兩個變項之間存在非常強的相關性。不過，我們並沒有發現缺乏毅力的特質，與注意力持續時間之間存在任何關聯。因此，如果你是在面對困難時傾向放棄的人，這並不一定會影響你在電腦上的注意力持續時間。

神經質和衝動性的急迫性面向與更頻繁的注意力切換有關，這顯示可能存在一種可以被稱為易分心的潛在人格特質。我們運用統計軟體對資料進行研究，看看其中是否存在潛在的結構。結果顯示，神經質、急迫性與個人感知到的壓力，一起形成這條線索，我們將其命名為「**缺乏控制**」（Lack of Control）的人格特質。這顯示確實可能存在一種容易分心的人格特質，這種特質與在電腦上短暫的注意力行為相關。

事實上，已有研究提出將容易分心視為一種普遍的人格特質，並且它可能與 ADHD 症狀有關。[24] 一項實驗室研究發現，那些在孩童時期出現過 ADHD 症狀的人，往往更容易分心。然而我要強調的是，雖然 ADHD 症狀與極端神經質和衝動性的人格特質有關聯，但我們的受試者並沒有在這些特質上得到極端的分數。因此，我們在研究受試者身上發現的容易分心的潛在人格特質，不應與 ADHD 混為一談。

盡責的人更常被電子郵件干擾

我們都熟悉盡責的人,這種人格特質似乎對高效工作非常有利。然而,涉及到電子郵件時,這種人格特質實際上卻會適得其反。我們推斷,盡責的人可能會快速檢查和回覆電子郵件,因為電子郵件代表工作。

由於我們記錄了受試者使用的所有電腦應用程式,因此可以探究他們使用電子郵件的情況。我們仔細檢查了每名受試者的日常電子郵件行為,查看帶有時間戳記的電腦紀錄檔。我們發現兩種處理電子郵件的基本類型:一種是一直查看,另一種是一天中查看一次或幾次。我們預期,盡責的人更有可能持續查看電子郵件。我們從資料中發現的情況,證實了這個想法。

實際上,這個發現在極大程度上解釋了盡責的人檢查電子郵件的行為。[25] 盡責的人做事周全、仔細、自律,他們希望確保每封電子郵件都得到妥善處理,所以一直密切留意收件匣。因此,如果你是即使沒有任何通知也經常檢查電子郵件的人,你也可能在盡責性特質上得分很高。

最後,值得一提的是,開放性是影響數位行為的另一種人格特質。在一項早期研究中,我們比較了受干擾的人和未受干擾的人,發現**開放性人格特質得分較高的人,在有干擾的環境中表現更好**。[26] 一個人開放性得分愈高,他在不斷被干擾的情境下完成工作的速度愈快。一種可能的解釋是,對新體驗保持開放的人更加敏捷和靈活,可以更快回到中斷的任務中去。

用阻擋軟體對抗分心適得其反

解決分心問題已經成為一個龐大的市場，市面上不僅有大量的自我成長書籍，科技公司也紛紛加入競爭，致力於開發能阻止分心的軟體。目前主要有兩種類型的軟體：一種是讓使用者知道自己在各個網站上花了多少時間；另一種則是阻止使用者造訪最容易讓人分心的網站，用強迫的方式幫他們戒除網癮。

依靠科技來幫助我們克服科技帶來的干擾，這實在很諷刺。不過這些阻擋軟體的實際效果如何呢？既然我投入多年研究一心多用和分心的問題，我當然很想知道科技能否提供解決方案，幫助人們減少分心。我們最終的研究結果是，**一個人的人格類型會影響此類阻擋軟體的相對成功效果**。

在某個暑假訪問微軟研究院時，我和澤溫斯基、伊克巴勒進行了一項研究，測試了阻擋干擾的軟體，是否真能幫助人們提升對裝置的專注力。[27] 我們在一個組織中招募了 32 名受試者，參加為期兩週的研究。第一週，受試者像平常一樣工作。第二週，我們請他們在電腦上安裝阻擋軟體，並請他們選擇封鎖那些他們認為會分散注意力的網站（所選網站中大約 90％ 都是社群媒體網站）。同時，我們也請他們填寫五大人格特質量表。每週結束時，我們請他們填寫認知專注量表（Cognitive Absorption Scale），[28] 這個量表用於評估工作表現和專注能力。

第二週結束時，測量結果顯示，受試者表示在工作中**明顯更加專注，並自我評估工作效率更高**。這是個好消息。然而，他們在這段工作期間的**忘我程度也有所降低**，這意味著他們變得**更加**察覺到

時間的流逝。這也難怪，因為我們剝奪了他們最喜歡的社群媒體消遣。不過請記住，人們在處於心流狀態時感覺不到時間的流逝，因此這一結果顯示，他們在工作時並未處於心流狀態，但足夠專注。

不過，出乎意料的是，在使用阻擋軟體後，受試者對自己能否控制注意力的評價，平均而言並沒有改變。為什麼會這樣呢？畢竟，他們確實表示自己更專注了。原來，整體平均數有時會帶來誤導，就像把一隻腳放在滾燙的水中、另一隻腳放在冰水中，平均起來就像兩隻腳都放在溫水中。但這無法真實描述任何一種體驗。

仔細觀察資料後我們發現，顯示注意力控制沒有變化的平均結果，無法有效地解釋發生的事情。實際上，受試者當中存在兩種不同的基本人格類型：自制力強的人和自制力弱的人。自制力強的人在衝動性方面得分較低，在盡責性方面得分較高。與之相反，自制力弱的人衝動性得分較高，盡責性得分較低，而且眾所周知，高衝動性與自制力弱有關。[29]

分辨出這兩組人的存在後，我們發現一個令人驚訝的結果。首先，正如我們預期，那些自制力較弱的人表示，干擾被阻擋後，他們花費的心力減少了。這可以解釋為，軟體減輕了他們使用認知資源來阻止干擾所做的努力，因此，他們當然感到耗費更少的心力。

但令人意外的是，自制力強的人表示，他們的工作量實際上**增加了**。為什麼自制力強的人會覺得工作量增加了呢？起初我們對此感到困惑，但後來就明白了。這些人的自我調節能力很強，所以他們可以控制自己登入和登出社群媒體等網站的行為。而如果剝奪他們線上休息的機會，這些盡責的人就會持續工作。一名受試者表示，他**感覺工作效率提升了10%，但同時也更加疲憊**。另一名自控

能力強的受試者，由於工作太投入，錯過了最後一班回家的班車，這在以前從未發生過。[30]

身體和大腦都會對令人分心的事物做出反應。我們在這項研究中發現，數位世界中的自我干擾習慣，可能在人們身上根深蒂固，甚至影響到肌肉記憶。Andrew 是一名自我調節能力較低的受試者，他提到，即使使用阻擋軟體，他注意到自己的手指還是會習慣性地開始輸入 Facebook.com，而他甚至都沒意識到自己想要上臉書。

這種內隱的感覺運動（sensorimotor）技能，無需經過有意識的深思熟慮，就像鋼琴家坐在鋼琴前，本能地開始彈奏一首熟練的曲子一樣。基模的概念可以解釋這一現象。回顧一下，基模是人們腦中對某種行為模式的內在表徵，而在這個例子中，基模就是上臉書的日常動作。當手指開始輸入 Facebook.com 開頭的幾個字母時，肌肉運動會啟動儲存在腦海中的基模。這能夠解釋潛意識如何影響分心。

研究結束後，只有兩名受試者繼續使用這款阻擋軟體（軟體是免費的）。我們詢問了其他受試者的看法。有 20 人表示，他們可能會繼續使用，但需要對軟體進行修改，例如提供更多資訊，幫助他們學會自我調整。也有些人表示他們不會再使用，因為覺得受到了太多控制。

對於一些人來說，阻擋軟體似乎是解決之道，但把我們的自我調節能力拱手交給科技，會不會產生什麼後果呢？稍後我將討論，把發展自身能動性的責任交給軟體可能帶來的問題。我將論述培養自我調節能力的重要性。

糟糕的睡眠品質影響專注能力

睡眠不足已成為全球所有國家、所有年齡層和性別的人們，都面臨的大眾健康問題。[31] 不過你可能不知道，為什麼前一晚糟糕的睡眠品質，會影響今天的專注能力。

當認知資源耗盡，自我調節就會受影響，而睡眠不足會導致認知資源減少。因此，不良的睡眠習慣（或失眠），可能影響我們在數位世界中的注意力。你已經知道，睡眠不足時，第二天很難集中注意力。但睡眠不足究竟如何影響我們使用裝置時的注意力，需要進一步的測試。

大學生睡眠習慣差是出了名的。要測量睡眠習慣如何影響注意力，我眼前就有一群可研究的對象，就在我的大學裡。我與我的研究生王怡然（Yiran Wang）和尼婭（Melissa Niiya）一起，記錄了加州大學爾灣分校 76 名大學生 7 天的電腦活動，同時請他們記錄睡眠日誌。進行這項研究的時候，我們還無法用穿戴式裝置準確追蹤睡眠，當時睡眠日誌是臨床研究中用於測量睡眠的最可靠標準。

透過記錄受試者的電腦活動，我們得以了解他們在電腦和智慧手機螢幕上的注意力持續時間。我們證實，前一天晚上的睡眠時間愈短，第二天受試者在電腦和手機上的注意力持續時間就愈短。睡眠不足會消耗人們的資源，導致執行功能缺乏足夠的燃料，去抵抗干擾和保持注意力集中。

不僅僅是一個晚上的睡眠不足會影響注意力，多個晚上睡不好累積下來更是如此，形成所謂的「睡眠債」。如果一個人需要八小時的睡眠才能恢復精力，但每晚只睡六小時，他就欠下了睡眠債。

隨著每天睡眠時間都不夠，睡眠債也在持續累積。

把睡眠想像成在銀行帳戶中存錢。如果你的睡眠品質一直很好，你的帳戶裡就會有很多積蓄，讓你可以精神抖擻地開始新的一天。你也可以在週末補眠，還清平時積欠的睡眠債，就像在銀行中進行補償式存款。然而，如果長期無法獲得充足的睡眠，睡眠債就會不斷增加。在這項針對 76 名學生的研究中，我們發現，隨著每晚睡眠債的累積，受試者第二天花在臉書上的時間也相應增加。[32] 這種相關性不分年齡、性別、課業負荷和作業截止日期。

究竟為什麼睡眠債會導致人們更多地使用臉書呢？首先，單一晚的睡眠不足可能對個人影響不大，但長期缺乏優質的睡眠，也就是**累積睡眠債，會與日俱增地掠奪人的注意力資源。在注意力資源減少的狀態下，自我調節能力就會減弱，使人難以抗拒使用臉書等社群媒體網站的誘惑。**其次，如果你疲憊不堪，參與輕鬆的重複性活動，如瀏覽臉書、IG 或玩《糖果傳奇》，要比處理需要高度專注的工作容易得多。這就好比在長途騎腳踏車後，你已經精疲力盡，滑行下坡當然比爬坡更容易。

你可以克服人格特質的弱點

我們現在知道，自我調節需要認知資源的支持。[33] 如果你整個上午都在 Zoom 會議中度過，已經感到精疲力盡，那麼你下午就會更加忍不住去上 Reddit 等網站。同樣地，如果你累積睡眠債，就會很難集中注意力。**自我調節也會耗費用來抵抗誘惑或分心的注意力資源。**如果一個人在一天中已經花費了大量情緒能量來克制吃碳水

化合物,那麼他可能也就沒有多少自我調節能力,去抗拒在網路上一直追著自己的閃亮靴子。

米歇爾的棉花糖研究顯示,那些能做到為獲得第二塊棉花糖而延遲滿足感的孩子,擁有更強的自我控制能力,在青少年時期也更加專心、更能集中注意力。[34] 聽起來自制力似乎是與生俱來的,但在你對自己的人格特質過於悲觀之前,請記住,**環境和遺傳都對塑造自制力發揮著重要作用**。米歇爾研究的對象是史丹佛大學教授和學生的子女,而在後來的一項研究中,針對社會經濟地位較低的孩子,棉花糖實驗對於預測多年後自制力的效果就比較小。[35] 這強烈說明了環境因素的影響。事實上,也有其他研究顯示,父母的教養方式,包括密切監督孩子和糾正孩子的不當行為,對於促進孩子的自我調節能力有積極作用。[36]

我們的研究證明,人格特質可以在影響頻動性注意力方面發揮作用。神經質的人會因內心的擔憂(無論是真實發生的、還是自己的感覺)而分心,他們的注意力似乎會快速切換到許多不同的地方,包括電子郵件、臉書、IG、新聞或網路購物等。另一方面,盡責的人似乎會在較少的幾個目標之間切換注意力,譬如專注於手頭的任務和勤奮地查看電子郵件。就像每個人都擁有獨特的性格一樣,人們在使用裝置時似乎也有不同的注意力分配模式。

在數位時代,我們置身於一個不穩定的環境:我們一天中大部分時間都在使用裝置,資訊和他人都在不停地爭奪我們的注意力,因此我們一心多用,不斷受到干擾,並承受巨大的壓力,而且往往是自己施加的壓力。那麼,我們能否將分心歸咎於個人的人格特質

和自我調節能力呢？答案並非全然如此。人格特質可以解釋數位行為中的一些事情，包括使用網路的頻率、選擇造訪的網站、在裝置上切換注意力的頻率，以及切換的性質。但人格特質只是情況的一部分。

儘管我們天生具有某些特質，但我們肯定可以克服這些特質帶來的弱點。請記住，正如米歇爾指出的，我們所處的環境會影響性格。舉例來說，一個神經質的人坐在安靜的公園裡看報紙，他的專注力可能會持續很久，但在使用電腦或手機時，情況可能就不同了。相反地，一個盡責的人在使用電腦或手機時可能擁有較長的持續專注力，因為那代表著工作，但他在與人談話時可能就不那麼專注了。

不過，我們對裝置的注意力不僅受到性格的影響，還受到裝置在帶給我們幸福感（或不幸福感）方面所扮演角色的影響，我接下來就會介紹。

第十章

使用裝置時的情緒

在希臘神話中，英雄常常尋找極樂世界（Elysium）。這是古希臘版的天堂，是被神賜予永生的人所居住的地方。荷馬在《奧德賽》（*The Odyssey*）中描繪，在極樂世界，沒有人需要工作，眾神提供了宜人的天氣，沒有風暴，只有涼爽的微風。雖然這聽起來像是在預言現代佛羅里達州的一個退休社區，但希臘人筆下的極樂世界位於世界盡頭，一旦到達那裡，人們就能體驗無盡的幸福。

在很大程度上，人們一直在尋找這樣的極樂世界。而且，看似矛盾的是，神話也可以成為科學研究的靈感來源。由塞利格曼（Martin Seligman）和契克森米哈伊領導的正向心理學領域，其發展目的正是為了以科學的方式理解，在什麼情況下人們會感到樂觀、充滿希望和滿足，以及如何培養這些正向的態度。

體驗正向情緒可以帶來許多好處，尤其對身體健康有積極影響，甚至與長壽存在相關性。在 1930 年的一項經典研究中，居住

在美國不同城市的聖母學校修女會（School Sisters of Notre Dame）的修女，在二、三十歲時被修道院院長要求寫自傳。六十年後，研究者評估了這些自傳中表達的正向情緒程度，同時研究修女的壽命。結果顯示，那些表達正向情緒最強烈和最豐富的修女，比那些表達最少正向情緒的修女，多活了 10 年。[1]

能夠有效運用數位技術、管理自己的注意力和體驗正向態度，是本書的核心。我已經呈現了人們一心多用和被打擾的狀況有多嚴重，以及這兩種情況帶來的巨大壓力。數位裝置仍會一直存在，而且在這個相互牽連的世界中，想要長時間放棄裝置是不可行的。

那麼，使用裝置時，我們要如何才能感覺到正面情緒呢？一種常見的說法是，我們應該在使用個人裝置時努力實現心流，也就是沉浸其中的深度心理狀態，很像找到極樂世界的感覺。然而，正如我之前提到的，資訊工作的性質可能不利於大多數人達到心流狀態，體驗心流的方式還有其他許多種，包括藝術創作或音樂演奏。儘管如此，我們仍然可以學習用不會產生壓力的方式使用個人裝置，讓自己能夠感受到正面情緒、保持心理平衡並提升工作效率。

在本章中，我將闡述情緒在數位世界中的作用、情緒與注意力的關係，以及情緒體驗可以幫助解釋，為什麼我們的注意力會被裝置上的無腦活動所吸引。我將證明，進行無腦的重複性活動能讓人們感到快樂、幫助人們補充認知資源，進而解釋為什麼人們會沉迷於那些讓工作分心的活動。你可能不會想到，玩《糖果傳奇》實際上可以幫助我們在工作日達到心理平衡，不過你的想法可能很快就會改變。

作家、藝術家用重複性活動獲得靈感

插畫家、作家卡爾曼（Maira Kalman）以《我們為什麼分手》（*Why We Broke Up*，暫譯）一書中的插畫，以及眾多其他作品而聞名。她喜歡燙衣服。對卡爾曼而言，燙衣服是一種機械性、有助於沉思的活動，可以幫助她整理思緒。所以她在廚房的桌旁寫作，隨時可以燙衣服，有時還穿插著擦拭銀器。熨燙或擦拭銀器都是不需要用腦的重複性活動，就像安吉羅的紙牌和填字遊戲一樣。正如卡爾曼所說：「當你可以控制的事情如此之少時，找到一些可以掌控的小事會讓你格外安心，這會帶給你慰藉。」[2]

不僅是卡爾曼，許多藝術家或作家在創作過程中，都會沉溺於某些特殊而簡單的小習慣。早在網路出現之前，藝術家們就有一些儀式性的重複活動，**這些活動不僅讓他們得以喘息，還能幫他們理清思緒，有時甚至能激發他們的靈感。**貝多芬在腦中作曲時，會把水一遍遍地倒在手上，直到水流到地板上，惹惱了樓下的房客。每隔一段時間，他就停止這種強迫性的洗手動作，寫下一部分曲譜。[3]

葛楚·史坦（Gertrude Stein）的文風省略了逗號、句點等標點符號，讓閱讀過程沒有停頓。不過，她確實有在作品中融入停頓。她會短暫停下手中工作，凝視乳牛。在她和伴侶托克拉斯（Alice B. Toklas）居住的法國安省（Ain），她們開車穿越鄉村。史坦會打開一張摺椅、寫作，偶爾休息一下看看乳牛。托克拉斯時不時就把一頭牛推入史坦的視野，給她足夠的機會好好端詳一番。[4]

燙衣服、洗手、觀看牛隻，這些活動都使用重複、無須動腦的注意力。重複性活動有其好處，**既占據了思緒，又不會消耗太多認**

知資源。這種活動只需頭腦輕鬆投入,讓人可以在把難以解決的問題擱置一旁時,保持思緒敞開,為新想法的萌生或不成熟想法的發展留出空間。對這些藝術家和作家來說,這種重複性的事情是**刻意、甚至有目的的分心行為**。透過俄羅斯方塊等應用程式或 Wordle 等簡單遊戲,這種類型的重複性活動也可以在我們的裝置上輕鬆獲得,並且具有類似的功用。事實證明,重複性活動帶給我們的好處,遠遠超出想像。

正向情緒幫你恢復注意力資源

讓我們來深入探討情緒。儘管對情緒的確切定義一直存在爭議,但在情緒研究者當中已經形成一個有共識的概念,即情緒是對一些事件的反應,這些事件可能是內在的(一個念頭或一段記憶)或外在的(朋友打來的一通電話)。[5]但情緒不僅是對事件或其他人做出反應,情緒還能引發行動。遇到衝突時,人們面臨處理衝突還是迴避衝突的抉擇。從演化的角度來看,在原始時代,這是逃離熊、還是留下來跟熊搏鬥的問題;而放到現在,就是你會勇敢地面對脾氣暴躁的同事、還是會選擇離開的問題。

當一個人感覺到正向情緒,他更有可能勇敢面對脾氣暴躁的人,或任何與衝突有關的情境。[6]正向情緒給你勇氣。如果你能與那位同事和睦相處,你的感受可能會更加正向。我最喜歡的一句話來自哲學家紀伯倫(Khalil Gibran),他在《給予》("On Giving")一詩中表達了正向情緒和行動的遞迴(recursive)本質:「對於那些樂於給予的人,這快樂即是他們的回報。」[7]

明白了這一點,我們就可以更深入地探討,為什麼人們會尋求那些能帶來快樂的重複性活動。讓我們先來回顧自己在一天中進行的那些消耗認知資源的活動。如前所述,長時間的持續專注對認知能力的要求相當高。如果一天要開很多場 Zoom 會議,我們必須集中注意力,同時與他人互動。其次,多工處理或將注意力切換到不同的活動上,也會消耗有限的注意力資源,而且我們知道這會帶來壓力。此外,請記住,自我調節也會消耗資源,它會減少你應對負面事件的可用資源。如果你一整天都在努力克制自己去看推特或臉書的衝動,也會消耗你寶貴的資源。

如果你因為經歷負面事件而感到沮喪,例如在工作中得不到認可、論文被拒稿、與孩子或配偶發生衝突,這種情緒也會消耗你的資源,讓你感到疲勞。事實上,**我們消耗的資源愈多,負面事件對我們的影響就愈大**。[8] 因此,如果你感到疲憊不堪,你就較難應對未來可能出現的負面事件。而正向情緒就像盔甲,可以保護我們免受那些不良事件的影響。

瑞士的一項研究,驗證了正面事件可以幫助抵消負面事件影響的觀點。在瑞士的一個工作場所,研究者請 76 名員工填寫為期 2 天的日記,分三次進行,每次間隔六個月。受試者被要求記錄當天經歷的正面和負面事件,並在經歷這些事件的當下立即記錄。每天下班時,他們都要填寫一份評估疲勞程度的問卷。研究者發現,在經歷負面或不順遂事件後,當天同樣也經歷正面事件,有助於人們恢復消耗的資源。[9]

對這一研究結果的一種解釋是,正面事件可以引導人們的思緒從那些惱人的擔憂上面轉移開去。(不過,這對神經質的人來說可

第十章 使用裝置時的情緒　　217

能不太適用,因為他們傾向在腦海中一再重演負面經驗。)因此這項研究顯示,**度過糟糕的一天之後,經驗正面事件有助於補充資源。重複性活動與正面感覺有關,而且很容易做到,因而可以幫助我們累積資源**。重複性活動讓我們能夠放鬆一下,暫時擺脫緊張的工作,並恢復活力。如果你感到焦慮或壓力,那麼你就可能會選擇在電腦和手機上進行重複性活動,因為社群媒體和遊戲都很容易取得。如果你像史坦一樣生活在鄉村,你可能會選擇觀察乳牛。

感到正面時,人們會產生更廣泛的行動選擇,來應對不同的情境。舉例來說,假設你正在和一個很難相處的人開會,如果你感覺正面,你會想到更多方案來應對他。同樣地,如果你的孩子現在不肯合作,而你碰巧心情不錯,你就可能有更多點子來說服他。這種現象可以用「擴展與建構理論」(broaden-and-build theory)來解釋,這個理論認為,正向情緒可以增加認知資源,從而擴大人們的注意力範圍和可以採取的行動選擇。

有證據支持這一點。密西根大學的研究者福瑞緻克森(Barbara Fredrickson)和布拉尼根(Christine Branigan),在實驗室中向受試者播放了一些影片片段。這些影片片段包含能夠喚起正向情緒的內容,例如給人好心情的影片《企鵝》(*Penguins*),或是能夠喚起負面情緒的內容,例如電影《巔峰戰士》(*Cliffhanger*)中發生登山意外的場面。觀看影片片段後,兩組受試者被要求想像一個與他們感受到的情緒相關的場景,並寫下當時會採取的所有行動。想像場景的範例可以是,在戶外的大自然中,人們散步、觀鳥、坐在沙灘上、採花等等。

結果發現,觀看能激發正向情緒的影片後,受試者表示自己會

採取的行動,明顯多於觀看了氣氛緊張影片的受試者可能採取的行動。[10] 這項研究顯示,正向情緒可以拓展人們的視野,讓人產生更多行動選擇。因此,如果你需要應對脾氣暴躁的同事,同時感覺正面,那麼你應該會有更多點子來和這個人打交道。

正向情緒也可以幫助我們在經歷負面事件後重振旗鼓,正如福瑞緻克森和她的同事列文森(Robert Levenson)在另一項研究中得到的結果所示。他們向受試者播放影片片段,喚起他們的負面情緒。如果之後再給受試者看一些能喚起正向情緒的影片片段,他們就會更快恢復到基線情緒水準,[11] 而不會持續感覺負面。

總之,這兩項研究結果顯示,正向情緒有助於我們保持韌性,並採取行動重新累積可能已耗盡的資源。正向情緒提供了心理上的休息,讓我們能退後一步,重新恢復元氣。[12]

工作日中的情緒

我們可能會認為,人們在高度專注於工作時,會感到最快樂。大量研究顯示,投入一件事時,人們會感受到正向情緒。描述投入的注意力狀態有不同的說法,包括「心流」、「認知專注」、「認知投入」和「正念」,這些概念都與正向情緒相關。[13][14][15] 你可能想像得到,無聊的注意力狀態也始終與負向情緒相關。因此,我們可能會認為,在持續專注於自己的工作時,人們是目標導向的,因此一定會比進行玩《糖果傳奇》這種無需動腦的任務時,感到更快樂。但我的研究發現,情況並非如此。

在第三章中,我描述了人們如何在一天當中表現出不斷變化的

注意力節奏。我跟澤溫斯基和伊克巴勒使用一種經驗抽樣技術，請受試者報告他們**當下**投入的程度和面臨挑戰的程度。在研究中，我們請 32 名受試者每天填寫 18 份簡短的問卷，持續一週。在這些問卷中，我們也請他們報告自己的情緒體驗。問卷中的回答生動地呈現了受試者在整個工作日中的感受。[16]

問卷是根據盧素（James Russell）的情感模型設計的，他是一位專門研究情緒的心理學家。[17] 情緒由許多情感成分組成，其中兩個最重要的成分，是情緒的基本狀態，即**價性**（valence）和**警醒度**（arousal），這兩個成分對情緒體驗的影響比其他成分更為顯著。價性是用來評估感覺或情緒的品質的一個術語，其範圍可以從極端正面到極端負面。警醒度可以理解為你感受到的能量有多少，它也存在一個連續變化的範圍，從極高（感到精力充沛、蓄勢待發）到極低（感到能量耗盡）。

發展這個模型的動力在於，人們很難區分不同類型的感受，有時情緒是模稜兩可的。我們可能感到負面，但很難確定自己感到的是悲傷、羞恥或憤怒。如果只需要辨識兩個面向：我們的感受是正面還是負面，以及感受有多少能量——那麼區分感受就容易多了。例如，剛獲得加薪，你可能感到超級快樂、能量充沛；或者當你辛辛苦苦做的提案被拒絕，你可能感到憤怒和精疲力竭。

這兩種測量標準均已通過神經科學和生理學研究的驗證。研究發現，大腦區域出現的活躍狀態，能夠對應到與正向或負向情緒相關的不同主觀感受。[18] 警醒度也有得到驗證：研究顯示，心跳、皮膚電導反應和腦電圖等生理訊號的測量指標，與人們對警醒度的主觀感受高度相關。[19][20]

警醒度：高

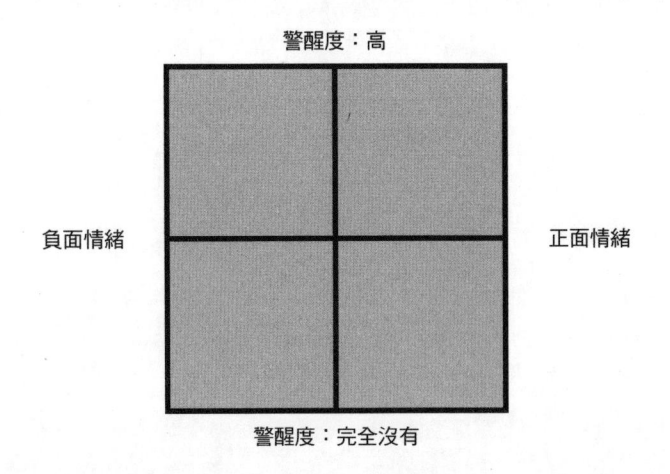

負面情緒　　　　　　　　　　　　　　　正面情緒

警醒度：完全沒有

圖1：向受試者提供的經驗抽樣問卷，用來測量他們一整天的情緒。受試者被要求點選網格中最能反映自己當下情緒的部分。

圖1是我們在研究中使用的問卷，這份問卷全天都會在受試者的電腦上跳出來。問卷呈現一個有橫軸和縱軸的網格：橫軸代表價性，縱軸代表警醒度。受試者被要求點選網格中最能代表他們**當下**感受的部分。如果感覺非常正面、能量充沛，他們就會點選右上角的最頂端。如果感覺比較正面、精力適中，他們就會點選右上象限中間的部分。換句話說，他們會點選網格上與自己當下感受相符的確切位置。價性（感受的**類型**）和警醒度（感受的**多寡**）這兩個面向，都採取連續測量，以符合情緒體驗在一定範圍內變化的概念。因此，受試者可以點選網格上的任意位置，以盡可能準確地呈現自己在這兩個面向的感受。

研究開始前，我們請受試者和我們一起練習點選操作，並提出

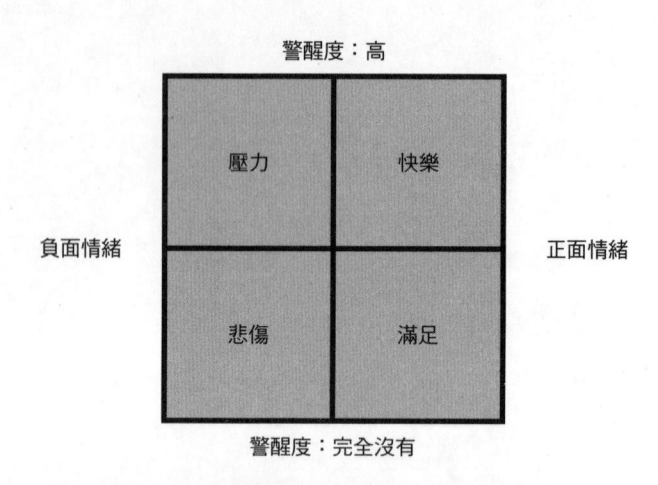

```
                警醒度：高

          ┌─────────┬─────────┐
          │         │         │
          │   壓力   │   快樂   │
          │         │         │
負面情緒   ├─────────┼─────────┤   正面情緒
          │         │         │
          │   悲傷   │   滿足   │
          │         │         │
          └─────────┴─────────┘

              警醒度：完全沒有
```

圖 2：以盧素模型的四個象限解讀情緒。[21]

問題，以確保他們了解如何在網格上反映自己的感受。確認受試者能夠在問卷中準確地反映自己的情緒感受之後，研究才開始。受試者的辦公室就是一個生活實驗室，所以他們在日常工作中會體驗到各種各樣的情緒。在取得受試者同意的情況下，我們也悄悄記錄了他們的電腦活動。

請記住，價性和警醒度是描述一系列情緒的兩個要素。因此，根據盧素的理論，我們可以將網格中的答案，解釋為壓力、快樂、滿足、悲傷等基本的情緒感受（圖2）。請注意，受試者並不會在網格上看到這些情緒名稱，他們只能看到標記的方位，像圖1那樣。如果受試者點選右上象限（正面價性和高警醒度），這可以解釋為感到快樂。如果受試者點選左上象限（負面價性和高警醒度），則會被解釋為感到壓力。點選右下象限（正面價性和低警醒

度）代表感到滿足。點選左下象限（負面價性和低警醒度）則代表感到悲傷。更概括地說，如果受試者點選了網格右半部分的任何位置，則表示他感到正面（快樂或滿足）；如果他點擊網格左半部分的任何位置，則表示感覺負面（壓力或悲傷）。

不費力的投入最快樂

現在讓我們回到前面所述，大量研究顯示，人們在高度投入一件事，例如閱讀時，會產生正面的心情。儘管有這些過去的研究發現，但我們的研究結果令人驚訝：我們發現，**人們處在重複的注意力狀態時最快樂，勝過處於專注狀態之時。**還記得嗎，重複的注意力狀用於那些很投入、但沒有挑戰性的活動，我們每天都在做這些活動，像是玩紙牌，也包括瀏覽推特、網路購物和滑臉書。

還記得嗎，如果受試者表示自己正投入於一件事，我們也要求他們指出在活動中面臨的挑戰有多大。過去的研究顯示投入度與正面情緒有關，但並未像我們的研究那樣，區分受試者是否感到困難。像卡爾曼那樣投入熨燙等重複性活動，與投入寫作等困難的活動是不同的。不過，與過去的研究一樣，我們也發現人們在進行枯燥的活動時，確實會感到負面。因此，使用少量認知資源、對認知要求不高的重複性活動，與正向情緒最具相關性。這項結果顯示，人們在玩《糖果傳奇》時，會比從事持續專注的工作時更快樂。

為什麼研究顯示受試者不是在專注狀態下最快樂呢？首先我們發現，當受試者專注於工作時，他們往往也會感到壓力，壓力進而又被證明與較低的正向情緒和較高的負向情緒相關。[22] 其次，雖然

過去的研究發現,處於專注狀態與感覺正面有關,但這些注意力狀態是在投入度這個單一層面上測量的,沒有考慮到可能存在不同程度的挑戰,也就是說,專注於某些事情可能比專注於其他事情更具認知挑戰性。如果我們解讀投入一項活動的含義,它可能涉及具有挑戰性的體驗,例如閱讀困難的讀物,也可能涉及不那麼具有挑戰性的體驗,例如觀看 YouTube 影片。

當你在困難的活動中使用持續性注意力,認知負荷就會產生,我們從實驗室研究中得知,你無法持續維持專注太久,因為你的表現會開始下降,這是資源被耗盡的緣故。[23] 而使用重複的注意力,只需要很少的注意力資源。我喜歡做簡單的填字遊戲,我可以很快解答這些問題,輕易就能得到滿足。在數位多工的環境中,這些重**複性活動相當輕鬆,也能帶來樂趣,而且還很容易取得**。因此,我們會花大量時間進行重複性活動,原因之一是,你很難從讓你快樂的事情中抽身出來。但遺憾的是,對大多數人來說,我們不能每天都只做重複性活動。

有沒有另一種可能:重複性活動並不會「導致」人們感到快樂,而是因為他們已經很快樂了,所以才會做一些毫不費力的事情?我們發現重複性活動與正面情緒之間存在強相關性,但並不能證明,是重複性活動「導致」了正面的感受。

不過,我傾向認同這種看法。卡爾曼認為重複性活動給她帶來了慰藉;我也聽許多受試者說過,在需要緩解壓力或讓心情變好一點的時候,他們會轉向重複性活動。根據我個人的經驗,重複性活動是一種放鬆和補充能量的方式。自從開始研究人們使用裝置時的注意力,我意識到重複性活動確實能令我放鬆和平靜。

臉書和面對面互動，哪個更令人快樂？

如果我問你，你認為臉書上的互動和面對面的互動，哪一種能讓人更快樂，你會怎麼回答？我經常問別人這個問題，大多數人都說是面對面的互動。然而結果會讓你大吃一驚。

如果你還記得，在第三章中我曾討論過，使用臉書時，人們感到自己在做重複的活動，甚至會感到無聊。[24] 我與澤溫斯基和伊克巴勒曾在微軟研究院進行一項研究，我們請32名受試者佩戴SenseCam相機一週，以便每隔15秒對他們看到的事物拍攝照片。應用人臉偵測軟體後，我們可以確定他們何時在進行面對面互動。

同時，我們也使用了正負向情緒量表，這是一種經過充分驗證的量表，透過請人們對20種不同類型的情緒（包括有趣、熱情、焦慮、苦惱等）進行感受度評分，來測量主觀情緒。[25] 我們要求受試者上班後第一時間填寫正負向情緒量表，並在下班前再填寫一次。如果一個人在早上開始工作時非常正面，但一整天過得很辛苦，那麼正負向情緒量表上的分數，將反映他一天的情緒，呈現從正向到負向的變化。同時，我們還根據盧素的情緒模型，使用如圖1的經驗抽樣，了解受試者當下的情緒。與此同時，受試者也報告了自己當下的投入程度和面臨挑戰的程度。

那麼，人們在臉書上的正面情緒，與面對面互動中的正面情緒相比如何呢？我們首先檢視了互動發生時的情緒，透過經驗抽樣問卷進行測量。我們發現，根據受試者當下的報告，與人面對面交流時，比在臉書上互動時更快樂。

但是，觀察受試者一天的心情，我們發現，受試者在臉書上花

的時間愈多，他們在一天結束時就愈快樂。但一天當中面對面互動的時間，與一天結束時受試者的情緒變化之間，卻沒有相關性。

如何解釋這兩種不同的結果呢？我們認為，問卷捕捉的是當下的情緒，這種情緒可能不會持續很久；而正負向情緒量表對於一天結束時的評估，則從另一方面反映了受試者當天的情緒起伏。因此，儘管人們可能在面對面互動的當下感到比較快樂，但在一天的過程中，這些快樂的時刻，很可能並沒能累積成更多的正向情緒。

這裡可能還有另一個潛在原因。我們想知道注意力是否在此發揮了作用。我們調查了受試者在每種互動方式之後所報告的投入程度。結果顯示，與臉書互動相比，面對面互動時的投入程度更高，這是我們意料之中的事。面對面互動更需要動用注意力，這似乎是合理的；但與此同時，人們一旦開始面對面互動，對自己注意力的控制可能就會減少。

面對面互動包含多個階段。首先是開場白階段，你要向別人問好；然後是互動本身；最後是結束階段，你需要進行告別的動作——「我明天再跟您後續聯絡」。如果你壓力很大，手邊有一大堆工作要做，或是截止期限迫在眉睫，那麼你最不希望的就是被困在面對面互動中。除非你總是表現得很不禮貌，否則一旦過了開場白階段，你就很難中止互動。

而與之相反，人們可以自由選擇何時上臉書（儘管許多人一旦上了臉書就可能失控）。如果你正在努力工作，那麼臉書就提供了一種便捷的方式，讓你可以休息一下，做一些重複性活動，這當然有助於補充資源，令你感覺更正面。

多工時的負面情緒會傳染

我們會被情緒正向的人所吸引，所以那些在休息室裡對我們微笑的人，會引起我們的興趣。如果想要進入同事的辦公室，我們會偷瞄一下情形，看看對方是否方便說話，如果對方一臉不悅，我們就會默默知難而退。

或許你還記得第四章所述，人們在一天中的大部分時間都在一心多用，而一心多用會讓人感到壓力。然而，組織是一個社會環境，人們經歷一心多用時，往往是在工作場所、與其他人在一起。在多工和不斷被打擾的情境下所承受的壓力，如何影響人們與他人相處時的情緒呢？人們在一心多用時的情緒，是否會公開地表露在臉上，讓其他人看得出來呢？

我們決定對此進行測試。我和同事古鐵雷斯—歐蘇納（Ricardo Gutierrez-Osuna）、帕夫利迪斯（Ioannis Pavlidis）以及我們的研究生進行了一項實驗，研究人們如何表達多工時的情緒。我們招募了 63 名受試者，將他們帶入實驗室，模擬了一個需要多工且充滿干擾的辦公環境。我們知道電子郵件是干擾的主要來源，所以決定用電子郵件來進行干擾。

我們要求受試者完成一項寫作任務，主題是「科技奇點」，即機器超越人類文明時可能發生的情況，我們希望這個主題對受試者具有啟發性和吸引力。接著，受試者被隨機分配到兩種情況之一：在按順序完成任務的情況下，受試者先收到幾封電子郵件，他們需要回覆這些郵件，然後再進行論文寫作；而在多工處理的情況下，受試者先寫論文，在寫論文的整個過程中會被隨機打斷，收到與順

序任務組相同數量的電子郵件,並被要求立即回覆。我們對這些郵件進行了預先測試,確保受試者必須給出深思熟慮的回覆,例如詢問有關國內旅行的建議,或對善意謊言的看法。

我們錄影了受試者在這兩種情況下的面部表情,並使用熱成像攝影機測量他們的壓力,這種儀器能根據臉部鼻唇溝(鼻子和嘴唇之間的三角形區域)的汗水,非常準確地檢測壓力。我們接著使用自動面部表情辨識程式,這個程式可以準確辨識七種不同的情緒:憤怒、厭惡、恐懼、快樂、悲傷、驚訝和中性。我們發現,**在多工時,受試者的臉部表情呈現出更多的負向情緒,尤其是憤怒**,如圖3所示。而在沒有多工的情況下,受試者的情緒表達則更加中性。[26] 有趣的是,在一下子收到所有電子郵件的情況中,受試者在處理電子郵件期間的憤怒表情,與處理寫作任務時相比,呈現上升趨勢。

我們也向受試者提供了第五章提到過的NASA任務負荷指數量表。結果顯示,那些不斷受到干擾的受試者,評估自己的心理負荷和費力程度較高。因此,客觀測量所顯示的情緒,看起來與受試者的主觀體驗相符。也請注意,研究證明,認知負荷與所使用的潛在認知資源相對應。[27] 因此,那些不斷被干擾的受試者心理負荷更高,也就意味著他們消耗的資源更多。

雖然我們無法確定受試者的面部表情是否反映了他們的實際感受,但我們確實知道,受試者感受到和表達出來的情緒是緊密相連的。[29] 因此,如果你的面部表情顯示你看起來很悲傷,你可能確實感到悲傷,雖然這並非一定成立。同樣地,如果你的臉上流露出興奮之情,很可能你的情緒是正向的,雖然也不一定總是如此。

人們的情緒表達和行為會對他人產生影響,尤其是在公共場

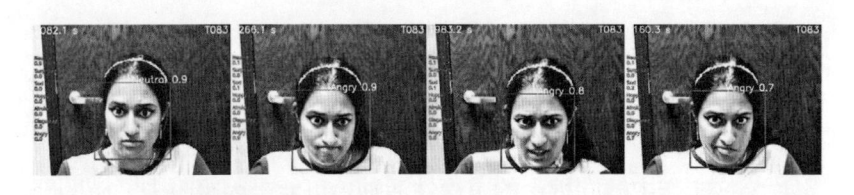

圖3：左邊的圖片是受試者在沒有干擾的情況下執行任務，呈現中性的情緒。右側三張圖片顯示的是同一個人在多工的同時不斷受到干擾，呈現憤怒的表情。[28]

合。情緒有傳染的效果，一個人的情緒會影響另一個人表達相似的情緒，[30] 因此，頂尖研究者巴薩德（Sigal Barsade）稱人們為「行走的情緒感應器」。[31] 所以，我們在裝置上的行為會影響自己的情緒，而這些情緒可能被他人察覺。簡而言之，人們在多工時，不僅會感到壓力和疲憊，還可能將這些負向情緒傳染給別人。

利用重複性活動提升工作效率

考慮到人們在工作中經歷了非常嚴重的多工和干擾，重複性活動可以發揮一些作用，在壓力環境中激發正面情緒。我們從重複性活動中獲得的正向情緒獎勵，可以解釋為什麼我們會被社群媒體和簡單遊戲等輕鬆活動所吸引，因為這些活動不費吹灰之力就能帶來快樂。作家貝克（Nicholson Baker）就會留出時間進行他所謂的「日光型工作」（daylight kind of work），也就是壓力小、對認知資源要求不高的工作，例如把筆記內容打字起來或抄錄訪談內容。[32] 在第三章介紹的不同注意力節奏的研究中，我們也發現，人們需要時間來累積專注力，而貝克的日光型活動，可能有助於他為迎接寫

第十章　使用裝置時的情緒　　229

作這項艱巨的任務做好準備。

　　在這個數位時代，我們每天大部分時間都面對著螢幕，因此有更多機會進行與工作無關的重複性活動，例如瀏覽推特或觀看抖音影片。從工作中轉向線上的重複性活動，可能是因應壓力、時間緊迫和多工的日常生活，所產生的結果。但它也有好處：能幫我們釋放緊張感。

　　你可能沒有想到，輕鬆、無腦的活動會對你的工作有幫助。透過這些無需動腦的活動，我們有機會讓頭腦中的問題慢慢醞釀；思考其他不會消耗認知資源的事情，可以幫助我們產生解決方案。[33]由於正向情緒與更多的行動選擇有關，如果我們可以**從重複性活動中收集正向情緒、補充能量，它甚至能幫我們提升創造力**。重複性活動可以幫助我們調整情緒回到理想的狀態，或許這也解釋了為什麼我們如此喜歡這類輕鬆的活動，因為它能幫我們實現心理平衡。

　　請記住，注意力是目標導向的。當我們忽略自己的目標，注意力就會被內心想法或外界刺激所牽引，轉向不那麼費力、且可能更有正向獎勵的情緒活動。而如果你**牢記更高層次的目標，並把重複性活動視為實現目標的一種手段**，就像安吉羅讓「小腦袋」與「大腦袋」協同工作那樣，你就能降低陷入重複性活動陷阱的風險。

　　重複性活動是否有助於提升工作效率呢？如果你是像泰勒一樣的效率專家（還記得嗎，他曾使用碼錶測量工人的工作效率），那你就很難評估重複性活動對工作效率的幫助。之前提到的行為主義心理學家史金納，把園藝和游泳視為「沒有價值的浪費時間」，因為它們占用了他的工作時間。[34]史金納用蜂鳴器記錄工作開始和停止的時間，並設定鬧鐘在晚上響四次，叫醒他起來工作一個小時。

史金納並沒有給重複性活動保留時間。

　　如今，生產力應用程式可以追蹤你使用裝置的時間，為你提供資訊，顯示你何時上推特等網站、何時使用 Word 等辦公軟體。這些應用程式的目的，是幫助你以可量化的方式最大化工作時間。然而，對於知識工作者來說，這類應用程式無法捕捉到，在主要專案之外進行的無需動腦的活動，如何給我們帶來快樂、減輕壓力，並透過讓問題醞釀，潛在地幫助我們解決問題。

　　這類生產力應用程式所指的生產力，並不包括哲學家維根斯坦（Ludwig Wittgenstein）削馬鈴薯的時間──維根斯坦認為這是他思維最活躍的時間；也不包括愛因斯坦長時間陷入沉思或拉小提琴的時間──愛因斯坦甚至聲稱，音樂幫助了他的工作，促成他產生相對論的靈感。[35]

　　接下來，我將從更廣泛的角度來檢視注意力，看看除了電腦和手機之外，我們的注意力與各種媒體之間的關聯。

第十一章

其他大眾媒體的交互影響

身為家長，我感到自豪的是，我的孩子在一個沒有電視的家庭中長大。2000 年我們全家從德國搬回美國時，我先生堅持家裡不能有電視。從他歐洲人的角度看來，美國的電視節目充斥著太多的暴力內容。然而在美國，在家裡沒有電視的環境下養育孩子並不容易。我的孩子受到強烈的同儕壓力，他們的朋友都在追電視節目，他們因此覺得被排除在外。我開始質疑我們的做法是否正確。

然而，後來發生了一件有趣的事。幾年後，有一次我休學術長假時，我們全家去柏林住了一年。我們租的公寓裡有兩台電視機。有一天，我正在努力工作，孩子們卻在我身邊不停地轉來轉去，害我無法集中精神。於是我說了一句幾個月前絕不可能說的話：「去看電視吧。」結果他們大聲抗議：「不要，太無聊了！」這時我知道，我們當初的決定是對的。

大多數人在日常生活中都會接觸到電腦和手機以外的各種媒

體。研究證實,我們的注意力不僅在電腦上快速切換,而且在**觀看電視、電影、音樂錄影帶和廣告時也是如此**。只是在這些情況下,是導演和剪輯師決定了你注意力切換的速度。

在本章中,我將向你展示,我們接觸的各種媒體,同樣也會引發非常快速的注意力切換。我認為,透過更廣泛地沉浸於媒體,我們已經對螢幕內容的快速變化產生了期待,這可能影響我們在個人裝置上的注意力切換,以你可能根本沒有意識到的方式。

電視和電影鏡頭愈來愈短

大多數美國孩子從小就接觸電視,平均每天在電視螢幕前花費約 2 小時 15 分鐘。[1] 而且,看電視的習慣世代相傳。根據 2021 年尼爾森整體閱聽眾調查報告(Nielsen Total Audience Report),[2] 美國 18 歲以上的成年人平均每天看電視 4 小時 24 分鐘,遠超其他國家:這個時間在英國是 3 小時 12 分鐘,[3] 在法國是 3 小時 49 分鐘,[4] 在日本是 2 小時 41 分鐘,[5] 而在中國是 2 小時 30 分鐘。[6]

這還不包括在串流媒體網站上花費的時間,也還沒有包括花在電腦和手機螢幕上其他活動的時間。尼爾森報告指出,美國人平均每天在電腦、平板電腦和手機螢幕上花費 5 小時 30 分鐘。[7] 這個數字針對所有年齡層的美國人,而非僅限在工作中使用電腦的人。最令人驚訝的是,若再加上觀看電視和電影等其他媒體的時間,我們會發現,**人們每天花費將近 10 小時,在某種媒體環境中,注視某種形式的螢幕**。[8]

但是,所有這些觀看電視或電影所花費的時間,與我們使用裝

置時的注意力持續時間,兩者之間存在怎樣的關聯呢?在觀看電視節目、電影或音樂錄影帶時,我們的注意力會以極快的速度從一個鏡頭轉移到另一個鏡頭。鏡頭是觀眾能感知到最短的連貫影片單位。[9] 每個鏡頭由一系列影格組成,影格的數量是每秒 24 個或 30 個,由於速度太快了,單一影格是無法被人眼識別的。鏡頭本身的長度經過剪輯室裡的精心設計,連同每個鏡頭裡的動作和燈光,都是為了引導觀眾的興趣和情緒,並製造緊張氣氛。

鏡頭中呈現的動作類型一直在改變。根據電影學者庫廷(James Cutting)及其康乃爾大學同事的研究,包含動作起始的鏡頭(如一個站著的人接著跑起來)愈來愈多,因為電影創作者認為,這樣更能吸引觀眾的注意力。[10] 相較於已經在移動的物體,人們更能準確地偵測從靜止變成移動的物體。[11] 當物體開始移動,人們會感知到刺激,並處理刺激——就像處理電腦螢幕上閃爍的通知一樣,我們會不由自主地注意到通知。

另一個影響觀眾注意力的變化是,**過去幾十年來,鏡頭的長度愈來愈短**。同步聲音電影在 1920 年代末問世,是導致鏡頭長度增加的最初原因,因為這樣可以讓觀眾更專注於對話。1930 年電影鏡頭的平均長度是 12 秒,但隨後開始縮短。根據庫廷及其同事的測量,2010 年之後,鏡頭的平均長度已不到 4 秒。[12] 有趣的是,電影續集的鏡頭長度也在縮短。《鋼鐵人 1》的鏡頭長度平均約 3.7 秒,《鋼鐵人 2》平均約 3.0 秒,而《鋼鐵人 3》則降到平均約 2.4 秒。[13]

電視節目依循與電影類似的模式,鏡頭長度逐年遞減。圖 1 顯示電影(自 1930 年開始,根據庫廷及其同事的研究)和電視節目(自 1950 年開始,由巴特勒〔Jeremy Butler〕[14] 測量)到 2010 年為

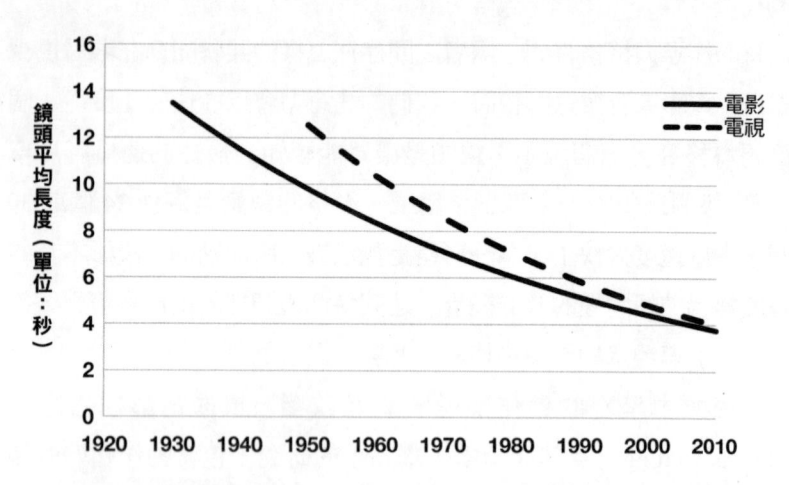

圖 1：幾十年來電影和電視節目平均鏡頭長度的變化趨勢（資料來自庫廷等人[12]和巴特勒[14]）。

止的平均鏡頭長度變化。如圖所示，幾十年來電影和電視鏡頭的平均長度均呈現下降趨勢。1950 年，電視鏡頭長度平均約 13 秒，接近 1930 年電影鏡頭的平均 12 秒；而到 2010 年，電影和電視鏡頭都縮短至平均不到 4 秒。考慮到人們每天花 4 個半小時看電視，我認為在這樣長時間的觀看習慣之下，**人們已經開始期待簡短和快速切換的內容。**

在音樂錄影帶中也可以發現簡短的鏡頭。根據 Cinemetrics 網站，從 1984 年到 2014 年，155 部 MTV 最佳剪輯獎獲獎和入圍影片的鏡頭長度中位數僅為 1.6 秒，[15] 代表如此短的鏡頭已在 MTV 影片中使用了長達三十年。YouTube 上觀看次數最多的前十名短片全部都是音樂錄影帶，它們的鏡頭都很短，而且變化很快。[16]

Psy 的《江南 Style》是 YouTube 上最受歡迎的音樂錄影帶之

一,觀看超過 40 億次。這部影片的時長是 4 分 12 秒,根據我的計算,平均鏡頭長度是 2.9 秒。但這還不包括頻閃式的快速場景切換,因為我根本來不及計算。音樂錄影帶在 Z 世代當中尤其受歡迎:晨間諮詢公司(Morning Consult)2021 年的一項媒體追蹤調查顯示,36% 的 Z 世代每天都會觀看音樂錄影帶。[17]

儘管鏡頭切換變得愈來愈快,但並非所有鏡頭切換都會吸引我們的注意力,或導致觀看體驗不連續。這取決於剪輯的類型。在傳統的連戲剪輯(continuity editing)中,鏡頭切換的目的是要讓觀眾「感覺不到」。這種剪輯將時間和空間上足夠相似的鏡頭連接起來,讓觀眾在認知上將電影片段拼接在一起,創造連續敘事的錯覺。[18] 看電影時的注意力切換,與電腦上的注意力切換有相似之處:連戲剪輯就像翻到電子書的下一頁,而突現剪輯(abrupt edit)就像從 Excel 試算表切換到電子郵件收件匣。

然而,即使遵循連戲剪輯的規則,觀眾仍然可以察覺到鏡頭的變化。在一項測試人們能否察覺剪接的研究中,研究者向受試者展示各種類型的電影片段,並請他們在觀察到剪輯時按下按鈕。結果顯示,總體而言,受試者可以發現影片中 84% 的剪接。如你所料,與在不同場景之間切換相比,當鏡頭在同一場景中切換到不同的視角,人們察覺到的剪輯較少。[19]

此外,一些剪輯故意使用突兀的風格,目的是抓住觀眾的注意力。這些風格現在變得愈來愈流行,在音樂錄影帶、廣告、YouTube 等媒體中都可以看到,特別是在像《無敵浩克》或《變形金剛》這樣的賣座動作電影中。我很快就會談到它們。

第十一章　其他大眾媒體的交互影響　237

跳接剪輯一秒抓住你的眼球

雖然如今電視和電影中的快速鏡頭切換已經很普遍，但我們究竟是如何走到這一步的，背後有著悠久的歷史。最早期的電影原本只有一個鏡頭，並沒有任何剪輯。但這種情況很快就改變了。

電影中鏡頭切換的創新，要歸功於 1869 年出生的英國人保羅（Robert William Paul）。保羅的職業生涯始於科學儀器製造，他會在電影界取得地位和聲譽純屬偶然。[20] 1894 年，有兩名企業家請保羅複製愛迪生的活動電影放映機，這是一款可以觀看電影的裝置。保羅之所以能這麼做，是因為愛迪生的電影放映機在英國並沒有申請專利。然而，當時可觀看的電影很少，於是，聰明的儀器製造商保羅，在隔年設計出一台電影攝影機。這項設計開啟了他的電影職業生涯，之後他拍攝了近 800 部電影。

電影史上的第一次剪輯，出現在保羅 1898 年拍攝的電影《一起來》（Come Along, Do!，暫譯）中。在持續 44 秒的第一個場景中，鏡頭完整地捕捉了一對男女坐在美術館外吃午餐的畫面。這一幕呈現了這對伴侶之間平靜祥和的關係。然後，場景突然切換到美術館內，持續了 13 秒，背景由明亮轉為昏暗。畫面中，男人正在仔細端詳一尊裸體雕像，而女人則一臉惱怒，試圖將他拉走。這個剪接讓影片出現了空間和時間的明顯轉換，令觀眾大吃一驚。

如同前面提到的，連戲剪輯可以在鏡頭之間創造流暢的轉場，推動線性敘事的進行。很快在 1910 年代，電影導演葛里菲斯（D. W. Griffith）發展出連戲剪輯，這種剪輯方式成為 1910 年代至 1960 年代經典好萊塢電影的象徵。希區考克 1954 年的電影《後窗》

（*Rear Window*）就是連戲剪輯的一個例子。在電影的一個片段中，身為攝影師的男主角透過長焦相機鏡頭觀察他的鄰居。電影鏡頭在透過相機看東西的攝影師，和他正在看的鄰居之間來回切換。這些切換不會破壞場景的時空連續性，觀眾不費吹灰之力，就能明白攝影師看到的是鄰居的畫面。

1920 年代中期，連戲剪輯在美國興起的同時，俄羅斯電影也發展出自己的流派。電影導演艾森斯坦（Sergei Eisenstein）開發了一種截然不同的技術，叫做辯證蒙太奇（dialectical montage）。艾森斯坦以蘇聯的辯證唯物主義思想（即把對立的力量放在一起比較）為藍本，認為電影中的意義，是透過在連續鏡頭中對比不同但相關的觀念，而創造出來的。例如，在他的著名電影《波坦金戰艦》（*Battleship Potemkin*）中，有這樣一個剪接：先是一個牧師拿十字架輕拍手掌的場景，緊接著切換到一個士兵輕拍劍柄的場景。這種剪接方式，需要觀眾更努力去找到鏡頭之間的關聯，但艾森斯坦認為它應該能引發觀眾對電影更深入的思考。

在 1950 年代的法國新浪潮電影中，剪輯變得更加突兀。跳接（jump cut）在影片中創造了不連續性，讓敘事看起來像在同一場景中瞬間「跳」到不同的時間點。最早的跳接出現在導演梅里愛（Georges Méliès）1896 年的恐怖電影《鬧鬼城堡》（*The Haunted Castle*）中。法國新浪潮導演如高達（Jean-Luc Godard），徹底革新並普及了跳接技術。這種手法能突然抓住觀眾的注意力，因為它呈現的畫面出乎意料，且讓人感覺有點不自然。

在高達 1960 年的電影《斷了氣》（*Breathless*）（平均鏡頭長度為 11.8 秒）中就有這樣一串鏡頭：主角正開著一輛偷來的汽車，

他瞥了一眼敞開的手套箱；然後是一個跳接畫面，顯示手套箱裡面有一把槍，他伸手去拿；接著又是一個跳接畫面，槍突然就到了他的手上。動作過程的中斷有點令人吃驚，但觀眾仍然可以跟得上故事情節。這種體驗更像是剪掉場景的一部分，讓你靠自己的注意力來填補空白。觀眾必須下一些功夫才能跟上劇情——仔細觀看鏡頭，把它們保留在記憶中，然後將它們拼湊在一起來建立敘事。

英國評論家休斯頓（Penelope Houston）認為，高達發展出「視覺立體主義」（visual cubism）的風格，將重點放在電影媒介而不是故事上。而高達的競爭對手歐唐—拉哈（Claude Autant-Lara）認為，高達是故意用跳接來破壞《斷了氣》這部電影。[21] 高達本人則說，他使用這種手法，是為了縮短這部電影，因為它比預期長了一小時。套句《紐約時報》影評人克勞瑟（Bosley Crowther）[22] 的話，高達巧妙地使用跳接來烘托場景，從而「在法國新浪潮粗獷而不安的流動中，生動地呈現那些無知而無根的年輕巴黎人」。而如今，跳接剪輯已經成為 YouTube 的特色美學，主要用來吸引觀眾的注意力。

用最短的時間呈現最多的內容

在 YouTube 上使用跳接的目的，是追求在最短時間內最大化內容量。相較於更流暢無縫的剪輯技術——例如改變景別，從中景鏡頭切換到特寫鏡頭——跳接也更容易上手，尤其是對那些缺乏剪輯經驗的人。

YouTube 上跳接剪輯的興起，給觀眾帶來了新的期待。在電影

中，專業剪輯師會巧妙地剪接對白，在濃縮語句的同時保留自然感。然而**在 YouTube 上，剪輯的目標是把停頓和「嗯」、「喔」這樣的短發語詞占到的「沉悶」時間全部去除，把更多的動作和內容壓縮到更短的時間內，從而吸引觀眾的注意力。**

我在 YouTube 上看過一支關於如何製作跳接的教學影片，這支影片聲稱，一旦去除沉悶片段，影片會顯得更流暢。[23] 然而，在真實的對話中，像「嗯」、「喔」這樣的填充詞不可或缺，這些是人們用來爭取時間、同時構思語句的詞，對提示語氣轉換、讓人類對話顯得自然必不可少。

YouTube 已經創造了一種影片語言，在這種語言裡，對話中的跳接已成為常態。它造成影片視覺呈現刺耳、突兀、過於強烈的感覺，讓語句沒有停頓。它的目的是壓縮影片，以吸引觀眾難以停留太久的注意力。最早的電影創造了一種迷人的魔力，吸引人們，令人們沉浸於另一個世界。而在 YouTube 影片的新形式中，如今的目標，是確保觀眾在這個世界不會感到無聊。因此，剪輯必須不斷加入快速剪接和跳接，不斷刺激觀眾的注意力，讓他們像在玩快節奏的電玩遊戲一樣。

諷刺的是，研究證實，**影片剪輯過於動態，反而會阻礙人們對故事連貫性的自然感知，結果實際上導致人們不容易記住影片。**[24] 雖然你可能將視覺注意力集中在帶有跳接的 YouTube 影片上，但你可能很難記住看過的內容。

非線性剪輯與「愈快愈好」理念

為了從鏡頭創作者的角度了解快速剪輯的興起,及其對人們注意力的影響,我訪談了導演普雷(Doug Pray)。他曾兩次獲得艾美獎,是非線性剪輯領域的先驅,並掌握在傳統膠片上剪輯的技術。在普雷的職業生涯中,他不僅是鏡頭發展的觀察者,也參與了其中的變化,因為他既擔任電影導演,也參與電影的剪輯製作。

在我們的 Zoom 線上會議通話中,普雷就坐在他的剪輯室裡。視訊背景中,五顏六色的色卡勾勒出他當前正在進行專案的故事線。有一刻,普雷將手伸出畫面,收回來時,手中多了一個電影膠片捲軸。他解釋說,他曾學過剪輯 16 毫米膠片,然後拉開捲軸:「你知道嘛,這是膠片。」接著,他回憶起 1990 年代之前膠片剪輯的密集流程:

「剪輯系統旁邊有一個大桶子,桶子上有個立架,上面有數百個小掛鉤,每個掛鉤上掛著數百條小膠片。所以要完成每個需要的鏡頭,你都得先找到那條對的膠片,把它拿下來,切下要剪接的地方,拼接好,再貼上一塊膠帶。想像一下,如果我想在一分鐘的螢幕時間裡出現 20 個鏡頭,那得花上好幾個小時。如果你想調整一個鏡頭中的幾個影格,你就得把整個過程重新來一遍。如果你想在每分鐘的鏡頭中做出一些抽象效果或具有藝術挑戰性的事情,那將花費難以想像的時間。現在一分鐘就能完成的事情,在以前要花上日復一日的時間。」

1971 年,第一個數位非線性剪輯系統 CMX-600 問世,讓電影工作者能夠以任何順序快速存取任意影格。由於 25 萬美元的高昂

價格、糟糕的顯示器品質和有限的儲存空間,它並沒有在電影人當中流行起來。直到 1989 年艾維科技公司(Avid)發表了 Avid Media Composer,這款影片編輯軟體徹底改變了新興的非線性剪輯領域。普雷回憶起 1992 年他第一次坐在 Avid 機器前的情景:「我當時就在想,『天哪!』這真的是不可思議。它改變了一切。」

普雷說,突然之間,他可以隨心所欲地嘗試製作一個新的鏡頭,甚至是十幾個鏡頭。把這些鏡頭換掉或變更順序,只需要幾分鐘,不用再耗費數小時或數天的時間。「因為有條件做,你就會去做。我們開始從中獲得樂趣。就講故事的方式而言,你突然有了成倍的選擇。我們可以快速推進故事的發展,並開啟一種完全不同的思考方式。」插入更多的剪接鏡頭可以在很短的時間內完成,這讓剪輯變得更有效率,從而縮短了整體鏡頭的長度。

普雷認為,鏡頭長度的縮短,也與現代觀眾能夠更深入地理解「電影語言」或慣例有關。早期的觀眾可能會對「前一個鏡頭是一個人物在街上,接著他就出現在房間裡」這樣生硬的剪接感到困惑。以前的觀眾需要每一步循序漸進:「你必須拍攝一個定場鏡頭,顯示人物走向房子,然後是一個把手放在門上的特寫,呈現他打開門的樣子。」如今,觀眾的經驗豐富成熟多了,這些中間鏡頭就可以被省略或縮短。

普雷還認為,電影鏡頭的縮短,與 MTV 音樂頻道的出現及音樂錄影帶的興起有關,他將其視為電影風格和美學方面的「頭號改革者」。音樂變得「更有衝擊力」,節奏更快速,出現了龐克搖滾、油漬搖滾、速度金屬和新浪潮等多種形式。還有嘻哈音樂,普雷指出,嘻哈音樂是非線性的:「這是兩種不相干的想法碰撞在一

起。你在這個節拍上使用刷碟手法＊，然後把這個人的聲音放在另一首歌上。」

這些新的音樂風格帶動新型影片剪輯方式的誕生，包括閃切（flash cut），它是剪接之間的白色閃光，能吸引觀眾注意到剪接鏡頭，普雷形容它是「視覺打擊樂」。新的音樂形式大大影響了普雷的作品，包括一部關於油漬搖滾場景商品化的紀錄片《大肆宣傳！》（*Hype!*），和一部探討嘻哈 DJ 興起的紀錄片《刷碟》（*Scratch*，暫譯）。

普雷受到的影響不僅在電影美學，還有鏡頭長度——更具體地說，是「愈快愈好」的理念。早在 1980 年代，普雷就在製作更多「具有剪接效果的」音樂錄影帶。他說，「每個人都想要這種影片，因為它們看起來更刺激。我也不知道為什麼，這種影片就是令人興奮，所以每個製作人都會問：『你能不能讓剪接效果再多一點、再有趣一點、再有活力一點？』」從某種角度來說，這就是資本主義：更多！更快！更大！更好！你在推銷樂團、推銷歌曲，但你其實推銷的是僅有 3 分鐘長度的時間，有如房地產般珍貴。」

最後，普雷認為，鏡頭長度的縮短，也與不同媒體資源的激增有關。美國早期的電視只有 3 個頻道，而現在有近 2,000 家電視台，更不用說可以在 Netflix、YouTube 和網站上觀看的其他串流媒體。因此，觀眾的選擇增加了，但他們的時間和注意力容量卻沒有增加，而媒體鎖定的正是觀眾腦中有限的資源。

＊ 譯註：刷碟是利用唱片反轉的聲響做出的技巧，通常在說唱和嘻哈音樂中被大量使用。這種手法由 DJ 在播放唱片的過程中，用手將電唱機上的唱片強行反向旋轉，使唱片和唱針之間反向摩擦，發出與原聲軌相反的特殊聲音。

正如普雷所說,「剪輯就是省略。如果一個鏡頭不能推動故事發展,那就把它刪掉。如果一個鏡頭長度是 6 秒,但可以只用 3 秒而不影響故事情節,為什麼不把它變成 3 秒呢?」爭奪注意力的競爭已經變得愈來愈激烈,普雷相信,觀眾更願意關注較短的內容。

為自己製造混亂剪輯

為了從專業觀眾的角度了解剪輯如何影響人們的注意力持續時間,我訪談了長期為《紐約時報》和 *RogerEbert.com* 撰稿的影評人肯尼(Glenn Kenny)。他在紐約大學教語言和電影課程,也是《四海好傢伙的背後故事》(*Made Men: The Story of Goodfellas*,暫譯)一書的作者。

肯尼熱愛電影,他自小在父母的汽車後座上觀賞汽車電影院放映的電影,這是他對電影產生濃厚興趣的起點。肯尼欣賞能夠引發深思的電影,然而他感覺,隨著快速剪接技術的發展,能夠反覆咀嚼的機會變得愈來愈少。確實,像動作片中平均每 2 秒就出現一個的快速剪接,已經成為現在普遍的做法。肯尼解釋說,這就是所謂的混亂剪輯(chaos editing)。

《變形金剛》系列導演麥可貝(Michael Bay)的作品,就是這種技術的代表。如果你觀看 2007 年上映的電影《變形金剛》(平均鏡頭長度為 3.0 秒),你會看到類似這樣的片段:先是一個機器人摧毀金字塔的場景,然後鏡頭切換到爆炸,接著是有人從空中墜落,再來是機器人飛馳穿越長長的立柱拱廊──這一切都發生在 15 秒之內。

如果你碰巧錯過影片中的某個瞬間,你仍然可以馬上回來並跟上劇情。你沒有錯過任何情節發展,只是錯過了部分災難場景。在混亂剪輯的手法之下,你無法不注意到每一個剪接鏡頭。肯尼指出,這不是一部能讓你陷入沉思的電影,但「你會感到頭暈目眩。這部電影需要你全神貫注,但就算不聚精會神,你也只是會錯過更多的混亂。」

對於動作片,混亂剪輯確實有其作用,因為觀看如此快速的剪接會令人興奮不已。觀眾會受到各種感官資訊的轟炸,每個場景中的內容都以令人暈眩的速度在螢幕上飛馳,讓人好像坐雲霄飛車一樣。肯尼說,人們可以在視覺上跟上一個剪接鏡頭到下一個剪接鏡頭之間的動作切換,但在心理上,根本來不及以任何有意義的方式,去理解螢幕上正在發生的事情。他懷疑,這種快速剪接的目的,是否只是為了製造視覺混亂。

電影剪接的縮短,與我們在電腦上注意力的縮短,有著相似之處。幾十年前,電影鏡頭的持續時間相對較長。然而現在,伴隨著快速變化的場景,你的注意力會從一個鏡頭轉移到另一個鏡頭。**這類似於你在電腦上進行的「心理剪接」,從一個畫面到另一個畫面,內容之間往往沒有什麼關聯**。當注意力在裝置上以頻動的方式快速切換,就好像我們在為自己製造混亂剪輯一樣。

廣告也在愈變愈短

如同電視和電影一樣,電視廣告的鏡頭長度也在與日俱減。1978 年,廣告的平均鏡頭長度是 3.8 秒,到了 1991 年則下降到平

均 2.3 秒。[25]

　　我看了〈Alexa 會讀心〉(*Mind Reader*，暫譯)，這是根據《綜藝》(*Variety*)雜誌的統計，2022 年觀看次數最多的超級盃廣告。這則廣告將亞馬遜的智慧型語音助理 Alexa，描繪成一個能看透人心思的通靈者。我測量了它的平均鏡頭長度：2.4 秒。或許廣告的鏡頭長度已經達到了極限。

　　然而，不僅是鏡頭長度變短，電視廣告的整體長度也在縮短。1950 年代，大多數廣告的長度都是 60 秒，[26] 但到 2017 年，這樣長度的廣告僅占 5%。1980 年代，廣告主開始嘗試播放 15 秒的廣告，來取代 30 秒的廣告。他們發現 15 秒廣告比 30 秒廣告更有說服力，特別是當廣告中有可愛和幽默的元素時。[27] 2014 年，61% 的廣告長度是 30 秒，但三年後，這個比例下降到 49%。[28]

　　耐人尋味的是，2018 年，尼爾森公司申請了一項專利，旨在將影片廣告壓縮到更短的時間內。尼爾森發現，透過刪除影格等方式將原本 30 秒的影片廣告壓縮到 15 秒後，效果也同樣好。[29] 這種瘋狂背後有它的經濟動機：15 秒廣告的費用是 30 秒廣告的 60% 至 80%。[30] 一個廣告時段內插播的 15 秒廣告愈多，聯播網賺的錢就愈多。因此，**盈利促使廣告在更短的時間內包含更多的資訊，進一步強化了人們短暫的注意力持續時間。**

　　在 YouTube 上，觀眾可以選擇跳過廣告，通常是看完前 5 秒鐘之後。Hulu 串流平台讓觀眾有機會選擇在整個節目中看到較短的廣告，而不是在節目一開始看到較長的廣告。臉書提供了在其平台上設計行動裝置影片廣告的最佳指南，其中最重要的一條是「保持影片簡短」。臉書建議創作者將長度控制在 15 秒或更短，以吸

引使用者的注意力。[31]

這個建議隱含的意思是，人們的注意力持續時間已經大大縮短，15秒似乎已經是廣告能夠吸引注意力的最大限度了。就像電視和電影讓我們習慣於更短的注意力持續時間一樣，廣告的時間長度，也在配合著我們更短的注意力，這顯然是受到利益驅動的結果。事實上，現在6秒的廣告已經很常見了。[32]

鼓勵簡短內容的速食文化

讓我們回過頭來思考一下我們在社群媒體上的注意力持續時間。在社群媒體上，不只是廣告長度短，許多平台還會限制可發布內容的長度，迫使我們閱讀或瀏覽簡短的內容。我們看到，在數位世界中正出現一種不斷發展的速食文化（culture of snacking）。這個詞起源於韓國，指的是年輕人平均每次在裝置上消費內容的時間大約只有10分鐘。[33] 而社群媒體平台也透過設定發布內容的長度限制，來強化這種與內容的簡短接觸。這當然限制了人們能夠真正專注於單一貼文的時間。

以抖音為例，它最初將製作、分享和觀看影片的長度限制在15秒，後來延長到60秒，現在則是3分鐘。抖音聲稱，延長時間是為了讓使用者能發揮更多創意，但與此同時，這也為插入更多廣告提供了可能。[34] 抖音擁有龐大的使用者群體。截至本書撰寫時，抖音在全球擁有超過1.3億月活躍使用者；[35] 美國18至29歲的成年人中，大約有一半的人使用抖音。雖然影片時間長度的延長，對於注意力持續時間來說似乎是個好消息，但遺憾的是，9到15秒

的短影片仍然是獲得最多觀看次數的最佳長度。[36]

不僅僅是抖音，其他流行社群媒體平台的結構，也限制著人們觀看（和製作）較長內容的能力。IG 和 Snapchat 都將影片長度限制在 60 秒，簡訊文化的精髓是要寫得愈簡練愈好，在推特發文也有字元限制。就像廣告主發現較短的廣告能更好、更有說服力地吸引注意力一樣，這些平台也發現，較短的內容最能吸引注意力。

抖音、IG 和 Snapchat 迎合年輕使用者，讓他們在成長過程中，對內容的期待就是簡短。碎片化的內容非常適合行動裝置的生活方式，我們可以在開會時、工作空檔、觀看其他媒體中途，甚至在面對面交談中，輕鬆地把線上速食納入日常生活。

觀看快速變化的媒體帶來交叉影響

雖然這些趨勢是同時發生的，但有什麼證據能顯示，媒體鏡頭的縮短，與人們使用電腦和手機時注意力的縮短，兩者之間存在關係呢？有研究支持這樣一種觀點，即觀看電視和電腦會產生交叉影響，進而影響人們的注意力持續時間。布拉塞爾（S. Adam Brasel）和吉普斯（James Gips）邀請 42 名受試者進入波士頓學院（Boston College）的一間實驗室，請他們坐在一張桌子旁，桌上有一台筆記型電腦，桌旁 5 英尺（約 1.5 公尺）處有一台 36 吋的電視螢幕。受試者被告知，他們可以造訪任何網站，或使用他們喜歡的任何電腦應用程式，並且可以使用電視遙控器在 59 個聯播網和有線頻道當中任意切換。他們所看的螢幕，以及在每個螢幕上的注意力持續時間，都會被追蹤。

研究結果顯示，受試者在電視和電腦這兩種螢幕上的注意力持續時間都非常短：75％對電視螢幕和 49％對電腦螢幕的注視，持續時間不超過 5 秒鐘。特別有趣的是，受試者的注意力會在電視和電腦之間快速切換（每分鐘 4 次）。注意力在每種媒體上的持續時間都很短，而且在不同媒體之間的切換如此之快，這一事實支持了可能存在交叉影響的觀點。[37]

　　這項研究是針對在實驗室中使用媒體的人進行的，但結果也可以適用於現實生活。長年累月地每天觀看電視（和電影），並使用電腦和手機好幾個小時，可能產生交叉效應。人們在其他媒體中觀看快速場景變化的習慣，可能與我們在裝置上觀察到的頻動性注意力行為有關。而且，觀看習慣不一定是被動的，想想你用遙控器切換頻道的行為。

　　隨著電影和電視節奏變快、剪接變短，人們必須快速重新調整視覺注意力，大約每 4 秒鐘就要接收新的內容、角度、動作和視角，[38] 這可能對你有限的認知資源造成負荷。根據印第安納大學的朗恩（Annie Lang）多年來收集的資料，與切換電腦螢幕會消耗認知資源類似，觀看快節奏的電影和電視也會消耗認知資源。[39] 特別是當鏡頭變化明顯且突然，人們**必須利用有限的注意力資源，不斷重新適應新的鏡頭**。因此，有研究顯示，心率和警醒度會隨著電影節奏的加快而升高，這就不令人意外了。[40]

　　有時電影剪接的速度過快，我們雖然可以用視覺處理這些快速變化，但思維卻跟不上它們的速度，就和混亂剪輯或音樂錄影帶的情況一樣。電影和電視的剪輯師和導演在控制你的注意力方面把握著微妙的平衡：他們決定鏡頭切換的速度，以營造緊張的氣氛和動

態的觀看體驗。他們在剪輯室中剪接影片,是為了支持故事的節奏:引導你看到的畫面、畫面中的動作以及畫面變化的速度。

研究顯示,**快速剪輯可能會削弱人們的執行功能**。回憶一下,執行功能是思維的掌管者,負責處理很多事情,其中包括抑制反應。因此,如果執行功能負擔過重,它可能無法有效地阻止你衝動地點選電子郵件圖示。這樣的制約反應從兒童時期就開始了,在兒童身上確實發現了電影鏡頭的快速變化,對執行功能和注意力控制的影響。

在一項研究中,40 名 7 歲兒童進入實驗室,觀看快節奏或慢節奏的影片。影片結束後,他們要進行一項叫做「按或不按」的任務:每次螢幕上出現數字時要按下按鈕,但若出現字母則不要按下按鈕。執行功能的作用包括控制人們不想做的反應,在這種情況下,就是阻止兒童受試者在看到字母時按下按鈕。然而,看完快節奏影片後,兒童在字母出現時更難克制自己去按按鈕,犯的錯誤也更多。由於必須不斷跟隨和重新適應影片中快速的場景變化,他們的執行功能已經超出負荷。事實上,根據腦電圖記錄,在大腦皮質的神經層面上,顯示較差抑制能力的反應也很明顯。[41]

一項針對 4 歲兒童的實驗室研究,也得出了類似的結果。這些兒童被分成兩組,一組觀看快節奏的影片,另一組參與畫畫活動。[42]相較於觀看快節奏影片的兒童,畫畫組的兒童在活動結束之後,更能控制自己的衝動。

綜合來看,我們預計這些結果也適用於實驗室以外的兒童生活:觀看快節奏的影片後,兒童抑制衝動的能力應該會下降。我們也能想到,在認知資源不足時,成年人也同樣可能出現難以抑制反

應的情況。這些研究結果證實了以下觀點:觀看鏡頭快速變化的媒體,會削弱執行功能,導致更多衝動,進而使人們難以集中注意力於其他事物,包括書本、白板或電腦螢幕。

當然,這些實驗室研究,是在受試者觀看影片後立即測量他們的注意力,此時他們的執行功能正承受負擔。因此,我們可以預想,在觀看一連串音樂錄影帶或像《變形金剛》這樣的強檔大片之後,我們的注意力也會面臨類似的困難。而且,長時間做一件事會養成根深蒂固的習慣。因此,如果常年每天觀看數小時快節奏影片,這種習慣也會延續到我們使用裝置時的行為。

這是有據可證的:兒童看電視的時間長短,與日後青春期出現注意力問題有關。紐西蘭的一項長期研究,對 1,037 名 3 歲至 15 歲的兒童進行了追蹤調查。研究者發現,兒童看電視的時間愈長,日後在青春期出現的注意力問題就愈嚴重,即使在控制其他可能影響結果的變項(兒童的性別、社會經濟地位、早期的注意力問題以及認知能力等)之後也是如此。研究者解釋說,接觸快節奏的螢幕切換(如電視),可能會使人們更難以忍耐長時間的專心觀看。[43]

這項研究進一步支持了以下觀點:觀看鏡頭長度較短的電視或電影,可能使我們在使用電腦和手機等其他裝置時,更少有意願長時間集中注意力。

每個人都在參與改變媒體結構

我們生活在一個如此快節奏的媒體環境中,每天浸淫其中十幾個小時,我認為我們的注意力很難不受影響。影響我們的不僅是內

容，還包括媒體的**結構**，例如充斥在動作片、電視、YouTube、音樂錄影帶和廣告短片中的快速鏡頭。當然，我們還面臨社群媒體平台的內容長度限制。在如此大量使用媒體的情況下，我們的注意力又怎能不受到影響呢？

那麼，是什麼推動了這種趨勢呢？導演製造的快速場景剪接，在多大程度上受他們自身較短注意力的影響呢？他們是否也在剪輯過程中，不知不覺地再現了鏡頭長度縮短的趨勢？剪輯室裡的工作者是否和觀眾一樣，受到觀看期待的影響？又或者，導演之所以快速剪接場景，是因為他們認為觀眾的注意力正在變得愈來愈短暫？這是一個先有雞還是先有蛋的問題。我們似乎正在經歷一個循環：**我們的注意力變得愈來愈短，同時，文化也在適應並創造條件，讓我們的注意力維持短暫。**

我們正見證一種文化的演變：每當我們打開電視、觀看電影或使用社群媒體，就會有多種管道合力作用，迅速轉移我們的注意力。而新的一代正成長於這樣的文化之中。事實上，鏡頭長度已經開始與人們思維波動的模式相呼應，也就是實驗室測量出的，思緒從一個念頭切換到另一個念頭的自然變化。[44] 康乃爾大學研究者庫廷及其同事，對橫跨 75 年的電影鏡頭進行了研究，他們認為，人們已經習慣、甚至形成制約反應，期待電影中出現如此迅速的鏡頭變化。

同時，我們也在塑造文化。哥德夏（Jonathan Gottschall）在《大腦會說故事》（*The Storytelling Animal*）一書中寫到，人是會說故事的生物。[45] 我們既是生產者，也是消費者。每個人都可以成為創作者，將自己的故事融入媒體——這正是 YouTube 和社群媒體的

精髓。因此,改變媒體結構的,不僅是電影和電視導演或科技平台,而是我們每一個人。

電影和電視使用剪接手法是為了傳達故事,或者就刺激的動作片而言,為了激發我們的腎上腺素。然而,當我們在電腦和手機上的不同應用程式和畫面之間切換注意力,我們為自己正在執行的專案所創造的敘事就會崩解,我們就只是不停地在內在的白板上書寫和重寫。媒體理論家麥克魯漢敏銳地觀察到,「我們會成為自身所見之物。」[46]不僅是我們的注意力持續時間塑造了媒體,媒體反過來也在塑造我們的注意力。

Part 3

找到專注的節奏，重獲心理平衡

第十二章

你有能力控制自己的數位行為

到目前為止，我已經討論了多種社會科技力量對注意力的影響，這些力量包括網際網路的結構、鎖定目標的演算法、社會動力、人格特質、情緒以及我們與媒體的廣泛接觸。使用裝置時，這些力量對我們控制注意力的影響有多大？使用電腦和智慧手機的時候，一個人的注意力在多大程度上，能像詹姆斯設想的那樣，完全出於自己的意志？在數位世界中，我們真的擁有自由意志嗎？

讓我們先來談談自由意志。關於人們是否擁有自由意志的爭論由來已久，可以追溯到柏拉圖和亞里斯多德的時代，綿延至今。在數位時代，這種爭論仍然具有現實意義。人們傾向於相信，在生活中做出的選擇，包括投票給誰或追求什麼職業，都是透過自由意志實現的。

然而，如今我們生活在數位世界，許多人抱怨無法抗拒上社群媒體或點擊誘餌式標題的衝動。如果自由意志是我們思想和行動的

指揮，那麼因為想要查看智慧手機或瀏覽社群媒體的衝動而做出反應時，我們算是在行使自由意志嗎？這種行為真的源於我們自己的意志嗎，還是我們早已被社會科技的力量所制約，是這些力量暗示我們、甚至強迫我們做出這些行為呢？

讓我們來看看兩種不同的受試者經驗，它們說明了對數位世界中的自由意志，兩種截然不同的立場。Ben 在一家科技公司擔任軟體開發人員，他告訴我，他在使用裝置時可以毫不費力地集中注意力。他堅信自己能自主選擇在社群媒體上花多少時間，可以完全控制自己何時使用電子郵件，也不會沉迷於玩好幾個小時的遊戲。他聲稱，他隨時可以停下來，並且完全掌控自己使用裝置的行為。

而另一名受試者，從事研究分析工作的 Matt，卻表示覺得自己在使用電腦時，幾乎沒有什麼能動性。他這樣描述自己與電子郵件的關係：「我被鈴聲和彈出式視窗主宰了生活。」他形容自己一心多用的行為是「被強迫的，而不是由自己決定的」，即使他並不希望以這種方式工作，而且在一開始使用電腦和手機時，也沒有預料到會變成這樣。他的說法是，他感到很無助，因為無力「改變世界強加在自己身上的方式」——他指的當然是數位世界。

這裡存在明顯的差異：對於自己在數位世界中的行為有多少自由選擇，Ben 和 Matt 的世界觀截然不同。誰是正確的呢？如果有人沉迷抖音，即使知道還有其他工作要做也難以自拔，為什麼這個人無法有意識地選擇停止觀看呢？人們到底能否行使自由意志，來抵抗分心，並選擇有效地控制和引導自己的注意力呢？

我已經論述和證明，容易分心的情況，因可用的認知資源、一天中經歷的不同注意力狀態、人格特質、科技設計、情緒獎勵、社

會動力以及環境中接觸到的各種媒體等因素而有所不同。我們在使用裝置時如何引導注意力，是完全出於自由意志，還是說，自由意志只是一種幻覺？

自由意志的三種觀點

讓我們循著 Matt 觀點的思路，簡要回顧一下反對自由意志的案例。對自由意志持最強烈懷疑態度的人，可能出乎你的意料。1905 年，一篇名為《論動體的電動力學》的論文震撼了物理學界，很快也引起全球轟動，改變了人們對空間和時間的看法。論文作者愛因斯坦因此成為世界名人。

愛因斯坦對自己的能力有一種驚人的信念，遠超過單純的謙虛。「我不對任何事情承擔功勞，一切都是既定好的，」他說，「我們可以做自己想要的事，但只能想要自己必須想要的事。實際上，我被迫如同自由意志存在一般地行事。」[1]

愛因斯坦的意思是什麼？我們普遍認為，他天生擁有高智商的基因傾向，同時也為發現狹義相對論付出了心血。但愛因斯坦堅信，一切都有先驗的原因。他說，就像月球可能相信它正在繪製自己的運行軌道一樣，人類也誤以為他們在自由選擇自己的道路。[2] 愛因斯坦的觀點表達了極端懷疑自由意志的立場，認為人們最終沒有完全的自由去選擇如何行事。

愛因斯坦當然不是唯一持這種觀點的人。嚴格的行為主義心理學家認為，人類的行為是透過暴露於環境中的刺激形塑而成的，而且這種行為的塑造是自動完成的。史金納就堅信，人類的行為，或

者也包括「男人和女人的思想和心靈」，會因為社會環境和實體環境中的偶然事件而改變。[3]對史金納而言，人類的認知是一種謬論。他認為，是人們所處的環境，制約了人們在日常生活中如何行為。

史金納對此深信不疑，他甚至因此為女兒設計了一個「空調育兒床」（Air Crib），精心控制她睡覺和玩耍的環境。這是一個有玻璃窗的封閉金屬箱，提供空氣流通、最適溫度和寢具。在女兒出生後的頭兩年，他讓她在這個環境中成長。1940年代中期，大約有300名美國兒童使用了這種空調育兒床。史金納的女兒和其他孩子顯然有正常地長大，不過這個故事很好地說明了他對環境塑造人類的信念。

腦部掃描的研究，似乎進一步證實了自由意志不存在的觀點。這些研究顯示，某些類型的行為是由無意識機制促成的。利貝特（Benjamin Libet）曾進行一項經典的研究，[4]此後多次被其他研究者複製。在這項實驗中，受試者被要求用手做一個動作，例如輕轉手腕，他們可以自己選擇什麼時候做這個動作。結果顯示，**在受試者做出任何有意識的動作之前**，一種稱為「準備電位」（readiness potential）的大腦活動就已經出現了，比他們的手腕動作提前400毫秒。

利貝特的實驗證明，一個人的動作首先是在無意識層面開始的，甚至早於他意識到自己的手腕在動。換句話說，**人們首先無意識地做出反應，然後大腦的有意識部分才開始發揮作用**。但這些實驗受試者卻認為，他們之所以做出這個手腕動作，是出於有意識的決定。利貝特的研究結論，似乎可以廣泛地適用於拿起手機查看訊息這樣的行為。如果有人問我們，我們可能會說，自己是有意識地決

定這樣做的。然而,我們常常不假思索地伸手去拿手機,這更像是一種無意識的行為。

自由意志的觀念在西方文化中根深蒂固。事實上,如果我隨機詢問北美人和歐洲人,他們大多數人很可能會直覺地說出,他們有自由意志。但我們應該就這樣相信嗎?

哲學家丹尼特(Daniel Dennett)是塔夫茨大學(Tufts University)的教授,多年來一直在研究自由意志的問題。他認為,**人類天生具備按照自己選擇而行動的能力,同時也有能力反思自己的行為方式**。正是這種自由意志,讓我們對自己的行為負有道德責任。丹尼特認為,即使在一個決定論(即結果是由先驗的原因決定)的世界裡,我們仍然可以擁有自由意志。[5]

但現在的難題是:如果人們在數位世界中確實擁有自由意志,那麼我們為什麼不乾脆行使自由意志,選擇更加專注呢?為什麼我們不像詹姆斯所說的那樣,在注意力上行使自己的意志呢?**自由意志不僅意味著選擇我們想要的行為方式,也意味著能夠對自己的行為進行自我調節**。這意味著能夠控制自己的注意力,也能夠堅持住不看推特或 IG、或對其他干擾做出回應。

我們的研究參與者們都說自己想要自我調節。如果人們確實有完全的自由意志,可以選擇按照想要的方式行事,為什麼他們的自我調節能力會在某些情況下減弱,例如在睡眠不足或連續數小時抵抗抉擇時?當他們經常查看電子郵件,卻又對此抱怨連連時,為什麼不行使自由意志,乾脆停止查看呢?在我們多年的研究中,受試者都表示,希望自己更加專注,但我們發現,他們的注意力還是經常以頻動的方式切換。

如果涉及到的不是行動，而是欲望，行使自由意志這件事，可能會變得不太一樣。吸菸的人無法控制自己對香菸的渴望；[6] 同樣地，人們也無法停止想上 IG 或玩《糖果傳奇》的欲望。如果存在自由意志，人們就可以超越欲望。他們就可以克制上 IG 的衝動，轉而去寫那份逾期未交的報告。

　　正如我之前討論過的，某些人格特質，例如高盡責性和低衝動性，在抵抗欲望方面發揮著作用。那麼，其他人是否就必須使用阻擋軟體工具來約束自己，就像奧德修斯（Odysseus）知道自己無法抵抗海妖的召喚，所以把自己綁在船桅上一樣呢？*

　　其實，關於自由意志還有第三種觀點，或許最能解釋我們的數位行為。這種觀點被一些人稱為軟性決定論（soft determinism），介於對完全自由意志的相信和懷疑之間。軟性決定論承認，其他因素或條件，也會影響人們的行為方式。人們的行為可能源於先驗的情況，例如基因組成、文化教養或環境，但這些情況並不能完全決定他們的行為。這種觀點認為，在這些限制下，人們仍然有能力塑造自己的行為。

　　我們很難否認客觀環境在我們的決定中發揮的作用。如果我們回顧一下自己選擇去哪裡上學，或選擇什麼樣的職業道路，就會發現，這些決定可能是由客觀環境、甚至是由運氣決定的。一個出身貧困的人，三十年後的社會經濟地位，可能比一個出身富裕的人更

---

* 譯註：這是《奧德賽》中的一個場景。奧德修斯的船隊駛過海妖們的島嶼，海妖們以其優美的歌聲而聞名，引誘水手們去送死。奧德修斯想聽海妖們的歌聲，於是讓船員把他綁在船桅上，嚴令不得鬆綁；並命令船員用軟蠟封住耳朵，直到他們安全地離開小島的範圍。

低。出身貧困的人,日後的健康狀況更差、壽命更短的可能性也更大。另外,不被鼓勵修讀數學課程的女生,往往不會進入科學和工程領域。這些例子都顯示了環境對行為的引導或限制作用。

隨機機會也可能在我們的決定中發揮作用:我們可能因為在聚會上遇到某個人而得到一份工作。我遇見我丈夫的經過是,我原本拒絕了和同事吃飯的邀約,但後來臨時決定參加,於是到了餐廳之後,恰好坐在他的對面。

我們與生俱來的獨特人格特質,也會使我們傾向於以某些方式行事。同樣地,早年的人際互動經歷也會影響行為:一個人是否曾被霸凌、接觸過毒品,或者遇到過激勵人心的榜樣。這些經歷中的任何一種,都可能形塑一個人日後與他人的關係。

不過,軟性決定論提供了一個樂觀的看法:**儘管早年和現在的客觀環境可能影響行為,但人們仍然有可能自由地選擇如何行事。**這是個好消息,因為它顯示,儘管有許多不同的因素能引導我們的行為、對我們造成干擾,但我們仍然可以在數位世界中掌控自己的注意力。

難以抗拒的自動反應

有意識的決策和自動的決策,在性質上截然不同。神經科學研究顯示,它們起源於大腦的不同位置。自由意志涉及有意識的控制。[7]在使用裝置時,我們很明顯地經常做出有意識的決定,這些情況下,我們使用內因性或目標導向的注意力。

有意識行動的表現,是由發生在大腦不同區域的一系列過程所

驅動的。打開筆記型電腦時，我們首先會制定可能的計畫，例如決定是查看新聞、瀏覽推特或臉書，或是寫那份逾期未交的報告。這個決策過程發生在大腦的額葉皮質，即大腦負責計畫的部分，位於前額的正後方。接下來，大腦中的獎勵迴路，會評估什麼事情能帶給自己正面或負面的體驗，並選擇正面的體驗。這個過程發生在大腦的注意力區域。

但如果回頭去看利貝特的研究，一些我們認為是有意識和刻意的行為，實際上可能是自動的。例如，回應了演算法根據我們的人格特質而投放的定向廣告，或回應了試圖吸引我們注意力的閃爍通知，這些時候我們可能不是有意為之，而是自動的行為。懷疑自由意志的人可能會說，這些行為是由與有意識察覺無關的神經機制所驅動的。正如前面提到的史楚普測驗一樣，我們很難抗拒自己的自動反應。

從神經科學的角度來看，這些類型的數位通知，具有所謂**自下而上的突顯性**。突顯性透過大腦中稱為腹側注意力網絡（ventral attention network，也稱為外因性注意網路〔exogenous attentional network〕）的部分來運作，它告訴我們應該注意這個移動、閃爍的物體，就像我們的祖先會高度警惕灌木叢中的動靜一樣，因為那代表可能有掠食者正在伺機而動。因此，當定向廣告在螢幕上閃爍，或用誘人的關鍵字吸引了你的興趣，你就會自動做出反應去看它，就好像自動駕駛一樣。

這種自動反應的其他常見例子還包括：伸手去拿放在附近的手機、點選螢幕頂部的臉書通知，或者點選電子郵件圖示。點選電子郵件圖示，也可能是由於社會影響力的驅使，例如想要維系與他人

的社會資本。我們甚至還沒意識到自己正在這樣做之前，就已經開始行動了。

自動反應確實有其優勢，因為它不會動用到我們的注意力資源，理論上可以節省腦力。然而，如果這種自動性導致我們做出違背更高層次目標的行為，那麼它也可能是有害的。此外，我們愈頻繁地做出相同的自動反應（如查看手機或電子郵件），這些反應就會變得愈強。**一旦建立起穩固的自動反應，執行功能就很難對其進行控制。**這就是為什麼，經過多年來一直頻繁查看手機，如今你很難抗拒拿起近在眼前的手機，並點擊首頁按鈕。

能動性的四個特性

在日常使用電腦和手機的過程中，我們不斷面臨將注意力集中在目標上的挑戰。然而很多時候，我們的高層次目標會被網路上各種誘人的事物所破壞，它們引誘我們偏離目標。我們花了兩個小時在社群媒體上，而不是完成那份報告；我們沉迷於觀看 YouTube 影片，忘記了時間。

讓人們能掌控自己所做的事情、抵抗不可取的行為，這種挑戰並沒有被心理學家所忽視。亞伯特・班杜拉（Albert Bandura）將關於自由意志的廣泛爭論，轉化為更聚焦、更可操作的人類能動性問題。具有能動性的行動，意味著一個人可以在這個非常複雜的世界中，有意識地按照自己想要的方式行事。透過能動性，人們可以**在自己的優勢和劣勢範圍內做出選擇，對自己行為的因果有覺知，能夠自我調節，並且可以理解環境帶來的限制。**

班杜拉承認，我們的環境劃定並限制了我們的行動選擇。例如，監獄裡的人無法離開牢房的四面牆，但仍然可以控制自己的思考方式。加州偶爾會實施停電，這限制了人們在此期間可以做的事情（如無法使用微波爐），但停電可能在未來提供人們更多的行動選擇，因為停電有助於防止野火和保障電力供應。不過，班杜拉的立場是樂觀的，他相信人們可以克服環境影響，選擇自己的未來。對大多數人來說，我們或許難以擺脫貧窮的條件，成為一流律師事務所的合夥人，但我們至少可以努力影響自己的發展方向，例如取得法律學位。

許多心理學家的研究興趣，都受到個人生活中影響深遠的事件所啟發。班杜拉也一樣，他研究人類能動性，與他在加拿大北部艱困地區成長的經驗有關。他在亞伯達省的曼達爾（Mundare, Alberta）度過童年，那是一個 400 人的小鎮，只有一所學校。由於只有兩名老師負責高中的全部課程，他的教育在很大程度上依靠自己。在自耕農場長大，以及之後學校教育的經歷，還有大學畢業前曾在育空地區（Yukon）艱苦工作的經歷，都為他對自我效能（self-efficacy）的研究興趣埋下了種子。他最終在愛荷華大學取得博士學位（勒溫在那之前幾年剛離開那所大學），然後進入史丹佛大學任教。他從一個拓荒者家庭的小孩，最終成長為 20 世紀最著名的社會心理學家之一。

班杜拉在我撰寫本書時去世。在漫長的職業生涯中，他致力於理解，人們如何建立對掌控自身行為之能力的信念。他認為人類的能動性包括四個特性：**意向性**（intentionality）、**提前思考**（forethought）、**自我調節**，以及**自我反省和校正行為**（self-reflection and corrective behavior）。⁸

　　很容易想像，人們在實體世界行動時，這些特性如何體現能動性。例如，一個人可能有意地選擇上大學，這就是意向性。透過提前思考，這個人可以想像，如果他決定離開本地，到其他州去上學，未來會是什麼樣子。他同樣還會透過不去參加狂歡派對，而是準備考試，來展現自我調節的能力。能動性的最後一個特性是自我反省和校正行為，例如一個畢業生意識到自己在接受工作機會時做出了錯誤的決定，於是主動換工作以校正錯誤。

　　然而，想要知道能動性的這些特性在數位世界中的運作方式，尤其是如何運用這些特性來控制注意力，可能會面臨一些挑戰。憑藉第一個特性，即意向性，我們可以**制定計畫，有意識地選擇**是撰寫月度報告、處理收件匣中堆積的電子郵件，或查看推特消息。

　　至於能動性的第二個特性，即提前思考，放在考慮瀏覽社群媒體如何影響我們的未來這樣的問題上，可能並不明顯，尤其是如果我們的行為出自即時的選擇。但如果我們考慮的是，上臉書可能會如何影響當天晚些時候的工作，那麼這就是在運用提前思考了。寫這本書也是一個很好的例子，每當我留出時間在電腦上工作，我都會試著提前思考這本書要呈現的樣子。

　　能動性的第三個特性是自我調節，正如我在本書前面所討論的，對數位世界中的許多人來說，這是一項挑戰。人們可能很難對玩遊戲、整日或整夜查看手機，或者過度使用社群媒體等行為進行自我調節，而這些行為都可能干擾內因性（內在的）目標。當然，天生具有低衝動性和高盡責性人格傾向的人，可能更容易一些，因為他們一開始就拿到一手好牌。但是手上的牌組並非固定不變，這

一點我接下來會討論。

這就要說到班杜拉所謂能動性的第四個特性：自我反省和校正行為。能動性的這個面向對於控制注意力非常重要，因為它意味著我們能夠**反思自己在裝置上進行的活動，並藉由這樣的覺察來調整自己的行為**。例如，如果你擁有能動性，那麼你不僅能意識到自己在遊戲上花費了太多時間，同時也具備採取行動來停止這種行為的能力。不過，我們如何才能做到這一點呢？

我們知道，改變並不容易，但為了反思自己的行為，並最終改變行為，首先需要意識到造成這種行為的潛在因素。換句話說，為了培養相信自己能改變行為的信念——這是實踐人類能動性的重要一環——我們**首先需要理解自己為何有這樣的行為**。這有助於我們建立自己的內在工具，從而讓自己有能力改變行為的方向。班杜拉認為，產生這種理解的行動，是發展能動性的重要基礎，因為它能引導我們自我反思，最終校正行為的方向。

覺察影響你注意力的因素

那麼，考慮到數位世界中存在的各種複雜性，我們如何才能借助能動性行事呢？我們的行為如何能夠符合更高層次的目標呢？

讓我們先退後一步，謹記我們並非在與世隔絕的環境中使用科技。我們的注意力受到自身以外的許多影響，它與內在和外在的多種因素，形成複雜的關係。正是這些因素，引導、促進和限制著我們在數位世界中的注意力。一些影響注意力的因素具有因果關係，例如一則透過演算法設計的廣告進入我們的螢幕視野，因而吸引了

我們的注意力。其他因素似乎以互相影響的方式，左右著我們的注意力。舉例來說，我們投入注意力在建立線上的社群人脈，但反過來，社群人脈中的人也會分散我們的注意力。我們與裝置之間的關係既複雜又混亂。

現在，讓我們更仔細地來檢視，第二部分討論到的因素，如何共同影響著我們的注意力。這種檢視首先有助於培養我們對自身行為的覺察，也就是班杜拉所謂能動性的第一個特性。**覺察自身行動是改變的關鍵**。在下一章，我將討論如何培養對自己的行為進行後設覺察，也就是對我們正在進行的事情有更深的「即刻」覺察。此外，我還將探討實現注意力控制的其他培養能動性的方法。

首先，演算法透過利用我們在網路上活動時無意中提供的資料，對我們的注意力產生直接影響。廣告、推薦和動態消息，都經過量身打造，引誘我們點擊。當然，我們可以嘗試抵制它們，但它們是極其強大、毫不留情的。

人格特質對注意力的影響相對沒有那麼直接。雖然性格不完全能決定我們的注意力行為，但它確實為我們可能的反應方式埋下了伏筆。天生具有衝動性人格特質的人，可能要比在這項人格特質得分較低的人更努力，才能抵抗分心。正如我的研究顯示，神經質得分較高的人，平均而言比神經質得分較低的人，更容易在不同的螢幕之間切換注意力。

社會力量對注意力的影響也很強大。人們建立社會結構，而自己的行為又被這些結構所塑造。在實體世界中，人們創造學校、工作場所和社團等機構，這些機構中都包含需要遵守的規範。此外，人們還形成團體和社群等社會結構，在其中，社會資本的交換和社

會影響力的發揮,強烈要求人們保持社交聯繫。人們形成了這樣的社會結構,這些結構反過來又形塑了人們在其中的行為方式。

在數位世界中,科技公司提供了人們建立社會結構的平台,例如臉書的好友名單或推特的追隨者。因此,我們創造了自己的數位社會結構,它足以形塑我們的注意力。你可能已經決定把好友名單限定於親密的朋友;或者你也可能接受了大量好友邀請,並邀請許多其他人加入群組,讓自己成為 1,000 人圈子中的一員。相較於 50 人的好友人脈,1,000 人的好友人脈更有可能消耗你的注意力,因為有更多的通知和更多的貼文需要你瀏覽。又或者,你可能在 IG 上建立了一個龐大的粉絲群,收到的讚會激勵你發布更多內容,進而讓分心的循環繼續下去。

網際網路的設計和我們的注意力,又是另一對互相影響的關係。網路設計和結構的理念,原本基於民主,由一個開放的架構出發。任何個人或公司都可以貢獻網路內容並發展網路結構的事實,促進了新內容持續成長。而這又與我們天然的好奇心密切相關,因為我們想要發現新事物。許多人都曾有過 FOMO（fear of missing out 的簡寫,意即害怕錯過）的經驗。我們在他人發布內容的基礎上,提供更多資訊和更多連結,從而提供更多吸引每個人注意的東西——就像博物館不斷擴充展品,人們就會一再回訪。此外,節點—連結的結構,讓我們的注意力得以沿著內在的語意記憶網絡,暢通無阻地自在漫遊。

軟體設計師巧妙地設計了介面,引導我們執行某些操作,讓我們相信自己是有意為之的。例如,當我們剛看完一集影片、還意猶未盡地坐著時,Netflix 就會自動播放下一集,而我們卻還以為,

是自己決定讓它繼續播放的——實際上，我們可能是被倒數計時的緊張氣氛所吸引，才繼續觀看的。另一個例子是推特上的「分享」按鈕，它鼓勵我們分享推文，一旦陷入這種衝勁，我們就會真的按下分享。而且，做出這些誘導介面的設計者，也會根據使用者的反應，不斷改進設計，以求最大限度地提升誘導的效果。

在更廣泛的媒體環境中，我們也能發現類似的互相影響關係。電影、電視、YouTube 和音樂錄影帶中快速變化的鏡頭和跳接，可能是為了推動情節的發展，但同時也在我們觀看時，引導著我們的注意力。另外，一些導演和剪輯師之所以做出這樣的選擇，是因為他們認為，快速的鏡頭切換更能讓注意力短暫的觀眾保持投入。或者，這些選擇可能出於獲取更多盈利的考量，追求在更短時間內呈現盡可能多的內容。又或者，這些創作者自己短暫的注意力，影響了他們的審美選擇。在這個競爭激烈的頭腦市場中，注意力正成為不同媒體覬覦的目標。

我們的注意力行為，在很大程度上也受到我們的處境和背景的影響。舉例來說，如果一個人在一整天開會後疲憊不堪，覺得精神資源已經接近枯竭，他就很難抗拒點選演算法設計的定向廣告，或者抵擋想上抖音獲得歡笑獎勵的內心衝動。又或者，如我的研究所示，此時這個人可能更想做點輕鬆的活動，因為它們相對簡單（想想滑 IG 或玩《糖果傳奇》有多輕鬆），也能帶來滿足感。如果現在是深夜，而你又是一個睡眠不足、有作業壓力的青少年，你可能就很難不去回覆朋友的 IG 通知。

運用能動性掌控注意力

那麼，我們是否創造了一個數位世界，讓做出自由選擇變得很難，甚至對一部分人來說成為不可能？數位世界以及我們在其中的行為方式，是由文化、當前的實務做法和歷史所塑造的，我們無法創造一個脫離這些因素的數位環境。

在檢視科技設計時，文化的影響尤其明顯。數位世界中的符號和象徵，可以追溯到西方實體世界的符號和象徵，包括個人電腦介面中的檔案、資料夾、垃圾桶的隱喻圖示，以及 IG 和臉書上的「好友」和「人脈」等術語。這些象徵旨在提示人們，在數位世界中應該如何行動，我們心甘情願遵循它們，因為它們與我們在實體世界中的生活相關。

我們不能僅僅把自己的注意力短暫，歸咎於演算法和通知。使用裝置時，**我們的注意力行為受到更廣泛文化的影響，而不僅僅是科技**。我們不該忘記，自己同時也身處一個實體世界，這個實體世界也在影響著我們的數位行為。

如果我們把在數位世界中努力取得自由意志的目標，重新定義為對能動性的追求，如果我們相信在數位世界中培養能動性是可能的——我相信是可能的——那麼我們就需要了解這些深層的因素，如何以複雜的方式引導和限制著我們的注意力。**透過覺察和反思自身行為的原因，我們就可以在數位世界中掌控自己的注意力。**

如同前面提到的那名叫 Ben 的受試者，有些人可能認為，自己在數位世界中擁有掌控力，在使用裝置時可以輕鬆地堅持更高層次的目標。但對於我的許多研究受試者來說，情況並非如此。我們

大多數人都容易受到個人、環境和科技力量的影響，這些力量引導著我們的注意力行為，而我們可能根本沒有意識到這一點。不過，班杜拉的能動性觀點，為我們提供了一條前進的道路，它確實顯示，**我們可以意識到自己受到的制約，和所處的客觀環境。**

雖然我們可能無法控制自己的欲望，但我們可以控制自己的行為。這種意識可以幫助我們建立新的工作方式。擁有這樣的能動性，我們就可以實現完成任務這個更高層次的注意力目標，可以策略性地調節注意力狀態，並更好地平衡注意力狀態，同時也可以學習利用注意力的頻動傾向來幫助自己。

接下來，我將具體探討如何實現對注意力的能動性和控制。

第十三章

四步驟找回使用裝置的專注力

正如本書開頭提到的,是時候重新思考我們與個人科技的關係了。我們需要重新設定目標,不再只是追求利用裝置最大限度地提高人類生產力,而是應該追求**在使用裝置時保持健康的心理平衡,同時仍能完成工作任務**。當然,除了使用裝置之外,還有很多事情會擾亂我們的心理平衡,例如與伴侶發生爭執、面對不守規矩的孩子,或者期待已久的晉升遭到忽視。但實際上,我們大部分清醒的時間都花在電腦、平板電腦和手機上。因此,本章中我將重點討論,如何才能讓我們感到正向和充滿活力,而不是感到壓力和疲憊——換句話說,如何在使用裝置的同時實現心理平衡。

心理平衡究竟是什麼意思呢?自律神經系統掌控著特定的身體過程,它分為兩個主要部分:副交感神經系統和交感神經系統。副交感神經系統在身體放鬆時調節「休息和消化」功能,即降低心率和控制消化。而交感神經系統與「戰鬥或逃跑」反應有關,即在壓

力情況下,它會提高心率,增加流向肌肉的血液。

我的研究顯示,伴隨著注意力快速切換的多工、干擾中斷,以及過於持續的專注,都會導致壓力;而當這些情況長期發生,就會造成交感神經系統處於過度主導的地位。如果交感神經系統凌駕於副交感神經系統,身體就會長期處於戰鬥或逃跑狀態,這可能導致各種不良的健康後果,包括高血壓。[1] 如果持續承受壓力,心理系統也會失去平衡。我們可以採取行動來實現內在心理平衡,這就是所謂「心理的內在穩定」(psychological homeostasis)。[2]

當自律神經系統處於平衡狀態,我們就能表現得更好。心理內在穩定狀態的情緒是正向的,那是一種滿足、快樂、精力充沛的感覺。[3] 感覺正向時,我們能完成更多事情。正向情緒已被證明是創意的先決條件,[4] 正如我在第十章中提到的「擴展與建構理論」,正向情緒能擴大我們可以思考和行動的範圍,因此讓我們產生更多解決問題的方案。[5]

如果你還記得第三章的內容,我的研究顯示,注意力不僅僅是集中和不集中的二元對立關係,我們在一天中會有不同類型的注意力,每種類型都有不同的目的。專注的注意力使我們能夠深入處理材料,而重複的注意力使我們能夠放鬆一下、恢復活力。儘管過多的無聊狀態會帶來負面感受,但無聊也有助於減輕認知負荷。

我們在生活中遵循自然節奏。生理時鐘向我們發出何時睡覺、何時醒來的訊號,我們根據晝夜節律調整作息,在說話中我們也會用到節奏。[6] 我們的注意力也有節奏——有時我們有足夠的資源來進入深度專注,有時則沒有那麼多資源。**不斷評估你內在的資源存量,辨識出何時你的能量充沛、可以進行艱難的創意工作,同時也要**

知道何時需要停下來補充能量。有目的地利用不同類型的注意力，同時考量自己的資源，有助於在實現目標的同時，維持內在的心理平衡。

培養控制注意力的能動性

為了保持內在平衡，你需要培養能動性來控制你的注意力，你還需要將有意地控制注意力，內化到日常習慣中去。上一章我介紹了班杜拉的概念，即能動性包含四個特性：意向性、提前思考、自我調節，以及自我反省和校正行為。[7]這些特性也同樣適用於在數位世界中掌控注意力。

要控制自己的注意力，首先意味著，要**有意識地覺察自己如何運用注意力**。例如，在習慣性使用臉書多年後，我開始質疑自己在社群媒體中究竟獲得了什麼。於是我發現，面對面互動或透過電話交流，可以提供更多價值，也更有助於在人際關係中建立信任。

在疫情期間，我定期透過 Zoom 與朋友聊天，也與平時在工作或會議中碰面的同事聊天。我原本從社群媒體中獲得的情誼很有限，但現在透過線上即時對話，我獲得了更加豐富的情誼。

不過，你還是可以策略性地使用社群媒體，為友誼帶來益處，關於這一點，我稍後會詳細介紹。

培養能動性第一步：後設覺察

要學會控制自己的注意力，讓我們從班杜拉所說的第一個特

性,即意向性開始,來實現能動性。你可以學習對自己的行為進行「後設覺察」,這是一種強大的技巧,能將你的注意力和行為提升到意識層面,使你能夠對自己做出的選擇更有意識。

後設覺察意味著在事情發生時,你了解自己正在經歷的事情,比方說你能意識到自己決定切換螢幕,從工作切換到閱讀《紐約時報》。如果你長時間沉浸於抖音、沒有意識到時間過去了多久,或者你深陷網路無法自拔,那麼你就缺乏對自己行為的後設覺察。

後設覺察是一種分析的心態,能幫助你更深入地處理自己的行為和做事的原因。它指的是像局外人一樣觀察自己的行為,這樣可以引導你將習慣性的行為提升到有意識的層次。

我在疫情初期產生了這種想法,於是參加了加州大學爾灣分校開設的正念冥想課程。正念教導你專注於當下正在經歷的事情,包括你的呼吸、外在刺激如聲音,或是你身體的生理感覺。這樣一來,你會變得對當下更有覺知。我意識到,類似的過程,也可以用來讓人們更清楚地意識到自己在使用裝置時的行為。我接受過觀察人們行為的訓練,我也確實曾在非受控環境下觀察人們的行為,因此我體會到,類似的觀察同樣可以向內應用在我自己的行為上。於是我嘗試了一下,發現觀察有助於我更了解自己的線上行為,並讓我的行動更加審慎。

確實,由於我在執行觀察方面有很多經驗,學會觀察自己的行為,對我來說是很容易的。但是任何人都可以學會像觀察別人一樣觀察自己,這是一項可以培養的技能。要培養使用裝置時的後設覺察,並不需要參加正念課程,而是可以學習如何問自己正確的問題,來控制自己的注意力。練習正念時我發現,隨著練習的次數愈

多，我就做得愈好——練習後設覺察也是如此。

請記住第二章討論到，我們做選擇時可能犯的框架錯誤：我們可能誤判一個選擇的價值有多大，也可能誤判自己打算花多少時間去做一件事。你可以透過問自己一些問題，讓自己對行為更有意識，從而試著避免此類框架錯誤。例如，**上社群媒體網站之前，先問問自己：上這個網站我會獲得什麼價值？**如果你已經上了網站，你可以問自己：我已經在這裡花了多少時間？留在這裡我能獲得什麼價值嗎？當你使用後設覺察，你的思維框架就會從被動地使用注意力，轉變為主動地使用注意力。透過對自己提出這樣的問題，我多次成功阻止自己點選新聞連結或社群媒體網站。

你當然可以隨時採用這種分析思維，但我發現，它在以下三個方面最能夠發揮作用：（一）用來評估自己的認知資源容量；（二）在想要切換螢幕，進入一個與手頭任務無關的網站，如社群媒體、新聞或購物頁面的時候；（三）已經在進行重複性活動時，用來判斷活動是否仍然有價值。

你可以練習後設覺察，來學習辨識自己的注意力資源是否不足、是否需要休息。我過去常常一整天都在工作，沒有足夠的休息時間，當我意識到自己精疲力竭時，已經太遲了。現在，我學會了**問自己：我感覺如何？我應該繼續工作，還是感到疲倦？我需要休息一下，補充能量嗎？**這些問題讓我更加意識到自己的認知資源容量，我發現自己甚至能在過勞之前主動去休息一下。當然，有時我們會上社群媒體或玩簡單的遊戲，是因為認知資源已經不足了。這完全沒問題，這些無需動腦的活動非常適合短暫休息，不過**更好的選擇是站起來四處走走**。

即使是上社群媒體或玩簡單的重複遊戲，你也可以學習，有意識地覺察時間已經過去夠久了。問你自己：**你感覺到能量恢復了嗎？或者，其實你只是想逃避困難的工作？如果是的話，是什麼讓工作變得困難？**任務中有任何你弄不懂的部分，是有人可以幫助你的嗎？你是否因為對工作感到無聊，所以才上社群媒體？你對自己的行為進行愈多分析，就愈容易擺脫那種無法自拔的情況。透過不斷問自己這些問題，你可以成為專業的自我觀察者。

在寫這本書的時候，有一次正好出現一則引人注目的審判判決新聞報導。我當時衝動地想切換螢幕來閱讀相關內容，但我先暫停了一下，問自己：這真的會帶給我價值嗎？我現在需要休息一下來閱讀這則新聞嗎？我最終決定等到工作進入停頓點時再來看。（那時我的興奮感已經降下來了。）

在看新聞報導時，我會自問：我已經了解故事的重點了嗎？我還能學到有趣的新東西嗎？如果我繼續閱讀，是否在做如同邊際報酬遞減的事情？如果判斷是這樣，我就會果斷停下來，就這麼簡單。這種做法能讓我們避免深陷沉沒成本的注意力陷阱，在心理上難以脫身。

培養後設覺察的能力，就像鍛鍊肌肉一樣。一開始，你可能會忘記要停下來問自己這樣的問題，但隨著練習增加，這種行為將變得更加自然。初期，你可以把一些要問自己的簡單問題寫下來，例如寫在便利貼上，放在視線範圍內。隨著對自己行為的後設覺察能力增強，你就愈能有意識地採取行動。透過持續練習，你將培養出一種分析性的思維模式，來思考自己的行為。

培養能動性第二步：提前思考

　　班杜拉能動性的第二個特性是提前思考，這是幫助你獲得注意力控制的另一個工具。提前思考即是**想像你目前的行為可能會如何影響未來**，這也會讓你對自己的行為更有覺知和意圖。在上社群媒體或玩線上遊戲之前，花點時間提前思考，想像一下如果你沉迷其中，你隔天早上或一天結束時會是什麼狀態。

　　你了解自己的習性，也可能知道自己通常在社群媒體或新聞網站上會花費多長時間。如果你知道自己容易沉迷於社群媒體，那麼想像一下花 20 分鐘（或 2 小時）的時間上臉書或 IG，會對你接下來幾個小時的工作（和個人生活）產生怎樣的影響。

　　假設你有多項任務需要完成，包括製作投影片簡報、寫研究摘要、處理電子郵件、追蹤 Slack 訊息，除此之外，還得尋找公寓。你知道自己喜歡上社群媒體，但你也知道，一旦進入社群平台，很容易一看就是一個小時。因此，**在打開社群媒體之前先暫停，想像一下：你會在社群媒體上面花費一小時，而這樣一來，你的一天結束時會是什麼樣子呢？**

　　你能想像自己完不成投影片簡報嗎？或者你能想像自己需要熬夜來彌補浪費的時間嗎？如果你是學生，提前思考尤為重要──在對大學生的研究中，我們發現社群媒體占據他們過多的時間。試著想像凌晨兩點時，你的夜晚會是什麼樣子，你是在睡覺，還是因為之前在社群媒體上花了太多時間，所以還在趕作業？你能想像自己後悔莫及的樣子嗎？把你的思考從當下的時刻擴展到更遠，這樣你就能想到你現在的行為對未來生活的影響。

第十三章　四步驟找回使用裝置的專注力

目標固然重要，但如果沒有加上視覺化的想像，目標就會變得抽象而難以牢記。**你可以讓視覺化想像愈詳細愈好，甚至可以想像自己會有什麼情緒**，這樣你就愈容易在需要時，採取行動來校正方向。試著想像，花時間在這些網站上，在短期內、甚至可能在長期內如何對你產生影響，這能在你切換注意力之前設下一些障礙。透過想像這些未來可能發生的影響，你會意識到，當前的行動會產生怎樣的後果。而詳細設想未來可能發生的事，比如工作完成、有時間放鬆、追 Netflix 影集、睡前看書，會成為你堅持目標的動力。

我承認，我很喜歡一款叫做「全字母句」（Pangram）* 的字謎遊戲。這款遊戲有不同的關卡，在努力達到更高關卡時，我就會產生緊張感，這也是遊戲開發者的意圖。一旦開始玩這款遊戲，我就會一直玩下去，因為在達到更高關卡之前，我無法緩解緊張情緒（依據勒溫緩解緊張的概念）。我也知道，根據我的人格特質，一旦開始玩，我就很難停下來，直到破關。這款遊戲並不是讓我稍事休息的好選擇。蔡加尼克在中斷任務方面的研究結果與我有關，因為在我打破最高關卡之前，我是無法從腦海中忘掉這個遊戲的。有時即使成功了，我還會繼續玩，看看能否找到更多單字。我對這款遊戲近乎痴迷。

因此，在開始玩遊戲之前，我會進行提前思考。我知道，我可能要花 30 分鐘到幾個小時的時間，才能玩到最高關卡，所以我會考慮，這將如何影響我當天計劃要完成的工作。如果情況允許（例

---

* 譯註：全字母句指包含英文全部 26 個字母在內、且有意義的句子，常被用來測試字體的顯示效果，或者以前的打字機、現在的鍵盤是否故障。

如通勤時間較長），那麼我會允許自己沉迷其中，因為我知道自己有足夠的時間來破關。

在開始玩之前先考慮清楚，確實幫助了我阻止自己想都不想就開始玩遊戲。而且我知道，稍晚有更多時間時再來玩遊戲，我能獲得更多獎勵，因為那時我不會有勒溫所說的那種，需要完成工作的潛在緊張感。除非我能想像玩這個遊戲不會影響我的工作，否則我甚至不會點開它。

以前我經常玩這款字謎遊戲，導致在處理其他工作時，這些字母仍然留在我的腦海裡。我會瘋狂地思考新的適合單字，這就是痴迷遊戲的本質。即使你停止了一項活動，這項任務的內容也會殘留在你的腦海中，干擾你接下來的任務。使用後設覺察也幫助我意識到，遊戲的注意力殘留已經干擾了我的其他工作。透過想像未來的後果，以及未來可以再玩遊戲的機會，我成功控制了自己的行為。

培養能動性第三步：自我調節

對於提升自我調節，即班杜拉能動性的第三個特性，阻擋軟體似乎是一個簡單的方法。阻擋軟體可能在短期內有所幫助，但並非長久之計。雖然它確實在短期內為自控能力較差的受試者帶來了好處，但如果我們退一步思考，就會發現這種方法實際上並不能傳授長久的自我調節技能，而是把這項工作轉嫁給了軟體。

阻擋軟體不能讓你靠自己學會自我調節，而依靠自身力量，正是能動性的意義所在。這就像一直讓腳踏車裝著輔助輪，結果你永遠學不會自己騎腳踏車。當你使用軟體封鎖網站，你就不再是對自

己行為負責的主體；軟體成為代理的能動者，讓你無法學會發展內在模型去解釋自己的行為——而這正是能幫助你自我調節的工具。所以，最好的辦法就是發展自己的能動性。

並非所有人都天生擁有自我調節能力強的人格特質，但這種技能是可以培養的。如果你像米歇爾的實驗中，那些看到第一塊棉花糖就拿起來的 4 歲小孩子一樣，這並不意味著，你就永遠無法控制自己的注意力。或許你只需要比別人更專注地工作。請記住，在認知資源不足時，自我調節就會變得更加困難。因此，**你能做的第一步，就是不要讓自己消耗過多的認知資源**。對自己的資源存量保持覺知，當你開始感到疲憊，就休息一下。

自我調節的方法之一：改變結構

人們會為自己建立各種結構，例如時間表。但你可能沒有意識到，數位世界中還有其他類型的結構限制和引導著你的注意力。電腦和手機介面的設定就是一種結構，透過呈現檔案、應用程式和瀏覽器分頁的視覺提示，影響著你的注意力。要控制自己的注意力，首先要做的就是**調整介面環境，減少能引起自動注意力的刺激**。

你可能已經知道要刪除介面中讓你分心的視覺提示。你可以關閉通知，它們透過自下而上的突顯性吸引你的注意力，讓你自動做出反應。此外，與工作和你有意識選擇的活動無關的事物，你都應該阻止和它們的接觸。如果你知道自己喜歡玩某個遊戲，那就把它隱藏在資料夾裡，不要讓它在介面上看得到。打開這個遊戲必須先找出它，這樣你能停下來問問自己，現在玩這個遊戲是否值得。如果你無法從花在遊戲上面的時間獲得價值，那就刪除遊戲。但如果

它帶給你快樂、幫助你減壓,並且你覺得自己能學會調節使用它的行為,那麼就保留著。好好清理電腦和手機裡不必要的雜物。

你也可以**設計一個慣例來協助自己進行自我調節**。如果你知道自己有高衝動性人格,一看到手機就會自動做出反應,那就為自己設計一個慣例,製造阻力,讓自己更難被手機分心。坐下來開始工作時,把手機放到另一個房間,或放進抽屜裡,甚至把手機鎖起來。你為防止能分散注意力的刺激而在慣例中設計的阻力愈多,被打擾的可能性就愈小──包括外在干擾,也包括內在干擾,因為你對輕鬆使用應用程式的期待將會發生改變。

如果我看到身旁有一本雜誌,我很可能會拿起來看;但如果它在另一個房間裡,我可能甚至都不會想到它,就算我能想到它,但我必須走到另一個房間去拿,我也有可能就不去看它了。因此,要在電腦、手機和實體環境中,把可能分散注意力的刺激物放在視線以外的地方,這樣它們可能也就會跑到思緒之外去了。

自我調節的方法之二:建立鉤子

控制自己的注意力,並不代表完全停止使用社群媒體、上網或閱讀新聞,那等於把香檳連同軟木塞一起扔掉。要在保留社交好處的同時控制自己的注意力,可以考慮在數位世界中,設計我所謂的「鉤子」(hook),它們可以幫助你避免陷入注意力陷阱。

在你上社群媒體或閱讀新聞之前,要積極主動地安排一個可以把你拉出來的鉤子。例如,**把一次上社群媒體的 10 分鐘休息時間,安排在一場預定好的電話通話之前**。這件預先約好的事就變成鉤子,你知道你必須在這一時刻停止瀏覽社群媒體,接聽電話。(當

然，風險在於你可能會錯過那通電話，所以要小心。）

另一個例子，是把對遊戲的痴迷留到通勤時間。到站的時候，鉤子就會發揮作用。希望你不會錯過下車，有一次我在紐約地鐵上用手機看書就坐過站了。你也可以**把使用社群媒體的時間保留到等待的時候**，比如在診所候診時，當叫到你的名字，鉤子就會把你拉出來。你可能會想，如果依靠某些外在事件來阻止自己的行為，那就不能算是使用能動性。但你確實在使用能動性，因為你正在策略性地規劃方法，為自己提前建立擺脫困境的途徑。

自我調節的方法之三：不要切換螢幕

當巧克力蛋糕已經擺在盤子上，我們就很難忍住不去吃它。要知道，如果你跟隨內心的衝動切換到另一個螢幕，再回到最初的螢幕和最初的任務，將會加倍困難。當你切換到 YouTube，就好像你把巧克力蛋糕放在盤子上，誘惑一覽無遺，你怎能不吃呢？如果一開始就不看 YouTube，你就不會深陷看 YouTube 的無底洞。

請記住，我們可能對自己的欲望缺乏自由意志，但我們卻能在行動中發揮能動性。因此，一旦產生上社群媒體網站的欲望，你可以透過不切換螢幕，幫助自己進行自我調節。**一開始就不切換螢幕，會比你上了社群網站後再退出，要容易得多**。你看不到的東西，就不會再成為讓你沉迷的誘惑，就這麼簡單。深吸一口氣，朝窗外看一會兒，或者出去散散步，然後再回到你之前離開的地方，也就是你原本的螢幕畫面。

培養能動性第四步：自我反省和校正行為

現在來探討班杜拉能動性的第四個特性，即自我反省和校正行為。我將介紹不同的行為校正方法，幫助你實現控制注意力和獲得心理平衡的目的。你可以改變使用社群媒體的心態，也可以學習如何在考慮到認知資源和情緒的前提下設計自己一天的工作，你也可以在頭腦中保持對目標的具體和自覺。

有意義地運用朋友圈

在臉書上漫不經心地瀏覽一則又一則貼文，和一心多用很像：從一個人切換到另一個人，從一個話題切換到另一個話題。大多數貼文幾乎不會引起你的注意，有些可能稍微有趣（或悲傷）。三不五時，和在抖音或 IG 上一樣，你會被推播一則吸引人的故事或影片，讓你開心、生氣或傷心。不過，你可能需要很長時間才能找到這則熱門貼文，你就這樣浪費了時間、注意力和精力。

我之前說過，臉書的設計不是為了發展深厚的關係，只是為了維持關係。其他任何社群媒體更是如此。而如果你的臉書好友已經發展到數百、甚至數千人的規模，維持關係的想法甚至也變得毫無意義。想想「鄧巴數」，能與你保持穩定關係的人只有 150 個（能維持深厚關係的只有大約 5 個）。如果你真的想發展更好的人際關係，那你當然必須到社群媒體之外去尋找。

請記住，你可以從社群人脈中獲得不同類型的回報。橋接型社會資本讓你獲得來自不同群體的意見。它有助於解決問題，如尋找公寓；或者提供你可能忽略的資訊，如有關氣候變遷的最新消息。

另一種類型的社會資本，即結合型社會資本，則讓我們從與自己有密切關係的人（以及我們反過來支持的人）那裡，獲得情感和支持性的回報。在社群媒體上瀏覽貼文時，你很可能不會想到這些不同類型的回報。

然而，你可以善用線上人脈提供的回報，更有效地利用你的時間和注意力。我的偏好是運用結合型社會資本，**思考如何與一個人進行有意義的互動，從而有所收穫，並給予對方一些回報。**或許你有一個久未聯繫的老朋友，在休息時間進行一些重複性活動時，你可以積極地使用社群媒體和這位朋友聯絡，然後安排後續的電話、視訊聊天或會面。我記得有一次在臉書上和一個高中老友聯繫，給我帶來了很多美好的回憶。

想想第一個框架錯誤：做出不那麼有價值的選擇。出於習慣漫不經心地瀏覽社群媒體時，你很可能是在浪費自己的時間。因此，與其隨意瀏覽好友名單中成百上千變得抽象、面目模糊的人，不如想想如何讓體驗變得有意義。

選擇一個與之相處讓你感到快樂的人，把你的時間和注意力投注在他身上。想像你與對方的互動，從而激發你去做這件事的動力。寫一則正面的訊息，告訴對方你在乎他。當然，你也可以拿起電話直接告訴對方，並安排見面，不過用線上社群開啟互動的門檻相對較低──這是網路人際連結的一大優勢。對了，**一旦你發送了這條友善的訊息，就該立刻離開社群媒體、回歸工作目標。**

設計你的工作日，以實現心理平衡

傳統上規劃一天的方式是寫下需要完成的任務，這是我們大多

數人的一貫做法。人們通常會在行事曆上寫下會議時間和任務截止日期，列出待辦事項清單，有時甚至為每項任務指定開始和結束的時間。在這種傳統做法中，人們的思維方式是依照時間表去完成任務。最大化生產力，意味著在有限的時間內擠進盡可能多的工作，這當然往往也造成更大的壓力。

多年來，我一直在加州大學爾灣分校資訊系，講授專案管理課程，這門課程教導人們如何有效地設計和實現自己的目標。我們從專案管理中知道，延期時常發生，任務完成的時間幾乎總是比預期的更長，而且任務進度也沒有考慮到工作者的身心福祉。因此，在 21 世紀的數位世界，我們反而需要重新學習如何安排一天的工作，包括讓自己不被耗竭、提升幸福感的策略，還包括了解自己注意力狀態的獨有節奏，以及了解認知資源有限而寶貴這一事實。

接下來我將介紹一些策略，用來幫助你安排一天、更好地實現心理平衡。

▌策略 1：了解自己的節奏，最佳化你的資源

認知資源理論貫穿整本書，我也試圖讓它應用到你的日常生活中。這個觀點認為，有些活動會耗盡你的資源，而有些活動則會補充你的資源。在安排一天的工作時，要考慮到你的精神資源是有限的，要知道花時間補充精神資源，不僅幫助你減輕壓力、讓你更有能力抵抗分心，還能激發你的創意。[8]

我們知道，在實體世界裡不同的活動，例如與家人或朋友相處、協調複雜的大型活動、在大自然中散步，分別會如何消耗我們的身體能量。但是在數位世界中，是什麼消耗了你的精神能量呢？

做哪些事情可以補充你的資源呢？什麼樣的重複性活動能讓你放鬆呢？一天結束時，你應該感到精力充沛和正向，而不要剛過下午就把資源耗盡，因為這會帶來壓力，影響你下班後的個人生活。

在安排一天工作時，想想你的任務對認知資源的影響。首先要以整體視角看待工作，要**儘量讓不同的任務像拼圖一樣組合在一起，避免一個困難的任務接著一個困難的任務，以免過度消耗注意力**。請記住，長時間使用持續性注意力可能讓人耗竭，除非處於心流狀態，而這在大多數知識工作中是很少見的。

你想以什麼活動開始新的一天？許多人喜歡一開始先做一些重複性的工作，讓自己做好準備，然後再投入有難度的任務。思考一下你安排會議的方式，如果可以的話，不要安排一場會議緊接著另一場會議，那樣肯定會讓人精疲力竭。Zoom 線上會議的問題在於，我們往往會把會議接連安排下去，這樣中間就沒有休息調整的機會。**在你知道會很具挑戰性的漫長會議前，做一些能帶來正向獎勵的簡單事情，然後在會議之後，透過社交互動、重複性活動，或者最好是散步，來補充你的資源。**請記住你的精神能量很寶貴，你需要把它們分配到各項活動中去。不要還沒到上午 11 點就疲憊不堪，因為你還有大半天需要度過。

根據自己的注意力節奏來安排一天的工作，了解自己專注的高峰時間，並在這段時間內處理最需要集中注意力的任務。你的專注高峰時間由「時型」（chronotype，即你自然的生理時鐘）影響，所以務必了解你的時型。*在第三章介紹的研究中，我們發現大多數

---

* 你可以做這個測驗來了解自己的時型：https://chronotype-self-test.info/

人的專注高峰時間，在上午 11 點和下午 3 點左右。你自己的專注高峰時間可能有所不同：假如你是晨型人，你的高峰時間可能會比上午 11 點還要早；相反，如果你是夜型人，你可能要等到再晚些時候、甚至要到下午，才能進入高度專注狀態。

把最具挑戰、最需要精力和創造力的任務，留到你的專注高峰時間進行。 避免在專注高峰時間處理電子郵件，這會消耗你寶貴的資源，這些資源最好用於其他任務。請記住，**電子郵件會產生壓力，你可以在非專注高峰時間處理電子郵件**，例如早上剛開始工作時，或一天工作結束時。電子郵件有時效性，如果你等到一天工作結束時才檢查電子郵件，可能會發現很多問題已經被解決了。按照由新至舊的逆向時間排序來檢查電子郵件，你會發現有很多問題已經被處理了。最重要的是，睡前不要處理電子郵件——你不會想把壓力帶入夢中。

我的時型屬於適中，既不是極端的早鳥型，也不是極端的夜貓族。在開始一天工作時，我會先瀏覽新聞，然後通常再處理一些次要的工作，比如查看收件匣。不過我知道，不能先打開重要的電子郵件，要先略過，之後再來處理。因為一旦看過，它就會成為蔡加尼克所說的未完成任務，而我會一直想著我需要回覆它們。

我的專注高峰時間在上午 11 點左右，所以我會把最需要創意的工作留到這個時間進行。一整天之內，我都會對自己的專注力存量進行評估。我知道，如果我花太多時間在試圖理解稅法這樣的活動上，我就會消耗自己的認知資源，這可能會影響到進行其他創意工作需要的注意力資源。當然，我可能確實需要花時間研究稅法，那麼我就會選擇在不疲憊的時候進行。

思考自己有限的資源，也讓我能夠在開始閱讀一篇長文章時，避免掉入沉沒成本的陷阱。更好的做法是，我根本不會開始閱讀，除非我知道自己有足夠的時間能完成閱讀，這通常是在一天結束的時候。請記住，隨著資源耗盡，我們抵抗分心的能力也會減弱，而這時，頻動性注意力的衝動就會開始發揮作用。

■ 策略2：在一天工作中納入負空間

在安排一天的工作時，請納入負空間的概念。在藝術中，負空間指的是圖像周圍的區域，它們也是藝術作品的一部分。在日本的設計理念裡，「余白の美」（留白之美）是指繪畫或庭園設計中，物體周圍美麗而生動的留白空間，就像音樂中有意義的無聲一樣，是作品中不可或缺的一部分。

負空間是一個很好的比喻，形容你為一天的繁重工作留出的喘息時間，讓你可以重新調整並提升專注能力。請使用後設覺察來評估你的認知資源是否不足。如果不足，請**允許自己進行一些不會消耗認知資源的活動，這些活動可以是重複、簡單的，讓你感到正面並獲得獎勵。負空間與工作本身同等重要**，因為它有助於實現平衡，避免壓力過大。

然而，你無法在工作日長時間保持放鬆狀態，因為人們確實需要一定程度的警醒，才能有良好的工作表現。警醒與表現的關係經過深入研究，被稱為「葉杜二氏法則」（Yerkes-Dodson law），[9] 以一個倒 U 曲線的形式呈現。曲線的高度代表你的表現水準，你需要的是維持在曲線的頂點，也就是在適當的警醒度下，你的表現會達到巔峰狀態。在頂點左側，警醒度不夠，你的表現也不是很好。

如果你需要更多警醒，那就去進行一次充滿活力的散步吧。

適當的警醒是保持警覺的必要條件，但是如果警醒過度且方式不當（如壓力），表現就會開始下滑，你會落入曲線頂點的右側。**找到你的警醒最佳點，把它想成你的「壓力甜蜜點」，也就是最適切的壓力狀態。**把負空間的概念和困難的任務結合起來，利用休息時間散步或進行重複性活動，努力保持在最適切的壓力狀態。透過練習，你會了解自己的節奏和注意力容量。

▌策略3：注意任務的情緒價性

評估數位世界中的活動時，不僅要根據活動需要的注意力多寡，還要考慮活動的情緒價性，即這些活動所引發的情緒品質，是正向還是負向。根據我們的研究，人們在進行簡單、重複性活動時感到最快樂。我們也發現，處理電子郵件會引發負向情緒。思考如何設計你的一天，讓它以淨正向情緒（net positive emotion）結束。我知道慢跑讓我快樂（可能是由於腦內啡的釋放），所以在我想要感覺更正向時，我就會去慢跑。

遺憾的是，我們不能一整天都做帶來正向情緒的活動。但是，你可以透過安排會議時間，限制與脾氣暴躁的人開會帶來的負面影響，例如把會議安排在午餐之前，這樣你可以在午餐時間休息和恢復情緒（但不要對著螢幕吃午餐）。或者，你可以**透過安排時間來管理不愉快的任務**，像是處理電子郵件，你可以在固定時間查看收件匣、限制查看的次數在每天一到兩次。或者，你可以與別人合作完成一項艱難的任務，這可能可以讓任務變得不那麼費力。

如果你能靈活地安排時間，對於那些預期會產生負面情緒的任

務,你可以調整執行它們的時間範圍,例如安排在午餐前。**把這些負面任務穿插在一些能帶來正向情緒的任務中間,或是在完成這些負面任務後放鬆片刻、補充能量**。總之,在安排一天的時間時,請考慮你所做的事情會如何影響你的情緒。

將目標牢記於心

你的目標是你當天的藍圖,描繪了你希望如何使用自己寶貴的認知資源,以及如何實現內在平衡。維持目標是一個動態、而非靜態的過程。請記住,注意力是由目標引導的,若要讓注意力保持在正軌,就必須在頭腦中維持目標的表徵。在你安排一天的工作時,問問自己:**你希望實現什麼目標?你想要怎樣的感覺?**想像你的目標,讓它變得具體,並運用提前思考:當你寄出寫好的報告以後,你的工作日在結束時會是什麼樣子,你又會有什麼感覺?

此外,還要設定情緒目標。威廉斯(Alex Williams)在微軟研究院進行的一項關於抽離工作和重新連結的研究,發現了一種很有前景的方法,它證明了將情緒目標與任務目標相結合的價值。我也參與了這項研究。在為期14天的研究中,一家大型企業的34名員工,在每天早上打開電腦時,都要回答電腦軟體代理程式提出的簡單問題。在前一天晚上,受試者已經確定了自己第二天要做的工作,以及想要經驗的感受。比方說,某人確定他想要進行某項特定專案,並且他想要感到快樂。第二天早上,這個人會被問到:「你仍然想做這項專案嗎?為了完成這個任務,你可以採取的第一步是什麼?你仍然想感到快樂嗎?為了獲得這種感覺,你可以採取的第一步是什麼?

這些問題促使受試者思考自己的目標,而實驗也取得了不錯的效果:受試者在工作開始後的第一個小時中,感到更有效率、也更加投入。[10] 這個做法將人們的計畫和目標提升到自覺的層面,而一旦人們辨識到這些計畫和目標,就有了採取行動的能動性。你可以使用同樣的技巧,將你的目標提升到自覺的層面,並把目標牢記於心。這項研究也發現,目標需要在一天之中不斷重申。

我如何透過培養能動性完成本書

我能夠順利完成這本書,就是運用了上面介紹的方法,來培養自己行動中的能動性。我不斷練習後設覺察,幫助自己更深入地思考自己的行動,例如問自己,為什麼覺得有必要停下寫作,來查看新聞或電子郵件。這已經成為我的日常習慣。

我也運用了提前思考的技巧。早上開始工作時,我會想像一天結束時的情景,想像那幾頁寫好的章節會是什麼樣子,或者想像儲存檔案、把它移至已完成章節的資料夾裡或把它寄出的情景。我還會想像那將給我帶來怎樣的感覺,那會是快樂的感覺,讓我受到鼓舞。它會帶來強大的激勵作用。

牢記高層次的目標,可以幫助我避免陷入注意力陷阱。我知道自己的天性,一旦開始一件事就會沉迷其中,因此,我儘量避免開始一項活動,除非我能想像它與我當天的目標相吻合。這些做法幫助我反思自己的數位活動,並在發現問題時及時修正。

最重要的是,我學會了認識自己的節奏,並掌握它。我知道何時是我寫作的巔峰期,也知道什麼時候我容易感到疲憊。對我來

說，太早起床是行不通的，因為我不是早起的類型。但我知道，如果我在符合自己節奏的合理時間開始工作，先進行一些重複性活動，我很快就會進入狀態。

我有意識地根據對自己認知資源的理解，來調整要進行的活動。如果感到認知資源不足，我就會停下來，在變得精疲力盡之前就恢復精神。每天我都會安排戶外運動，就像會安排開會一樣。我承認住在南加州確實有優勢，但你也可以休息片刻，四處走動一下，甚至只是在你的公寓或房子裡。

有時我會玩快速的填字遊戲（像安吉羅一樣用用「小腦袋」）。這有助於我理清思緒，在重新開始寫作時，我可以用新的視角來審視文稿。通常在進行其他活動後，再回到寫書的工作，我都會產生不同的觀點。

最重要的是要運用後設覺察，一旦你發現自己的認知資源不足，在資源耗盡*之前*，就要休息一下，或切換到重複性活動。運用提前思考來幫助你維持在正確的方向，並在你做那些美妙的重複性活動之前，建立好自己的鉤子，以免最終無法自拔。

我非常清楚讓我分心的各種力量，我也非常清楚自己的性格組成、長處和短處（我確實有神經質的傾向）。**我利用這些知識，不是作為藉口，而是幫助自己制定策略，在使用裝置時更有意識、更有目的地集中注意力。**

我是在學術休假期間撰寫這本書的。這段時間讓我得以擺脫教學職責和行政工作的束縛，但我仍要繼續進行研究專案、舉辦和參加會議及研討會、撰寫研究論文、指導兩名學生的論文、參加博士學位口試委員會、審查論文、撰寫推薦信⋯⋯儘管有這麼多工作，

我還是在七個月內寫完了這本書。我還做到了精心規劃自己的工作日，分配時間進行重複性活動和其他有趣的活動。在紐約市的休假期間，我還能在晚上和週末享受這座城市的精采生活。我還成功實現了在壓力的甜蜜點附近保持平衡，不讓自己壓力過大。

不過，我也承認這個過程並非一帆風順。有時我確實會迷失目標，有時我沒有注意到自己認知資源的存量，忽略了休息或放鬆，結果讓自己累垮了。每一次這樣的情況，都讓我更堅信需要對自己的行為和資源容量更有覺知。換句話說，在遇到挑戰或問題時，我試著承認情況本質如此，然後努力培養解決問題的能動性，再將新的知識融入到行動中。我母親就是這麼做的，她經常說：「我接受，我處理，我輕鬆應對。」（I take it, I take it over, I take it easy.）

打破迷思，建立新的工作目標

在這本書中，我希望運用研究結果，改變大眾對如何使用裝置的討論，**從而使工作的主要目標，轉向致力於實現健康的心理平衡，並遵循我們天然的注意力節奏**。或許你會想，等一下，你在說什麼？難道我們不應該把如何提升工作效率放在第一位嗎？

然而，正如我們不可能整天跑馬拉松一樣，我們也無法長時間不間斷地運用專注力，承受高強度的精神負荷，而不降低工作表現、也不會增加壓力。因此，與其強迫自己長時間持續集中注意力，並承受最大化工作效率的壓力，你更需要找到使用不同類型注意力的節奏：有時你可以接受挑戰，而有時則需要一些輕鬆有趣的活動。以「明智地運用自己的認知資源」為原則，安排你的工作

日,並以提升你的幸福感為目標。

大眾普遍認為,我們不應該允許無需動腦的重複性活動,這種觀點其實缺乏科學根據。重複性活動在生活中具有一定的功能:投入挑戰性不高的輕鬆活動,會給人們帶來快樂,讓人得到放鬆,並且有助於補充認知資源。例如園藝和編織,都是重複性的活動。同樣地,在數位世界中,我們可以進行一些能讓自己放鬆並重新調整的活動,這些活動還可以帶來與他人建立連結這樣的回報。

我們需要將重複性活動視為工作的一部分,以支持更高的任務和情緒目標。當然,最好的休息是站起來四處走動,而不是一邊查看手機一邊放鬆。在短暫的休息時間內完成簡單的任務(同時應用後設覺察,以免太過沉迷),有助於補充稀缺的認知資源。有了更多資源,我們就能更好地集中注意力、更有效地自我調節,從而擁有更高的工作效率——更重要的是,也會有更正向的感受。

請允許自己放鬆,無須感到自責。我們不可能像詹姆斯或作家史蒂芬・金(Stephen King)那樣,能以每天寫 2,000 字而聞名。我們已經創造了一種致力於最大化生產力的文化,這也意味著更多的資訊生產、更多的交流溝通,以及更多需要跟上的資訊量。在當前的數位環境下,我們正與狂風抗爭,力求保持維護自身福祉的正確航向。

你能做的就是培養能動性,以更好地掌控自己的注意力,與自己的注意力節奏保持一致,並努力獲得正面的幸福感。偉大的藝術家和作家都知道,找到自己的節奏是多麼重要,他們知道自己什麼時候工作效果最好,什麼時候應該休息,以及如何在一天中留出空檔。作家比蒂(Ann Beattie)喜歡在晚上 9 點開始寫作,因為午夜

到凌晨 3 點之間是她的最佳狀態。[11] 她遵循自己的節奏，從而達到專注的巔峰。

在這個還相對年輕的數位時代，我們需要改變討論的方式，優先考慮人們的健康和福祉。電腦是為了擴展我們的能力而設計的，但在這個過程中，它卻讓我們失去對注意力的控制，並給自己帶來壓力。認為會分心、被打斷和一心多用是因為個人缺乏意志力，這樣的想法並不全面。把一切都歸咎於強大的演算法也無濟於事。影響注意力的力量，範圍要大得多。我們的注意力行為，受到我們所處的更大的社會科技世界的影響，包括環境、社會、個人和其他科技的力量，這不僅是缺乏自律的問題。

不過，我們可以運用能動性來**規劃**和**採取行動**，比如有意識地選擇如何使用自己的注意力，善用注意力的活躍傾向。在數位世界中有效地使用注意力，實際上關乎了解我們自身，和我們生活於其中的大環境。

第十四章

注意力的未來由我們共同創造

個人電腦、網路和智慧手機的設計，目的在於提升人類的能力。然而透過多年的研究，我發現這些科技雖然讓人們的生活得到無價的改善，但也常常讓人們感到精疲力盡。我的研究結果顯示的，比我預期的要糟糕得多。在長時間使用電腦和手機的過程中，人們總是快速轉移注意力，被外在刺激和自己打斷。結果就是，我們的工作變得支離破碎，常常感到不堪重負和壓力倍增。

正如我在本書開頭提到的，壓力被認為是 21 世紀的流行病，[1] 會導致高血壓、睡眠障礙和疲勞等一連串問題。當然，生活中許多事情都會造成壓力，但我們至少可以改變其中一個潛在的壓力來源，即我們與個人裝置的關係。我們可以有智慧地運用自己有限的注意力，同時仍能實現心理平衡，獲得正向的幸福感。沒錯，我們也可以提升工作效率。

數位科技已經成為人類思想的附屬物，並融入我們的文化之

中,難怪我們離不開它們。我們沒有 GPS 就無法開車,我們不再在腦中進行運算,我們對話的夥伴已經變成 Google。電腦和手機需要我們時刻的注意,但請不要忽視,在電腦和手機之外,我們也是一個更大的、瞬息萬變的數位世界的一部分:我們請語音助理幫忙購物,設定智慧恆溫器為房子供暖,使用機器人來打掃房間。數位世界中的變化發生得如此之快,我們並不總能注意到。

我們也已經習慣了使用個人裝置導致的注意力衰退。我們的注意力持續時間多年來持續下降。拋開個人天性不談,**一種助長和強化短暫注意力的文化已經形成**。這種文化是由科技公司、電影、電視和廣告,以及社群媒體平台和組織結構所創造的,但同時也是我們所有人共同創造的。我們用影片和社群媒體分享內容和故事,並持續開發新的社群平台,因而共同造就這個強化自己短暫注意力的數位文化。

我個人的注意力如何受到電腦科技興起所影響的故事,和我研究的人們的經歷非常相似。隨著多年來研究的不斷深入,我愈來愈意識到自己一心多用的情況,以及所承受的壓力。我愈是向外研究他人,就愈是內省地檢視自己的行為。我發現,我正在忽略自己的心理平衡。

在研究其他人的過程中,我很快意識到,僅僅記錄人們的注意力有多分散是不夠的。我想深入了解其背後的原因,以及我們能夠採取什麼行動。我的結論是,**我們並不需要繼續陷在更多分心和更大壓力的困境中。**

建立與科技之間的健康關係,需要從三個層面進行改變:個人、組織和社會。雖然身為個人,我們很難改變自己的人格傾向和

基本的社會動力，但我們可以與這些因素合作，發展能動性來控制自己在數位世界中的注意力。組織可以透過重組溝通模式，以及調整期待，來支持個人的努力。社會可以制定政策和計畫，幫助人們發展新的文化慣例。

儘管目前，科技對我們的注意力造成了損害，但我依然對科技創新感到興奮，並相信我們可以學會善用科技，而不讓科技對自己的幸福產生負面影響。我們可以改變必須要將自己逼到極限的常見觀念，轉而致力於透過使用科技實現正向的幸福感。我們可以學習如何順流而行、乘風破浪，而不是被大海吞沒。

從組織層面支持員工擺脫數位裝置

那麼，我們是否可以遵循常見的建議，乾脆停用電子郵件、Slack 或社群媒體，來阻絕分心問題呢？雖然我們可以進行數位排毒，但這不是永久或可行的長期解決方案。不論你是任何一種知識工作者，需要使用電腦和手機工作的全職或兼職工作者、大學生或高中生，或者只是需要與遠方的家人和朋友保持聯繫的人，長時間脫離網路都不是可行的辦法。

任何將自己與外界隔絕的人，最終都可能遭受懲罰，包括錯過工作上的重要資訊，或與朋友間的重要對話。這也會把溝通和工作的負擔轉嫁給同事，讓對方不得不接手爛攤子。放棄與他人聯繫是不切實際的，因為我們生活在一個人和資訊交互相聯的網絡中，共同被捲入不斷成長的資訊通路之中。這是我們所創造的數位時代的現實。我們的裝置是智慧的，我們必須更有智慧地使用它們。

雖然身為個人，我們可以在自身行動中實現能動性，但我們也需要將控制注意力的問題，視為組織所面臨的挑戰。**讓人們從電子郵件和 Slack 等辦公工具中脫身，只能透過集體行動來實現**，正如我們在停用電子郵件的研究中所發現的。[2] 批次處理電子郵件是常見的建議解決方案，但正如我之前討論過的，它不是大家期望的靈丹妙藥。我們的兩項研究結果顯示：批次閱讀電子郵件並不能減輕人們的壓力，也不會讓人們擁有更高的工作效率。

然而，這並不意味著它一點好處都沒有。**限制電子郵件送達收件匣的時間，可以調整員工的期待**。如果大家都知道電子郵件要到下午 1 點才會收到，這種做法就可以從集體層面修改員工的期待，從而減輕他們不立即回覆的壓力（和自責）。這或許會減少電子郵件的發送量，同時也可以改變個人查看電子郵件的習慣，讓人們每天只需查看收件匣一到兩次，而不是像我們研究發現的那樣，每天查看 77 次。

這樣一來，人們在工作日中將會獲得更多時間。員工們很快就會知道，新的電子郵件不會出現，所以就不會一直檢查郵件，甚至他們原本的習慣也會改變。在停用電子郵件的研究中，即使僅有幾天沒有電子郵件，人們也會開始改變習慣。因此，組織可以圍繞工作通訊工具的使用方式，創造新的社會慣例和集體期待。

設定一個安靜的時段，其間禁止發送電子通訊，這樣的做法也可以建立新的期待，即在某段時間內不會有電子郵件。或許更為合理的是，就像電信業者每月分配數據用量一樣，組織可以以週或天為單位，分配固定的電子郵件使用分鐘數。在此之外，如果想要交流，人們就只能親自見面——在停用電子郵件的研究中，我們的受

試者都很喜歡當面溝通。

組織也可以透過不懲罰下班後沒有回覆訊息的同事,來發揮自己的力量。正式的規定可以透過支持員工為抽離工作所做的努力,幫助員工改變心態,重建工作和個人生活之間被打破的界限。下班後花時間處理電子郵件會增加壓力,簡而言之,下班後繼續使用電子郵件會讓人感到憤怒。[3]

有些企業已經推出了約束電子郵件干擾的相關政策,讓員工得以全面在組織層面上實行關閉電子郵件的做法,而不讓任何個人受到懲罰。一些德國企業,如福斯汽車和安聯保險,已經為員工採取了這樣的政策。

從社會層面鼓勵離線權

離線,意味著在工作時間之前和之後,都不回覆電子郵件、Slack 或手機,也不進行視訊會議。在更廣泛的國家層面上,規定「離線權」(Right to Disconnect)的法律正在醞釀,它最初起源於法國 2017 年通過的科姆里勞動法改革法案(El Khomri Law)。[4] 其他國家,如義大利和菲律賓,也正在推動類似的立法。2021 年,愛爾蘭通過了《實務準則》(Code of Practice),而加拿大安大略省頒布了《2021 年工作者工作權益法》(Working for Workers Act 2021),這兩項法律都賦予員工在正常工作時間後不回覆工作通訊內容的權利。

這種政策能否成功呢?一項針對 107 名法國上班族的調查顯示,科姆里法案的效果好壞參半。受訪者對離線權的概念持正面看

法，但在實際操作中，一些公司拒絕實施這項政策，因為擔心會對盈利產生負面影響。[5] 因此，**企業文化也必須隨著政策而改變，將工作者的福祉置於追求盈利的動機之上。**

這些法律的引人注目之處在於，它們將擺脫數位裝置視為一項基本人權。換句話說，人們有權在下班後斷開與工作的連結，而免遭不當影響，這一觀點已得到肯認。離線權的概念建立在《世界人權宣言》第 24 條的基礎上，該條明訂「人人享有休息和閒暇的權利，包括工作時間有合理限制及定期給薪休假的權利。」[6]

儘管愈來愈多國家開始制定離線權立法，但仍有許多問題有待解決，包括與跨時區的同事一起工作的情況。但一些國家正朝向積極解決這些問題的方向努力。也許在適當的時候，更多國家會意識到減輕員工壓力的必要性，並透過制定類似政策，讓人們有機會補充注意力資源。

疫情的經驗帶來了對工作時間的全新看法。人們開始經常在白天將個人生活與工作穿插在一起，例如一邊工作一邊照顧孩子。因此，工作時間變長了，工作和個人生活之間的界線也變得模糊，正常工作時間的範圍不再清晰。許多公司已經承諾繼續實行混合或遠距工作制，彈性工作時間的好處受到許多員工喜愛，特別是在需要照顧孩子或年長父母的情況下。

在遠距工作的情境下，離線權立法變得比以往更加重要，以防止長時間加班處理電子郵件造成的倦怠。由於人們將會有彈性的工作時間，這類法律有可能縮短組織內每名員工實際使用電子通訊的時間，例如僅限制在每天特定的幾小時。在組織中，漸進式的變革效果最佳，逐漸縮小通訊時間範圍，可以重新調整全體員工對回覆

通訊的期待。

年輕人尤其容易受到科技吸引,因為他們的執行功能和社會認同仍在發展當中。學校需要制定媒體識讀計畫,教導年輕人如何辨識和調整自己的數位行為,從而培養他們的能動性和使用科技的正向習慣。目前,一些學校系統已經制定了媒體識讀計畫,例如2018年通過的加州參議院第830號法案。[7] 這一法案為學區提供媒體識讀教育的資源和教材。學習如何與個人科技建立健康關係的能力,需要從小開始培養。

在社會層面,法律和政策可以支持科技使用更加平衡,個人發聲也為這些社會變革帶來樂觀的前景。如第七章所述,2021年,吹哨者豪根公布了臉書內部文件,並向美國參議院委員會做出該公司有害影響的證詞。她的勇氣可能激勵更多人挺身而出,進而導致能夠約束社群媒體公司行為的新法規頒布。為了敦促美國政府支持更道德的社群媒體使用方式,哈佛大學甘迺迪學院的「科技與社會變革專案」(Technology and Social Change Project)[8] 以及非營利機構「人道科技中心」(Center for Humane Technology),[9] 都在進行許多重要的努力。在美國國會的更多作證也正在發生。

儘管使用演算法進行的定向個人化行銷並沒有放緩,但我們可以看到,對於自身行為和注意力是如何被操縱的,大眾意識已經有所提高。我們目睹了劍橋分析公司的倒台。劍橋分析以不當方式獲取8,700萬臉書使用者的敏感資料,[10] 隨著律師費用攀升和客戶流失,最終宣布破產。這個結果向其他公司傳達了強烈的公開訊息,即使用者隱私的底線不容侵犯。在歐洲,資料隱私現已納入《一般資料保護規則》(General Data Protection Regulation)政策當中。

至於電視、電影和廣告等更廣泛的媒體環境是否會發生變化，我仍持樂觀態度。出於強烈的盈利動機，愈來愈多內容被壓縮在愈來愈短的時間內，這種趨勢似乎難以改變。然而，如果電影鏡頭變得太短，影片就會難以理解（混亂剪輯似乎已經達到了極限）。從歷史角度看，物極必反常有發生，所以我們只能拭目以待。

未來的人工智慧有可能改善你的注意力

科技創新也可以給我們樂觀的理由。回顧歷史，有關創新如何改變社會發展軌跡，1972 年的《成長的極限》（*The Limits to Growth*）研究報告是一個例子。[11] 這項研究由羅馬俱樂部（Club of Rome）委託進行，這是一個由 100 名頂尖思想領袖組成的智囊團，致力於解決全球問題。在這份報告中，一組麻省理工學院的作業研究人員運用電腦模擬，預測了世界資源減少的情況，指出全球平均每人可供給糧食將在 2020 年達到峰值，然後驟然下降。

2020 年已經過去，但到目前為止，這個預測並未成真。這些模型未能考慮到的是，過程中可能出現干預和創新（如新的農業做法），從而阻止或減緩這種崩潰趨勢。當然，我們仍然需要做出重大變革。許多迫切的社會問題，如氣候變遷，仍然朝著危險的方向演變，需要政策和實踐上的創新和變革。

雖然我們可能覺得，注意力被分散的狀況已經到達極限，但我們無法預見，新的技術和行為創新可能出現，從而挑戰或支持我們對能動性的追求。舉例來說，未來你可能成為掌握演算法的人。你可能擁有由自己控制的人工智慧個人數位助理，而且重要的是，它

收集到與你有關的資料,掌握在你的手中。這表示你借助數位助理所做的事情,不會、也不應該被科技公司擁有或存取。

這種未來的個人化數位助理,將透過分析你的行為、背景、人格特質、前一天晚上的睡眠狀況以及當下的情緒,了解你注意力能力的細節,從而知道什麼活動能幫你補充注意力資源、什麼活動會消耗這些資源。它還可以了解你不同類型注意力的理想節奏、導致你分心的原因,以及你自我打斷的時間。這種助理會提供給你回饋,讓你掌握休息的好時機,並且由於對你的深入了解,還可能會推薦一項能讓你感覺正向的活動。

Amber 就是這樣一種原型數位助理,在微軟研究院 2019 年對 24 人進行為期 14 天的研究中發揮作用。Amber 會提供何時休息的建議。受試者喜歡這些建議,甚至藉此在自己的日常習慣中做出積極的改變,像是減少在休息時間中使用社群媒體的次數。[12] 這類代理程式不會替你執行管理注意力的任務,而是會收集資料,幫助你更深入地了解自己的行為,這比告訴你在不同應用程式上花了多少時間的軟體深入得多。這種代理程式可以敦促你,協助你發展自我效能的能力,從而在數位世界中掌握自我控制能力。把它想像成一個私人教練,它是一個能讓你掌控自己行為的教練。

然而,隨著人工智慧發展並進一步融入我們的生活,它將會以其他方式影響我們的注意力。人工智慧在處理例行任務方面表現出色,但不擅長處理模糊的事情或複雜的決策。這可能是一件好事,因為我們可以把不愉快的、無聊的、自己可能不想處理的任務交由它處理。但這也意味著,我們將把更多的時間和注意力,用於處理複雜的任務,這將為我們的注意力帶來新的挑戰。

科技設計應該幫助人們達成平衡

科技設計在引導人們的注意力方面發揮著關鍵作用,正如我們在網際網路的設計中所看到的。人類是社會動物,追求社交獎勵,這一特性被社群媒體公司所利用。例如,「按讚」按鈕可以驗證一個人的社會價值,而源源不絕的推播通知,則利用人們基本的社交好奇心,而且這種好奇心似乎永無止境。

除了調整介面等個人努力之外,我們還可以在介面中設計阻力,以養成更健康的科技使用習慣,延長注意力持續時間。無限滾動加載的設計,與發展目標導向的注意力背道而馳。[13] 如果取消網頁無限滾動的功能,使用者就必須額外去做刷新頁面的動作,從而使不自覺的行為變得更加自覺。

另一種更直接的方法,是在使用者使用社群媒體帳戶 10 分鐘後自動鎖住,要求重新登入;或者也可以在一段限定時間內,分配固定的使用分鐘數。這也有助於人們把社群媒體的使用,投入在最重要的人際關係上。或者,社群媒體平台可以要求使用者每三天更新一次密碼。你可以發現,在一些時候,人們可能會選擇放棄使用社群媒體,出去走走。當然,考慮到社群媒體公司的盈利動機,這些方法不太可能被內建到社群媒體的應用程式中,但可能可以透過瀏覽器外掛程式的方式實現。

在更廣泛的層面上,科技設計團隊迫切需要納入社會心理學家和臨床心理學家等成員,不是為了讓社群媒體系統更具說服力,而是為了策略性地**降低使用系統的說服力**,並把提升人們的心理健康和福祉視為設計的首要任務。目前的設計團隊通常由具有技術背景

的人員組成,包括電腦科學家和工程師。我曾在科技設計團隊工作過,大多數時候是專案中唯一的心理學家。我可以證明,讓團隊了解設計決策如何影響人類行為,是多麼重要。

事實上,設計團隊應該納入的最重要的利害關係人,可能是科技的使用者。還記得 Google 眼鏡的故事嗎?設計者沒有預見到,在社交場合中使用這款眼鏡會發生什麼事情。

我們的首要任務,應該是設計這樣的社群媒體,它提供健康的社交獎勵,而這些獎勵只是對現實生活中獲得獎勵的補充。設計可以、而且應該與人們的自然習慣結合,以促進更好的心理平衡。

關心實際生活和眼前的人

數位時代的後果之一是,我們在裝置上花費大量時間和注意力,這可能會增加與人面對面互動的機會成本。特溫吉(Jean Twenge)、史匹茲伯格(Brian Spitzberg)和坎貝爾(W. Keith Campbell)的研究結果,間接說明了這一點。根據有全國代表性的大規模中學生和高中生樣本,他們發現,在 1976 年至 2017 年間,年輕人的面對面互動呈現下降趨勢。[14]

然而,雖然社群媒體的使用有所增加,但這只是相關研究,因此不能斷言,互動減少是由於使用裝置。不過,就算人們實際在一起,注意力往往也還是集中在手機上,而不是在那些實際在場的人身上。手機往往優先於我們眼前的人。訊息非同步的性質和新聞不斷更新的特性,讓我們即使在與人面對面時,也始終注意著手機。我們不斷查看手機,因為不想漏掉任何一個重要的瞬間。

在用科技創造未來的過程中，我們也設計出在數位世界生存的方式，例如透過 Zoom 視訊通話進行遠端工作。然而，我們也必須思考如何在實體世界中更有存在感。Zoom 線上對話雖然比完全沒有對話要好，但不要讓面對面對話成為一門失傳的藝術。線上互動限制了我們用來交流的重要社交線索。在無法親自見面時，線上互動很有效，但它無法完全取代面對面互動帶來的創造力和滿足感。發送簡訊讓我們失去了面對面交流中豐富的社交線索，包括語調、手勢、身體姿勢和臉部表情，這些都是傳達意義的重要元素。即使是音訊或視訊會議等增強媒體，仍缺乏重要的社交線索，而這些線索有助於引導我們與他人的互動。

對話是一門藝術，是夥伴之間的舞蹈，由我們在三度空間中使用的社交資訊精心編排，因此最好在實體世界中進行。情境在建構對話的過程中也很重要。數位環境中的線索（如 Zoom 的背景影像），根本無法像你和對方在辦公室、戶外公園或在燭光晚餐時，共享相同的環境那樣，營造出富有表現力的互動氛圍。

我們大部分清醒的時間，都在螢幕前感受二度空間的刺激，但這些刺激無法代替我們已經演化的大腦，在實體世界可以體驗到的三度空間刺激。雖然虛擬實境在模擬實體環境方面已經取得相當進展，但人們的注意力和行為，最終仍局限於使用螢幕介面；使用虛擬頭像也無法讓人們體驗到移動時的動感。我們需要思考，長時間坐在螢幕前不動，如何剝奪了我們使用本體感覺的機會，也就是我們對實體世界中身體位置和方向的覺知。當然，如果遊走於世界、眼睛卻盯著手機，我們仍然會錯過對周圍環境的感知。

雖然重複性的線上活動有其好處，但要在螢幕前稍事休息，你

也可以體驗真實世界的環境：試試散個步，尤其是在戶外的大自然中散步，這被證明能提升創造力。史丹佛大學的研究者請 40 名受試者到戶外散步，發現散步（無論是否在室內）和置身戶外，分別都能提升創造力，具體表現為受試者在使用常見物品時，能產生更多新奇的想法，例如用輪胎當花盆。[15] 這項研究凸顯了離開螢幕、走到實體世界去活動的重要性。當然，要把你的手機放下。

未來的工作環境提出新的挑戰

隨著我們不斷嘗試新的工作方式，比如在佛蒙特州的家中遠距工作，或者每週三天進辦公室的混合工作模式，我們需要了解，這些不同的模式會如何影響我們的注意力持續時間。例如，在居家辦公的情況下，家人、室友或居家環境本身，都可能是外在和內在干擾的主要來源。看到一堆髒盤子會分散我們的注意力，這就是蔡加尼克所說的未完成任務。（不過，我有一個朋友是麻省理工學院的教授，他從洗完襪子後配對襪子這項重複性的活動中找到樂趣。或許配對襪子也可以當作一種休息，就像卡爾曼熨燙衣服一樣。）

在實體工作空間中，我們可以看到一個人是否正在全神貫注地講電話，或者正在努力擺脫這場通話，我們可以透過他的肢體語言和語調線索，來判斷何時打斷他比較好。然而在居家辦公的情況下，工作和家庭生活之間的模糊邊界，可能導致我們在晚上 9 點仍被人打擾，或者在早上 7 點就打擾別人。遠距工作中，我們無法覺察何時適合打斷他人，因此都成了干擾別人的罪魁禍首。

開放式辦公室是一種完全不同的工作環境，共享辦公空間也很

流行採用開放式格局。雖然開放式辦公室為非正式互動和主動合作提供了機會，但同時也滋生了各種干擾。在一項對干擾的觀察研究中，我們毫不意外地發現，與在獨立辦公室工作的人相比，開放式辦公環境中的工作者，更容易經歷外在和內在干擾。[16] 並且，不出意外，這些干擾通常與工作本身無關，即使它們來自同一工作小組中的其他成員。我們觀察到同事之間如何注意周遭環境，一旦有機會打斷別人，他們立刻就會察覺到（例如當同事的目光從電腦上移開時）。

總之，在未來的工作環境中，預期會有更多的遠距和混合工作模式。這些模式帶來了好處，但也讓我們面臨挑戰，包括製造新的干擾、增加孤獨感，[17] 尤其是讓我們更容易分心。

用自己的方式創造數位世界

當我們預測未來的發展方向，我們需要意識到，我們仍在不斷創造數位世界。從電腦技術的歷史來看，我們仍處於起步階段。我想起本書開頭引用的愛默生名言：「我們認為自己的文明已逼近巔峰，但其實我們仍處於雞鳴和晨星初現的拂曉。」[18] 個人電腦在1980年代中期開始廣泛使用；網路在1990年代中期開始普及；而智慧手機，這種能被你放進口袋的超級電腦，直到2007年iPhone發明，才開始興起。

雖然科技的發展日新月異，但對於如何將科技融入日常生活的同時，不致過度消耗我們的注意力、讓我們被壓力擊垮，我們在這些方面的理解仍然遠遠滯後。西方文明已進入過度的時代，我們過

度飲食、過度購買、過度使用物質，我們在數位媒體上也過度消費，而且往往是不當消費。我們尚未弄清如何引導自己的注意力或限制自己的行為，也未思考好如何在數位世界中發揮自己的能動性。我們現在所處的，是數位時代的狂野西部年代。

不過，我們可以樂觀地認為，數位世界已經以無法想像的方式將人們連結在一起，不僅僅是透過對話和分享內容。儘管各國和全球各地都有自己獨特的文化習俗，但一種共同的數位文化已經出現，而且不僅僅為精通科技的人所有。[19] 如果你是北京或里約的年輕人，你使用微博或推特的方式，與生活在芝加哥或巴黎的人並沒有太大區別。從本質上講，我們都有相同的人性，在使用裝置時尋求相同類型的獎勵。我們都在為自己的注意力而戰，我們在全球層面上共同面對這一挑戰。

數位世界由人發明，也由人塑造。我們可以共同塑造這一文化，**我們每個人也都可以選擇性地創造，科技如何為自己所用的個人敘事**。企業確實引領著數位世界的發展方向，但最終，民眾憑藉自己的創造力和人數上的優勢，擁有凌駕其上的能力。儘管有定向通知、社會和環境制約以及個人性格特質的影響，但你仍然掌握著自己的注意力，沒有人能奪走它。

我們可以學習有效地控制活躍、頻動的注意力傾向，找到對自己有利的方法，在需要專注時使用持續性注意力，在需要放鬆時將注意力切換到「小腦袋」上。

我們正在與試圖分散我們注意力的風潮抗爭，但最終，人類將能夠抵擋這些力量。我們有能力以自己想要的方式，創造和生活在這個數位世界中。

致謝

寫作是一項孤獨的追求,而我天生就是一個喜歡社交的人。因此,現在回想起來,在這段漫長的旅程中,我總是自然而然地尋求其他人的幫助。這本書受益於許多慷慨相待的人,他們的意見幫助我拓展了思路。我很幸運能認識這麼多睿智且支持我的人。

這本書寫於疫情期間,我最希望的就是能當面坐下來討論想法。然而,這些對話只能淪於 Zoom 通話,有時還只能透過電子郵件進行。因此,多虧有 Zoom 作為我與世界溝通的窗口,我才在寫這本書的過程中得到許多陪伴。

我能寫完這本書,需要感謝很多人。我要感謝我親愛的朋友 Judy Olson,在整個過程中,她總能給我真誠的意見、智慧和持續的支持。我要感謝 Jim Guszcza,他敏銳的哲學頭腦,讓我對自己的書寫抱持謹慎的態度。感謝 Dan Russell 始終富有見解,他在網際網路方面的專業知識,拓寬了我的視野。感謝 Nick Belkin 和 Colleen Cool,他們提出了尖銳有力的問題,我至今還欠他們一頓晚餐。感謝 Barry Lazarowitz,與他的對話引人入勝、妙趣橫生,也讓我對節奏有了新的認知。感謝 Doug Pray 和 Glenn Kenny,幫助我從不同的角度看待電影。感謝 Ellen Ensel 在音樂方面的專業知識和經驗。感謝 Jonathan Grudin,他是人機互動的編年史學者。還要感謝 Dave Smith,他從一切開始之時就在我身邊。

我還要感謝 Mary Czerwinski 和 Shamsi Iqbal,以及微軟研究院

的其他同事，他們給我帶來許多樂趣，讓我看到許多新的研究可能。同時，我還要感謝多年來與我一起進行研究的許多其他同事，這些研究幫助我發展對注意力持續時間與裝置之間關係的思考，特別是 Stephen Voida、Victor González、Erin Bradner 和王怡然。如果沒有美國國家科學基金會的慷慨支持，這項研究的很多內容都不可能實現。最後，我要感謝我的研究受試者，他們總是樂於談論數位裝置帶給自己的樂趣和挑戰。

我也非常感謝 Duncan Brumby 和 Max Wilson。我與 Jofish Kaye、Javier Hernandez 和 Bart Knijnenburg 進行了精采的對話。我還要感謝 Judith Borghouts、Thomas Breideband、Alex Williams、Roya Farzaneh、Ted Grover、Fatema Akbar、Ioannis Pavlidis、Sidney D'Mello 和 Wendy Kellogg。同時，我要感謝研究生討論課上學生們的熱情參與，他們對人機互動和分心問題充滿好奇心。

我衷心感謝我在漢諾瓦廣場出版社（Hanover Square）的編輯 Peter Joseph，他在整個過程中耐心而不知疲倦。感謝出版社的 Grace Towery 提出的重要意見。感謝我的經紀人 Jaidree Braddix，是她在一開始為這次的寫作之旅播下種子。

當然，如果沒有米歇爾、勒溫、班杜拉和其他許多偉大心理學家的基礎研究，這本書的整體前提將不復存在。感謝他們帶給我的啟發。

最後，我要感謝我的家人。我的女兒 Michaela 和 Natalie 在任何情況下都給我堅定的支持和回饋──她們知道，無條件的愛意味著你可以挑剔，而不用擔心後果。以及 Alfred，我總是可以信賴他的真誠批評，以及對我無比的耐心。

國家圖書館出版品預行編目（CIP）資料

內在專注力的節奏：注意力分四種，打破多工迷思，掌握大腦能量峰谷，高效不過勞、不怕干擾、不分心／葛洛莉亞・瑪珂（Gloria Mark）著；黃庭敏譯.-- 第一版.-- 臺北市：天下雜誌股份有限公司，2025.1

320 面；14.8×21 公分.--（新視野；57）

譯自：Attention Span: A Groundbreaking Way to Restore Balance, Happiness and Productivity.

ISBN 978-626-7468-57-9（平裝）

1. CST：注意力　2. CST：認知心理學

176.32　　　　　　　　　　　　　　　　113014393

新視野 057

內在專注力的節奏
Attention Span: A Groundbreaking Way to Restore Balance, Happiness and Productivity

作　　者／葛洛莉亞・瑪珂博士（Gloria Mark, PhD）
譯　　者／黃庭敏
封面設計／FE 設計　葉馥儀
內頁排版／中原造像股份有限公司
責任編輯／呼延朔璟

天下雜誌群創辦人／殷允芃
天下雜誌董事長／吳迎春
出版部總編輯／吳韻儀
出　版　者／天下雜誌股份有限公司
地　　址／台北市 104 南京東路二段 139 號 11 樓
讀者服務／（02）2662-0332　傳真／（02）2662-6048
天下雜誌 GROUP 網址／http://www.cw.com.tw
劃撥帳號／01895001 天下雜誌股份有限公司
法律顧問／台英國際商務法律事務所・羅明通律師
製版印刷／中原造像股份有限公司
總　經　銷／大和圖書有限公司　電話／（02）8990-2588
出版日期／2025 年 1 月 3 日第一版第一次印行
定　　價／460 元

Copyright © 2023 by Gloria Mark
All illustrations courtesy of author. All rights reserved.
Published by arrangement with Park & Fine Literary and Media, through The Grayhawk Agency
Complex Chinese Translation copyright © 2025 by CommonWealth Magazine Co., Ltd.
ALL RIGHTS RESERVED

書　號：BCCS0057P
ISBN：978-626-7468-57-9（平裝）

直營門市書香花園　地址／台北市建國北路二段 6 巷 11 號　電話／02-2506-1635
天下網路書店　shop.cwbook.com.tw　電話／02-2662-0332　傳真／02-2662-6048
本書如有缺頁、破損、裝訂錯誤，請寄回本公司調換